幼兒心理發展

主　編 ○ 譚家德
副主編 ○ 譚　敏、何　茜

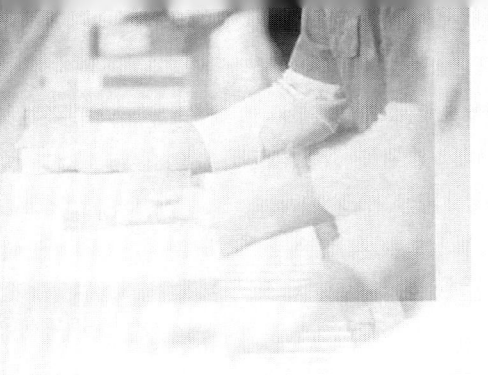

前　言

人類早期的發展狀況對人一生的發展影響至關重要。隨著幼兒身體動作、機能的發展，幼兒逐步擴大社會交往的範圍，在與世界的互動中形成獨特的心理特點。為什麼3歲的幼兒情緒善變？為什麼過了一定年齡，孩子掌握語言就很困難？為什麼有些孩子內向而有些孩子外向？掌握幼兒心理發展的規律和特點對於從事幼兒教育工作有莫大的裨益。

本書的編寫力求在清晰闡述幼兒心理發展的理論基礎之上，增加教材的趣味性和可讀性以及與實踐的連接性。本書的特點如下：

第一，體例格式活潑生動。每章設置諸如心理櫥窗、經典案例等小欄目。心理櫥窗欄目旨在深化讀者對正文闡述理論的進一步瞭解，起到拓展思考的目的。經典案例則是對實際生活中的真實案例進行描述，加深讀者對理論內容的理解。

第二，內容系統全面。本書共包含十個章節，前兩章是對幼兒心理發展的總體闡述，包括幼兒心理發展的基本動因和基本規律。后八章分別闡述幼兒心理發展的幾大重要方面，即感覺與知覺、注意與記憶、思維與想像、言語、情緒與情感、個性、社會化與社會交往、性別角色。

第三,注重實踐操作。本書每章中的最后一節內容都是根據相關的心理發展議題,提出相應具體的幼兒教育措施和方法。在每章正文結束後,有老師推薦、網絡資源等欄目,推薦目前最新、最全面的幼兒教育相關書籍、影音資料以及網絡資源,旨在幫助讀者在幼兒教育的實踐中有所參考。

　　本書在編寫過程中難免存在紕漏,請各位讀者及學界同仁提出寶貴意見和建議,以完善本書,不勝感激!

譚家德

目　錄

第一章　幼兒心理發展的基本動因　1
第一節　遺傳　2
第二節　環境和教育　6
第三節　心理內因　19

第二章　幼兒心理發展的基本規律　25
第一節　幼兒心理發展的穩定性和可變性　25
第二節　幼兒心理發展的關鍵期　28

第三章　幼兒的感覺與知覺　35
第一節　幼兒的感覺　36
第二節　幼兒的知覺　45
第三節　幼兒感覺與知覺的訓練　55

第四章　幼兒的注意與記憶　65
第一節　幼兒的注意　66
第二節　幼兒的記憶　74
第三節　幼兒注意與記憶的訓練　83

第五章　幼兒的思維與想像　97
第一節　幼兒的思維　98
第二節　幼兒的想像　109
第三節　幼兒思維與想像的培養　115

第六章　幼兒的言語 127
第一節　幼兒的言語　128
第二節　幼兒言語的訓練　144

第七章　幼兒的情緒與情感發展 155
第一節　幼兒情緒發展　156
第二節　幼兒情緒訓練　168

第八章　個性的形成 177
第一節　個性概述　178
第二節　個性形成的影響因素　185
第三節　個性形成的關鍵——自我意識　191
第四節　幼兒自尊的培養與發展　194

第九章　社會化與社會交往 205
第一節　同伴關係與交往　207
第二節　師幼互動　210
第三節　幼兒的游戲　213
第四節　幼兒游戲的設計　222

第十章　幼兒性別角色的發展 227
第一節　性別角色　228
第二節　幼兒性教育　232

第一章
幼兒心理發展的基本動因

● 本章要點

第一節　遺傳
- ✓ 遺傳和遺傳素質
- ✓ 遺傳在幼兒心理發展中的作用

第二節　環境和教育
- ✓ 環境
- ✓ 家庭教育
- ✓ 學校教育

第三節　心理內因

　　幼兒園裡的老師和家長們大概都有這樣的體會：同樣是健康、可愛的孩子，有的聰明伶俐，有的則反應遲鈍；有的生性好動、愛哭鬧，有的則安靜、易哄；有的內向敏感、膽小自卑，有的則活潑外向、大膽自信……幼兒的心理發展是生物遺傳因素和外界環境因素共同作用的結果，這些因素中的許多差異造就了孩子形形色色的性格特點。

幼兒心理發展

第一節　遺傳

一、遺傳和遺傳素質

遺傳是指祖先的生物特性傳遞給后代的一種生物現象。它是幼兒心理發展的生物前提。遺傳素質是指個體從祖先那裡獲得的一些天賦的特徵，即通過遺傳從父母先代繼承下來的許多與生俱有的生理解剖特徵，如機體的構造、形態、感官和神經系統的特徵等。

二、遺傳在幼兒心理發展中的作用

（一）遺傳素質是幼兒心理發展的必要前提

遺傳素質是幼兒心理發展的物質基礎和前提。沒有這個前提，個體的發展是不可能實現的。比如一個生來智力就有缺陷的幼兒，不能達到正常幼兒心理發展水平（如無腦畸形兒天生沒有正常腦髓，因而不能產生思維，最多只有飢餓、疼痛等低級感覺）；先天耳聾的孩子，難以產生聽覺；天生就是色盲的孩子，基本不可能成為畫家，也不能從事需要辨別顏色的工作。而一些小鋼琴家、小歌唱家、小畫家等，之所以在小小年紀就表現出突出的特殊才能，則與他們天生優越的一些素質條件有關，比如手指修長而靈活、聲音音質純淨、節奏感強而且準確、色彩感知力強等。所有這些都說明幼兒個體的發展是以遺傳為基礎的，沒有正常的遺傳就沒有健康的身體，更談不上心理的發展了。

幼兒的智能發展在很大程度上取決於生物遺傳因素。幼兒心理學家維恩伯格（Weinberg）在研究中發現，人的智力大約有 50% 的部分是由遺傳天性決定的。德國心理學家調查了 2,675 名父母和他們 10,071 名子女的智力的關係，發現了以下規律（見表 1-1）：

表 1-1　　德國 2,675 名雙親和他們 10,071 名子女的智力的關係　　　　單位:%

父母智力組合	子女智力優秀	子女智力一般	子女智力低下
優+優	71.6	25.4	3.0
優+劣	33.4	42.9	23.7

第一章 幼兒心理發展的基本動因

表1-1(續)

父母智力組合	子女智力優秀	子女智力一般	子女智力低下
一般+一般	18.6	66.9	14.5
劣+劣	5.4	34.4	60.2

一些遺傳學家採用「雙生子」法進行探索，把具有完全相同遺傳基因的同卵雙生子和只具有部分共同基因的異卵雙生子進行比較。這些雙生子研究證明，同卵雙生子智商分數的相似性大於異卵雙生子。從而研究者就得出結論，即遺傳起重要作用。

經典案例

故事1：

2007年10月28日新華網有一則有關雙胞胎的報導：

一對名叫葆拉·伯恩斯坦和埃莉絲·沙因的雙胞胎。她們1968年出生，出生后被分別領養。她們35歲時初次見面。

葆拉就讀紐約大學，而埃莉絲就讀紐約州立大學。兩人在大學期間均修電影學。后來她們都選擇了文藝工作。她們一個是製片人，一個是作家。

見面后，姐妹倆很快發現，儘管她們分離了35年，但她們仍從對方身上迅速找到許多共同點，她們發現倆人其實過著非常相似的生活。葆拉談論孿生姐妹埃莉絲說：「她說話的節奏、她的面部表情、她的手勢動作都和我一模一樣，我們是絕對的雙胞胎。」

故事2：

1939年，一個貧窮的移民婦女生下了兩個孩子，這兩個孩子生下來沒幾天就被不同的家庭收養。他們的養父母分別給他們取名 Jim Lewis 和 Jim Springer。

39歲時他們終於見面。當他們見面時，Jim Lewis 說看到對方就像「看到鏡子中的自己」。

倆人的相似性令人驚嘆：

他們都結過兩次婚，他們的第一任妻子都叫 Linda，他們的第二任妻子都叫 Betty。

他們的兒子的名字很接近，一個叫 James Alan，另一個叫 James Allan。

他們小時候都養過一條小狗，而且他們都把自己的狗叫 Toy。

幼兒心理發展

他們住的房子的顏色和樣式都很像，他們的屋后的花園裡都有一棵樹，並且都圍繞樹做了椅子。[1]

這些令人不可思議的「相似性」使得研究者們推論：遺傳起著重要的作用。

(二) 遺傳素質的成熟機制制約著人身心發展的階段與過程

遺傳素質的成熟程度為一定年齡階段的身心特徵提供了可能性和限制。心理學中所謂的「成熟」，即隨著年齡增長，按生物遺傳決定的順序而出現生理變化和特定行為，如爬、走、跑是在特定年齡階段按固定順序發展的。一般來說，相同年齡段的幼兒身心發展會有很多類似的表現，民間有句俗語說「三翻、六坐、八趴叉、十個月會喊大大」，意思是說嬰兒一般三個月時可以翻身，六個月時可以獨坐，八個月時會爬，十個月時會說話。但是在很多情況下相同年齡階段的幼兒身心發展也可能存在區別，即幼兒因個體之間生理成熟程度不同而導致的超前發展或延后發展的表現。一些幼兒表現出一般幼兒不具有的早熟或少年早慧而被稱為天才幼兒，而另外一些幼兒又可能有許多行為表現得與其年齡不十分相稱。這些都是心理成熟程度不同的具體表現。

經典案例

年紀最小的研究生

2000 年，俄羅斯兩個小姐妹——13 歲的季阿娜和 15 歲的安熱拉以優異成績被俄羅斯金融學院錄取，開始在該學院世界經濟和國際貨幣信貸關係教研室學習，成為世界上年紀最小的研究生。

這對小姐妹天資聰穎，她們分別在 5 歲和 7 歲進入小學，一年后即畢業。1997 年，姐姐 12 歲，妹妹 10 歲就成了俄羅斯金融學院國際經濟關係學院大學一年級的學生。隨后，姐妹兩個僅用了 3 年時間，就拿到了大學文憑，還發表了 30 多篇文章、科學著作、學術報告等。

兩姐妹通曉英、德、法三門語言，后來又學習了義大利語和西班牙語。由於成績突出，季阿娜和安熱拉被《俄羅斯紀錄大全》收錄。

需要注意的是，遺傳素質的成熟並不完全建立在生理的成熟上，另外也需要通過學習來促進。比如嬰幼兒在學習走路的階段，除了有生理上的成熟外，還需

---

[1] James W. Kalat. Introduction to Psychology [M]. SanFrancisco：Wadsworth Publishing Co Inc，2002.

第一章　幼兒心理發展的基本動因

要通過學習來學會走路。因而，如何通過學習使自己的孩子出眾，成為所謂的天才幼兒成為很多教育者和家長關注的熱點。

出謀劃策

現在年輕的父母們日益重視對孩子進行早期教育和智力開發。事實也表明，幼兒潛能的開發和能力培養已成為新時期的幼教主題。年輕的父母們往往希望在孩子大腦發育的最關鍵時期給予他最需要的學習能力以及快速解決問題的能力。

研究發現，幼兒期是天才培養的關鍵時期。「三歲看大，七歲看老」這句經典的民間諺語經典地概括了早期教育的重要性。幼兒期對孩子採取的教育方式對其一生的成長有著舉足輕重的影響。從生理學角度講，人類大腦的發育與年齡是呈反比例的，年齡越小越有利於大腦開發。隨著年齡的增長，大腦的潛能會漸漸變得固化，不易於被開發。嬰幼兒時間是人的智力發展最快的時期。因此，渴望孩子成為出眾的幼兒的父母，除了必須相信自己的孩子是天才，還應該抓住開發孩子天才思維的最佳時期對孩子進行適當的早期教育。

（三）遺傳素質的差異性對人的身心發展有一定影響

遺傳素質的差異性是導致個體發展差異性的重要原因之一。有研究證明，遺傳對幼兒一些重要的個性特質（如交際性、情緒表達和活動水平等）的影響和對智力的影響差不多。有的孩子從小就表現得非常膽小、怕生，有的孩子卻很膽大，不害怕陌生人和陌生環境；有的孩子從剛剛出生就表現出情緒激動、脾氣特別大，有的孩子則情緒穩定、很安定，天生就很聽話；有的孩子生來就有一股任性勁兒，他要求的事必須得到滿足，否則就大鬧，不達目的誓不罷休，有的孩子則平和得多，被制止干一件事，「哼幾聲」就不再鬧了，這些都和遺傳有直接關係。

同時，遺傳素質的差異造成的不同民族、種族、性別之間的區別通常不是簡單的后天努力可以彌補的。比如神經的發育對個體思維的靈活性和平衡性有著一定的影響，由於遺傳素質的差異，有的人易於發展成一個善於思辨的科學家，有的人易於發展成一個有才能的音樂家，有的人易於發展成為一個優秀的運動員。特殊才能也有遺傳基礎，並帶有一定的家族聚集性。如中國南北朝時戴逵和他的兩個兒子都是卓越的音樂家；宋朝的文學世家「三蘇」均達到了很深的文學造詣。德國的音樂世家巴赫家族，8代136人中，就有52個男人是著名的音樂家；還有莫扎特家族和韋伯家族，幾代人中都產生了有卓越的音樂才能的人。

（四）遺傳素質可以隨環境和人類實踐活動的改變而發生變化

隨著環境、教育和實踐活動的作用，人的遺傳素質會逐漸地發生變化。長期進行某一方面的訓練，就可以使腦的某一方面的反應能力提高。

遺傳為幼兒心理發展提供了必要的物質條件，是幼兒心理發展的重要前提，它的作用不可輕視。對於從事幼兒教育工作的人來說，充分瞭解遺傳的作用，尤其是大腦和神經系統的生理發展對幼兒心理發展的影響，有利於充分利用這些規律來促進幼兒心理的正常發展。

第二節　環境和教育

生物因素為幼兒智能發育提供了可能性，而環境因素則最終決定幼兒智能發展的現實性。家庭文化層次、經濟水平、家庭結構、家庭關係、家長的撫養態度、幼兒園和學校的環境、老師的教育態度、社會文化背景、居住地區的環境等都能影響幼兒的心理發展。幼兒先天情況良好，但后天環境不良、教育落后，也可能使孩子發育落后；反之，雖先天不足，但后天及時干預、教育得當也可促使孩子得到良好的發展。

經典案例

1920年，在印度加爾各答附近的一個山村裡，人們在打死大狼后，在狼窩裡發現了兩個由狼撫育過的女孩，其中大的年約7、8歲，被取名為卡瑪拉；小的約2歲，被取名為阿瑪拉。后來她們被送進了米梅納普爾市孤兒院去撫養。孤兒院的主持人J. E. 辛格在他所寫的《狼孩和野人》一書中，詳細記載了這兩個狼孩重新被教化為人的經過。

狼孩剛被發現時，生活習性與狼一樣：吞食生肉，用四肢行爬行；白天總是蜷縮在陰暗的角落裡，晚上在院內外四處遊蕩，凌晨1時到3時像狼一樣的嚎叫；只知道餓了找吃的，吃飽了就睡；不吃素食而要吃肉（不用手拿，放在地上用牙齒撕開吃）；怕火、怕光和水；目光炯炯，嗅覺敏銳，不會講話，沒有人的理性；給她穿衣服，她卻粗野地把衣服撕掉。

辛格牧師夫婦為使兩個孩子能轉變為人，進行了各種嘗試。其中阿瑪拉到第2

第一章 幼兒心理發展的基本動因

個月可以發出「波、波」的音，訴說饑餓和口渴了。遺憾的是，回到人間的第11個月，阿瑪拉就死去了。卡瑪拉經過7年的教育，才掌握45個詞，勉強地學幾句話，開始朝人的生活習性邁進。她死時估計已有16歲左右，但還沒真正學會說話，智力只相當3、4歲的孩子。[1]

「狼孩」出生時雖然為正常的人類，長著人的大腦，但是卻沒有在人類的社會環境中生活，而是在狼生活的環境中成長起來，接受的是狼的教育，沒有受到正常人類的教育和環境撫育，從而形成了狼的各種習性和行為特點，而沒能形成人的正常心理。

由狼孩的故事可以看出，遺傳因素為幼兒心理的發展提供了可能，幼兒后天所處的環境、受到的教育等則是最終決定幼兒心理發展程度的重要因素。

一、環境

這裡所說的環境是指幼兒周圍的客觀事實，包括在個體生活中，影響個體身心發展的一切外部因素。

環境可以分為自然環境和社會環境。自然環境包含自然條件和地理環境，由於自然環境的影響，人的心理發展會反應出某些特徵，幼兒出生前的胎內環境也是一種自然環境，它對幼兒的心理發展也有影響。

社會環境是指個體生活的全部社會生活，包括政治、經濟、文化以及與個體相關的社會關係。教育受社會性質的制約，它本身也是人的一種社會生活條件，從這一意義說來，教育和社會生活條件一樣，也是一種環境影響。

社會環境制約著幼兒心理發展的方向和水平。社會環境的不斷變化會引起幼兒心理發展發生變化。例如，居住條件的改善，有利於幼兒的學習和休息，但獨門獨戶的居住模式使得幼兒同鄰居夥伴交往接觸的機會大大減少，取而代之的是電視、電腦、游戲機等現代化家電，尤其是城市幼兒，活動的空間減少，不僅影響了幼兒體質的發育，也影響了幼兒心理的健康發展。加之父母工作忙，與孩子的溝通交流少等，也會對幼兒的心理發展產生不良影響，容易使幼兒形成性格孤僻、自私、內向、不合群等心理偏差。

良好的環境有助於孩子心理的健康發展，在民主、和睦、生活豐富多彩的環

---

[1] 摘錄於 J.E.辛格1947年所著的《狼孩與野人》一書。

幼兒心理發展

境中長大的孩子，大多自信、活潑、獨立；而在專斷、關係緊張、缺乏愛的環境中長大的孩子，容易形成膽小、自卑、孤僻或叛逆的性格。[1]

經典案例

　　戰國時候，有一個很偉大的大學問家孟子。孟子小的時候非常調皮，他的媽媽為了讓他受好的教育，花了好多的心血。

　　孟子小時候家離墓地很近，孟子就常常和鄰居的小孩一起學著大人跪拜、哭嚎的樣子，玩辦理喪事的游戲，孟子的母親看到了說：「這不是我可以用來安頓兒子的地方。」於是帶著孟子搬遷到集市旁邊。孟子又和鄰居的小孩玩學商人賣東西的游戲，一會兒鞠躬歡迎客人、一會兒招待客人、一會兒和客人討價還價，表演得像極了。孟子的母親見了說：「這也不是我可以用來安頓兒子的地方。」又搬家到學堂旁邊。於是，孟子就又做些拱讓食物的禮儀的游戲，開始變得守秩序、懂禮貌、喜歡讀書。孟子的母親看到了，很滿意地點點頭：「這裡才是我的兒子應該住的地方。」他們就在那裡住了下來。等孟子長大成人后，學成六藝，獲得大儒的名望。孟子認為這都是孟母逐步教化的結果。

　　孟母三遷的故事告訴我們良好的環境對人的成長及品格的養成至關重要。

　　社會生產方式是影響幼兒心理發展的最重要的社會環境因素。時代不同，社會生活條件也有所不同，幼兒心理發展的方向、速度、水平等也都不相同。社會生活條件在幼兒心理發展中的決定作用常常是通過有計劃、有目的的教育來實現的。在半殖民地半封建社會的舊中國，中國廣大勞動人民的子女被剝奪了受教育的機會，少數能受教育的幼兒，也廣泛地受到半封建半殖民地意識的侵蝕，思想品質得不到健康的發展。1949年新中國成立以後，在社會主義社會的條件下，中國廣大幼兒有了進學校學習的機會，而且幼兒的道德品質也迅速形成，幼兒的心理面貌起著根本性的變化。但在「文化大革命」中，由於「四人幫」的干擾破壞，幼兒和青少年受「讀書無用論」、「打砸搶」錯誤思想的毒害，很多人智能得不到正常發展，甚至走上犯罪的道路。在粉碎「四人幫」以後，由於撥亂反正、正本清源，新的學習風氣、優良道德品質又開始恢復和發展，這也就為幼兒心理健全發展創造了良好的社會條件。[2]

---

[1] 資料來源：百度百科 http://baike.baidu.com/view/71511.htm.

[2] 朱智賢. 兒童心理學[M]. 北京：人民教育出版社，1993.

第一章　幼兒心理發展的基本動因

出謀劃策

小梅今年開始上幼兒園了，新生家訪時，老師發現她智力、情緒等都表現正常，但入園以後她天天尿褲子，而且固執地不肯開口說話，反應遲鈍，也不願參加集體活動。老師當即向家長反應了她在園的反常現象。她父母說：「隨她去吧，她每次換到一個新環境都是這樣的。剛上托兒所時也是三個月不講話，天天故意尿褲子。」於是，老師就對她格外關注，每天帶著她一起玩各種新穎有趣的玩具、游戲，幫助她並不時地鼓勵她。慢慢的，她的身邊有了越來越多的新朋友，逐漸消除了新環境造成的緊張心理，不久就變得活潑、快樂、自信起來，以往的那些反常行為也逐步消失了。像小梅這類社會退縮性行為問題，雖然不一定是疾病，但阻礙了幼兒正常的心理發育，影響他們的生活和學習，當環境變化時就容易產生不適應，當遇到挫折時易產生焦慮、不敢面對挑戰，而且往往還會成為長大成人后嚴重心理障礙和社會適應不良的誘因。作為父母，應該意識到幼兒心理問題可能帶來的不良后果，隨時關注孩子的言行舉止，及時地、耐心地矯正孩子不正常的行為，以防長期累積形成不健康的心理。

二、家庭教育

家庭不僅是孕育新生命的搖籃，而且為幼兒成長提供了第一場所，家長則是幼兒人生中的第一任教師。幼兒的早期教育階段是人身心發展的重要時期，這一時期是人生熏陶漸染化的開始，人的許多基本能力是在這個年齡階段形成的，如語言表達、基本動作以及某些生活習慣等，性格也在逐步形成。

心理學家弗洛伊德說：「6歲以前的家庭生活，影響一個人的一生。」幼兒的知識經驗、興趣、愛好和特殊才能的發展，都與他所處的具體生活環境，特別是家庭環境密切相關。營造一個健康向上、溫馨和諧的家庭環境對於幼兒身心發展有重要的現實意義。

家庭因素對幼兒心理健康的影響在幼兒早期教育時期占著重要地位。美國心理學家布魯姆認為，一個人的智力發展如果把他本人17歲達到的水平算成100%，那麼4歲時就達到了50%，4~8歲又增加了30%，8~17歲又獲得了20%。可見0~8歲是智力發展最迅速的時期，也是進行早期智力開發的最佳時期，而幼兒在6歲進入小學之前的大部分時間接受的教育來自家庭。因此，家長在這個時期所實施的家庭教育將是幼兒早期智力發展的關鍵。

幼兒心理發展

經典案例

　　身為埃森德中友好協會主席的沃克先生要去參加友好協會的一次活動，正當他整裝待行的時候，兒子極其失望地哭叫起來：「爸爸，不要出去！爸爸，不要出去！」沃克趕緊抱起兒子問：「寶貝你真的不要爸爸出去？你要爸爸和你玩是不是？」兒子說：「是。」沃克緊接著說：「好！爸爸不去了。爸爸知道和你在一起的時間太少了，爸爸陪你玩。」隨后他馬上換了衣服，坐在地板上和孩子玩了起來。事后他說：「孩子這樣哭，就說明他真的很需要我了。不參加友好協會活動當然不好，但是和孩子比較，孩子是更重要的。」沃克要求妻子產后至少6年不出去工作，是希望父母多陪0～6歲的孩子玩，讓他感受到父母的愛。德國把這段時間標誌為一生中最重要的時間。德國人認為0～6歲的孩子最重要的不是智力開發，不是學外語、學音樂、學繪畫，而是父母要幫助0～6歲的孩子樹立自信心、培養安全感和形成堅定的人生觀，這些東西將決定孩子是積極的、正面的，還是被動的、負面地去處理他面臨的問題，而正是這些東西也是人生幸福最重要的組成部分。所以，為了把孩子的人生基礎打好，家長不僅要多給孩子一些時間，還要努力地進入孩子的世界。

　　家庭因素會持續影響人身心發展的全過程，這種影響伴隨著孩子從出生到成長的每一個過程。家長的言傳身教不間斷地對孩子的身心成長施加影響，這種潛移默化的教育將伴隨孩子的成長。同時，由於家長與孩子朝夕相處，對他們的個性及習慣等了如指掌，孩子身上的每一點變化都逃不過父母的雙眼，即便是一個眼神、一個微笑都能使父母心領神會。因此，父母能及時地通過孩子的一舉一動、一言一行掌握他們當時的心理狀態，發現孩子身上存在的問題，及時地教育、及時地糾正、及時地幫助孩子消除不良行為習慣。

　　家庭因素中會給幼兒心理健康帶來影響的因素包括家庭結構、家庭氛圍、父母教養方式等。

　　(一) 家庭結構

　　隨著中國計劃生育政策的實施，獨生子女數量日益增長，中國「4—2—1」結構的家庭越來越多，即一個家庭有四位老人，一對夫婦和一個小孩。許多家庭都是幾個大人圍著一個孩子轉，在這樣的家庭長大的孩子往往心裡沒有與他人互幫互助、互相關愛的概念，習慣以自我為中心，為人處世總以自己的興趣和需要為

第一章　幼兒心理發展的基本動因

出發點，不顧及他人感受，唯我獨尊。尤其是年輕的父母們因工作忙等原因往往把孩子交給老人帶，所謂「隔代親」，又加上部分老人撫養、教育觀念守舊，更容易溺愛、嬌慣孩子，平日嫌孩子做事慢或擔心危險傷到孩子，事事包辦代替，使孩子的自理能力、活動能力、交往能力、遊戲能力、解決問題的能力都很差，遇到困難就不知所措，這樣孩子長大以後更容易因遭受失敗、挫折而產生自卑心理。

（二）家庭氛圍

家庭成員的溝通方式、處理情緒和情感的方式等在無形之中形成一種家庭的氛圍，對生長在其中的孩子有重要的影響。尤其是父母與孩子之間的血緣關係和親緣關係的天然性和密切性使父母的喜怒哀樂對孩子有強烈的感染作用。孩子對父母的言行舉止往往能心領神會，以情通情。在處理發生在周圍的人與事的關係和問題時，孩子對家長所持的態度很容易引起共鳴。丹尼爾·戈爾曼發現每個人對情緒的認知和處理情緒的能力大部分是從父母那裡學來的。如果媽媽生氣時會亂摔東西，孩子看樣學樣，也會用極端的方式發泄不滿；如果媽媽獨立孤僻，不願與人合作，那孩子將來很有可能也會「與世隔絕」。當父母高興時，孩子也會參與歡樂，當父母表現出煩躁不安和悶悶不樂時，孩子的情緒也容易低落。如果父母親缺乏理智易感情用事、脾氣暴躁，容易使孩子形成衝動、急躁的性格。家長處理一些突發事件時，表現出的驚恐不安、措手不及，對孩子的影響也不好；家長只有處變不驚、沉穩堅定，才會使孩子養成遇事沉著冷靜的良好品質。因此，在一個家庭中，父母首先應該在言行舉止、情緒控制和待人接物等方面為孩子起到榜樣和表率作用。同時，也要積極努力地去營造一個和諧溫馨、父慈母愛、健康快樂的家庭氛圍，為幼兒的身心成長與發展提供良好的家庭環境。

（三）教養方式

父母由於受到不同教育觀念的影響，在對幼兒的教養方式上存在諸多差異。美國著名幼兒心理學家麥考比和馬丁概括出四種主要形式，即權威型、專斷型、放縱型和忽視型。權威型的家長對孩子的態度積極肯定，尊重孩子觀點，對好的行為表現給予肯定支持，對不良行為表示否定，這種教養方式下的孩子獨立性強，善於自我控制和解決問題，自尊感和自信心強，喜歡與人交往，對人友好，因此這種教養方式對孩子的心理健康是有益的。專斷型的家長要求孩子無條件服從，很少考慮孩子的願望和要求，這種教養方式下的孩子容易膽子小、抑鬱，自信心較差，不善與人交往。放縱型的家長對孩子太順從，錯誤了也不予批評指出，而

幼兒心理發展

忽視型的家長對孩子既缺少愛的情感也缺少行為的要求控製，這種教養方式下的孩子有較高的衝動性和攻擊性，到了青少年時期更有可能出現不良行為問題[1]。

幼兒心理健康關係到他們一生的幸福，幼兒的成長離不開家庭的培養，善良、美好的品質和健康的心理都是首先在家庭中萌芽的。為了孩子的健康成長和家庭的幸福，父母應該掌握幼兒心理發展的特點和規律，採取合理的教養方法，創造良好的家庭環境，為孩子一生的幸福打下基礎。

出謀劃策

1999年4月12日，《成都商報》頭版頭條登出了一則獨家新聞：《我要到哈佛學經濟》。記者雷萍報導：包括哈佛大學在內的四所美國名牌大學同時錄取了18歲成都女孩劉亦婷，並免收每年高達3萬多美元的學習和生活費用。這四所美國名牌大學分別是哈佛大學、哥倫比亞大學、威爾斯利學院和蒙特豪里尤克學院。威爾斯利學院是美國總統夫人希拉里、國務卿奧爾布賴特及宋美齡、冰心等名人的母校；而哥倫比亞大學和蒙特豪里尤克學院也都是世界一流的高等學府，每年申請入學者如過江之鯽，就連美國本土的學生也很難考上。至於報考世界頂尖級的哈佛大學，更是被「留學指南」專家嘆之為「難於上青天」的事情。然而，當時正在緊張備戰高考的劉亦婷，卻被這些明星大學同時錄取，並獲得全額獎學金，即這些學校全額免收在該校就讀的全部學費、書費和食宿費用。

這一消息通過互聯網和報紙、電視等媒體迅速傳遍全國，無數中學和小學的老師們，自發地在課堂上向學生們推薦劉亦婷的事跡。那些望子成龍、望女成鳳的家長們更是又激動、又羨慕，無不渴望把自己的孩子培養成第二個、第三個劉亦婷……

據劉亦婷的父母介紹，縱觀劉亦婷的成長歷程，她和普通孩子沒有太大的差別，更沒有過人的天賦，孩子的優秀程度，決定因素不在於天賦高低，而在於孩子成長的環境。正常人的天賦潛能在幼兒成長早期不存在夠不夠用的問題，只存在被閒置、遞減和浪費的問題。作為家長，重點應該放在為孩子創造一個適合他們成長的家庭環境上，同時要清楚：「教育孩子的目的是什麼？」劉亦婷的父母培養女兒的目的是讓她成為「素質優秀，人格健全，有能力創造幸福生活的人」，並沒有想過要把她培養成為「哈佛女孩」。作為父母，只要滿懷愛心、耐心和信心，

---

[1] 謝芳. 試談環境和教養方式對幼兒心理健康的作用 [J]. 科教導刊, 2011 (12).

第一章 幼兒心理發展的基本動因

適時當好孩子的「導師、夥伴、拉拉隊」，就可以順利培養出有助於孩子發展的優秀素質體系。

三、學校教育

當幼兒走出家庭的小環境，其成長和日常活動最多的地方是學校。學校環境不同於家庭環境的地方在於學校具有更多的集體性質。在幼兒園裡，幼兒有機會與許多成人和同齡夥伴進行互動，因此學校對於幼兒心理行為發展的影響是全方位的。學校教育區別於一般的社會生活條件或環境影響，是一種有目的、有計劃、系統的影響，它是由一定的教育者按照一定的教育目的來對環境影響加以選擇，組織成一定的教育內容（包括教材、設備等），並且採取一定的教育方法來對幼兒心理施行的有系統的影響。學校教育對幼兒心理發展的影響主要通過校園環境、教師和同伴幾個方面來實現。

（一）學校環境影響

學校環境對幼兒健全人格的塑造具有潛移默化的熏陶作用，不可忽視。學校風氣、校內規則、學校規模、教室佈局、座位安排、牆壁裝飾以及通風條件等，都會影響到幼兒心理發展。幼兒園是幼兒第一次較正規地步入的集體生活環境，對培養幼兒社會適應能力起決定性作用。幼兒從小家庭進入集體環境，會有許多不適應，如生活上的吃飯、睡覺、穿衣脫鞋、上廁所等自理能力差；情緒上的依戀家長，不熟悉老師、同伴、環境，產生不安全感；缺乏和同伴合作、分享、等待、輪流著玩的經驗，常會為玩具發生爭吵哭打等不良行為，產生不愉快情緒；行為約束方面還不太理解集體的規則，不會很好地配合老師同伴遵守規則，難以適應過多的紀律約束，缺乏自制力等。學校的硬體設施建設符合幼兒發展規律和需求，有利於幼兒盡快適應新的環境，有利於幼兒在校園裡健康、快樂地成長。此外，校園氛圍作為一種無形的感染力量和無聲的行動命令，在潛移默化中也對幼兒心理發展產生重要的影響。幼兒入園後，在良好風氣的感染下，能比較自覺約束自己的思想言行，採取符合教育要求的從眾行為方式，還有利於幼兒各種良好習慣的養成和健康人格的培養。

（二）教師的影響

教師作為幼兒學習與模仿的重要對象，作為幼兒的指導者、促進者、幫助者，是影響其行為發展的重要因素。教師的心理素質和人格特點以及教育方式是直接

幼兒心理發展

影響幼兒學校教育成效的重要因素。

1. 教師的人格作用

教師的人格特徵不僅影響自身的發展，也會對幼兒人格發展產生潛移默化的影響，甚至影響久遠。如果幼兒園教師脾氣暴躁、情緒多變、偏執偏激，整天陰沉著臉，動輒訓斥他人，那麼幼兒園將被籠罩在壓抑的氣氛之中，幼兒的心理將被扭曲，出現情緒不穩甚至出現暴怒、焦慮、抑鬱等，並且也會對幼兒的社會認知、社會情感的發展產生極為不良的影響。有些幼兒拒上幼兒園常常是因為懼怕或不喜歡班上的教師。可以說，幼兒教師的健康人格是維護和增進幼兒心理健康的重要保證。為此，一名合格的幼兒教師在不斷改善自己的個性品質和心理健康狀況的基礎上，更要對幼兒有耐心、愛心、責任心，要熱愛、同情、尊重每一個孩子，既要嚴格要求也要發自內心地愛每一個孩子，不論長相美醜、家庭貧富都應一視同仁。

經典案例

再塑生命的人[1]

老師安妮·莎莉文來到我家的這一天，是我一生中最重要的一天。這是1887年3月3日，當時我才6歲零9個月。回想此前和此後截然不同的生活，我不能不感嘆萬分。那天下午，我默默地站在走廊上。從母親的手勢以及家人匆匆忙忙的樣子，猜想一定有什麼不尋常的事要發生。因此，我安靜地走到門口，站在臺階上等待著。下午的陽光穿透遮滿陽臺的金銀花葉子，照射到我仰著的臉上。我的手指搓捻著花葉，撫弄著那些為迎接南方春天而綻開的花朵。我不知道未來將有什麼奇跡會發生，當時的我，經過數個星期的憤怒、苦惱，已經疲倦不堪了。朋友，你可曾在茫茫大霧中航行過，在霧中神情緊張地駕駛著一條大船，小心翼翼的緩慢的向對岸駛去？你的心怦怦直跳，唯恐意外發生。在未受教育之前，我正像大霧中的航船，既沒有指南針也沒有探測儀，無從知道海港已經非常臨近。我心裡無聲地呼喊著：「光明！光明！快給我光明！」恰恰正在此時，愛的光明照在了我的身上。我覺得有腳步向我走來，以為是母親，我立刻伸出雙手。一個人握住了我的手，把我緊緊地抱在懷中。我似乎能感覺得到，她就是那個來對我啟

---

[1] 海倫·凱勒. 假如給我三天光明：海倫·凱勒自傳 [M]. 夏志強, 編譯. 北京：中國戲劇出版社，2006.

第一章　幼兒心理發展的基本動因

示世間的真理、給我深切的愛的人——安妮·莎莉文老師。第二天早晨，莎莉文老師帶我到她的房間，給了我一個洋娃娃。后來我才知道，那是柏金斯盲人學校的學生贈送的。衣服是由年老的蘿拉親手縫制的。我玩了一會兒洋娃娃，莎莉文小姐拉起我的手，在手掌上慢慢地拼寫「DOLL」這個詞，這個舉動讓我對手指游戲產生了興趣，並且模仿在她手上畫。當我最后能正確地拼寫這個詞時，我自豪極了，高興得臉都漲紅了，立即跑下樓去，找到母親，拼寫給她看。我並不知道這就是在寫字，甚至也不知道世界上有文字這種東西。我不過是模仿莎莉文老師的動作而已。從此以后，以這種不求甚解的方式，我學會了拼寫「針」（PIN）、「杯子」（CUP），以及「坐」（SIT）、「站」（STAND）、「行」（WALK）這些詞。世間萬物都有自己的名字，是在老師教了我幾個星期以后，我才領悟到的。

　　起初，老師告訴我許多新鮮事，我很少發問。由於我知識有限，概念模糊，字詞掌握得很少。隨著我對外界的瞭解逐漸增加，詞彙也多了，問題也就多了起來。我常常對一件事物一而再，再而三地探個究竟，想瞭解得更多些。有時從一個學習的新詞，常常聯想起以前發生的種種經歷。記得有一天早晨，我第一次問起「愛」這個字的意思。當時認識的字還不很多，我在花園裡摘了幾朵早開的紫羅蘭送給莎莉文老師。她很高興地想吻我，可我那時除了母親外，不願意讓別人吻我。那時侯，莎莉文小姐用一只胳膊輕輕地摟著我，在我手上拼寫出了「我愛海倫」幾個字。「愛是什麼」我問。莎莉文老師把我摟得更緊了，用手指著我的心說：「愛在這裡。」我第一次感到了心臟的跳動，但對老師的話和動作依然迷惑不解，因為當時除了能觸摸到的東西外，我幾乎什麼都不懂。聞了聞她手裡的紫羅蘭，一半兒用文字，一半兒用手勢問道：「愛就是花的香味嗎？」「不是」莎莉文老師說。我又想了想。太陽正溫暖地照耀著我們。「愛是不是太陽」我指著陽光射來的方向問，「是太陽麼？」當時在我看來，世界上沒有比太陽更好的東西了，它的熱力使萬物茁壯生長。但莎莉文小姐卻連連搖頭，我真是又困惑又失望，覺得很奇怪，為什麼老師不能告訴我，什麼是愛呢？一兩天過后，我正用線把大小不同的珠子串起來，按兩個大的、三個小的這樣的次序。結果老是弄錯，莎莉文小姐在一旁耐心地為我糾正錯誤。弄到最后，我發現有一大段串錯了，於是，我用心想著，到底應該怎樣才能把這些珠子串好。莎莉文老師碰碰我的額頭，使勁地拼寫出了「想」這個字。這時，我突然明白了，這個字原來指的是腦子裡正在進行的過程。這是我第一次領悟到抽象的概念。我靜靜地在那裡坐了許久，不是

在想珠子的排列方式，而是在腦海中用新的觀念來尋求「愛」的解釋。那天，烏雲密布，間或有陣陣的細雨，突然間太陽突破雲層，發出耀眼的光芒。

2. 教師的榜樣力量

教師在學生心目中往往占據崇高的位置，成為學生模仿的對象，因此，教師的言傳身教對幼兒的心理發展成長起著重大而深遠的影響。班杜拉（1997）認為人人都可以成為幼兒行為學習的榜樣，尤其是被幼兒視為權威、最有影響力的教師。教師榜樣是一種「無聲的教材」，潛移默化地感染和影響著幼兒。要讓幼兒具有良好的心理素質，教師先要有良好的心理素質，要提高幼兒的心理健康水平，教師也要有較高的心理健康水平。例如，有的教師態度非常溫和，無論是對同事、家長還是對幼兒都顯得溫文爾雅，說話時輕聲輕語，以免打擾了他人，班裡的孩子也顯得非常安靜。而有的教師則嗓門非常大，甚至有時還大嚷大叫，班裡的孩子也常常是吵鬧、亂作一團的。教師在言傳身教之外還可以引導幼兒模仿、學習他人榜樣。例如，教師對全班孩子說，「看看小雪，小雪做得多好！」那麼小雪的行為就可能被其他的孩子當成榜樣行為而學習、模仿。

3. 教師的教育方式和內容

教師對學生的教育方式可分為民主式、專制式和放任式三大類型。民主式的教育方式要求教師與學生一起商定教學目標，共同參與學習活動，師生各司其職，各盡其責，教師對學生不嚴加管制。專制式的教師獨斷專行，學生只有服從而無發表意見的權利，這種教育方式培養出的學生容易情緒緊張，陽奉陰違，缺乏自制力。放任式的教師除講授知識外，對學生的一切不聞不問，容易使學生無組織、無紀律，養成諸多不良習性，甚至誤入歧途。研究表明，三種教育方式中，民主式對學生人格、心理發展和情緒健康最為有利，其他兩種類型都不利於學生的心理和行為發展。如果教師具有民主、平等、信任、尊重和積極關注幼兒的教育理念，積極為幼兒創造一個充滿愛的、相互尊重、相互關心的氛圍將極大促進幼兒積極行為的形成與發展。

此外，幼兒在學校接觸到的各種教材和課外讀物也會影響到幼兒的心理行為發展。幼兒早期出現的許多態度和文化價值觀都與他們接觸的學習內容有關。生動有趣、與他們的生活密切相關的讀物，如童話、故事、詩歌等對於培養幼兒的學習興趣等是極為重要的。

第一章 幼兒心理發展的基本動因

心理櫥窗

　　海兒小朋友是班上出了名的搗蛋大王，不僅不認真完成老師布置的作業，而且愛打架罵人，故意損害小朋友的用品，小朋友們都怕他。每當他做錯了事，汪老師也並不當眾責備他，總是單獨地跟他談話。可光說沒多大效果，后來，汪老師就抓住海兒愛動脈筋的「閃光點」讓他在課堂上露了幾手，還當眾表揚了他，小朋友喜歡跟他做朋友了，他也由此改變了許多。

　　幼兒因為經驗不足，能力有限，失敗和犯錯誤都是難免的。如果不允許幼兒失敗和犯錯誤，將會使他們生活在一種無形的壓力之中，這將不利於他們的心理健康。幼兒教師應該對幼兒充滿愛心與耐心，善於發現孩子的優點並適時地給予鼓勵。同時要允許幼兒犯錯誤，這樣的環境是不存在任何外在壓力的，對幼兒的心理健康十分重要。

　　(三) 同伴的影響

　　幼兒的學校生活會使他們接觸到很多同齡的小夥伴，隨著交往圈逐漸擴大，同伴關係已成為幼兒對外關係的焦點和重點。

　　同伴關係在幼兒生活中，尤其是在幼兒個性和社會化發展中具有成人無法取代的作用。同伴關係可以滿足幼兒歸屬和愛的需要、尊重的需要；同伴關係具有行為強化、榜樣學習和社會比較的作用，同伴關係是幼兒得到情感支持的一個重要來源。良好的同伴關係有利於幼兒的成長，而不良的同伴關係會使幼兒的成長受阻，並且可能會出現學校適應困難，甚至成人以后的社會適應困難。因此，在幼兒同伴交往的過程中，教師要意識到其重要性並結合幼兒同伴關係的發展特點及其影響因素，為幼兒的同伴交往創設良好的環境。[1]

　　在同伴中受歡迎的幼兒有安全感，有利於孩子形成自信、自尊、活潑開朗的性格和良好的個性品質；而被排斥的幼兒和被忽視的幼兒會產生孤獨感、自卑感，不利於形成健康良好的個性品質。當前獨生子女占大多數，如何處理好同伴關係成了他們面臨的棘手問題。教師要以大朋友的身分參與到幼兒園同伴交往中，並積極引導幼兒建立起平等融洽的同伴關係。在友好的人際關係交往氛圍中，幼兒心情愉快、樂觀、自信，並且在這種開放環境中，幼兒交往機會多，更利於其健康心理的形成。

---

[1] 劉懿學前教育工作室. 幼兒同伴關係的影響因素研究 [EB/OL]. http://www.jxteacher.com/ly/column23303/c240e600-cd6a-4968-a1ae-3dfd5e0730d2.html

幼兒心理發展

出謀劃策

　　幼兒園裡，區角活動時，其他小朋友和往常一樣，有條不紊地進行著游戲。有的在玩拼圖，有的在做手工，有的正興致勃勃地進行著建築活動……楊楊小朋友在午睡室裡到處晃悠著，一副想玩又不知道該去哪裡玩的樣子。老師走了過去，問道：「楊楊，你怎麼不參加區角活動和小朋友一起玩啊？」「他們不讓我玩。」看到老師楊楊似乎找到「救星」似的，無奈地對老師說：「我走到哪裡小朋友都說不讓我玩！」「那你可以問問小朋友為什麼不讓你玩，跟他們好好商量商量啊」老師建議到。「我說了，可他們還是不讓我玩」楊楊無可奈何地說。是嗎？老師試著去各個區角瞭解情況，想知道其他孩子不讓楊楊參與活動的理由。而出乎意料的是，幾乎所有的孩子都很明確地說：「他又不會玩」，「他就會亂弄」，「我們不願意跟玩不來的人玩」……

　　對於楊楊和班裡孩子的同伴交往能力欠缺，老師進行了一些嘗試，在班級中努力營造民主、和諧的氛圍，給孩子創設一種寬鬆的環境，容忍他們的一些小錯誤，並且抓住時機在全班孩子面前給予楊楊一些積極的評價和表揚，如「老師覺得現在楊楊進步了，瞧，楊楊的畫畫得可好了」，「楊楊真是個專心的孩子，他看書可認真了」，「哇，楊楊又給我們班級送東西來了，真是個關心班級的好孩子」……在老師有意識的表揚中，小朋友們開始看到了楊楊身上的閃光點，逐漸接納了「不受歡迎」的楊楊，而楊楊也在老師的讚揚聲中，有了自信心。對於那些不願意與能力相對較弱的孩子一起游戲的小朋友，老師也採取了各種教育措施，潛移默化地引導孩子要有一顆包容和體諒的心，應該努力幫助那些暫時落后的小朋友，而不能採取不友好的態度歧視或拒絕他們。老師還在班中嘗試舉行了一次「誇誇我身邊的好朋友」的主題活動，讓孩子們互相說說班中每個孩子的閃光點。在談話活動中，通過舉例的方式讓孩子們進行「換位思考」：假如你在一些地方存在不足，而小朋友們都不願意跟你玩，你會有什麼感受？會難過嗎？「我會難過的，因為沒有人跟我玩了」，「如果小朋友都不願意跟我玩，我一定會哭的」……孩子們紛紛發表著自己的感受，並設身處地地瞭解了沒有人願意一起拉手、一起玩的痛苦。「那我們以後應該怎麼樣對待那些小朋友呢」老師不失時機地問。「我們可以幫助他，帶著他一起玩」，「我們應該耐心一點」，「我們都是好朋友，好朋友之間應該互相幫助，幫幫他就行了」……通過老師的嘗試與努力，楊楊終於走出了「陰暗的角落」，融入了集體的懷抱。

第一章 幼兒心理發展的基本動因

第三節 心理內因

在人類心理發展上，既要重視外因，又要重視內因。人類身心發展是主動的，所以，外因要通過內因起作用。對於幼兒心理發展來說，我們承認環境和教育對幼兒心理發展的決定性作用，但也反對把環境、教育的作用機械化、絕對化，環境和教育畢竟只是外部條件、外部原因。幼兒心理發展過程是一種主動積極的過程，在遺傳、環境的作用影響過程中幼兒本身也積極主動地參與並影響他自身的心理發展。幼兒在社會環境中是積極的活動者，他們不是消極、被動地接受影響，而是在活動中積極、主動地反應現實。幼兒自身的心理活動和實踐活動是幼兒心理發展的主觀因素。因此，我們不能排除幼兒自身的積極主動性，不能把幼兒的心理看成一張白紙，可以在上面隨意畫什麼就是什麼，讓兒童被動地接受教育。而應該正確組織和引導幼兒參加活動，這樣才能有效地調動幼兒的積極性，促進幼兒心理的發展。

心理櫥窗

有的老師注意瞭解幼兒的心理發展規律和特點，從幼兒的具體實際情況出發進行教育，結果教育教學效果很好，幼兒心理也得到健康、迅速的發展；有的老師雖然主觀願望良好，但是不掌握幼兒心理發展的規律和特點，認為只要老師多教點、教難點，幼兒心理發展的水平就能比別人高些，其結果是事倍功半，反而影響了幼兒心理的正常發展。以上事實表明：只有通過幼兒心理發展的內部原因，教育才有可能真正發揮它對幼兒心理發展應起的作用。

那麼，什麼是幼兒心理發展的內部原因呢？一般認為，幼兒在不斷的實踐活動中，會出現新的需求與幼兒原有心理水平或狀態之間的矛盾，這正是推動兒童心理發展的內部動力。因此，幼兒心理發展的內部原因包括兩個方面[1]：一方面是幼兒新的需要。需要是客觀需求或要求在腦中的反應，是一種特殊的心理現象。如果按物質性分類，可分物質需要（如衣、食、住、行等需要）和精神需要（如

---

[1] 潘慶戊，白麗輝. 幼兒心理學 [M]. 南京：河海大學出版社，2005.

幼兒心理發展

文化生活等需要）；如果按社會性分類，可分個體需要和社會需要（如社會提出的種種要求等）。需要的表現形式為有意向、願望、興趣、好奇心、動機、目的、信念等各種形態。需要是動機或動力系統，是幼兒心理發展的內在推動因素。當客觀的要求被幼兒所理解和接受而成為他們主觀的需要時，就會激發、推動幼兒去從事某種活動。例如，老師要求小朋友好好學跳舞，爭取「六一」節參加舞蹈表演。當這一要求變成幼兒自身內在的需要時，他們上舞蹈課就更專心、更認真了。另一方面是幼兒原有的心理水平或狀態，包括幼兒在反應活動中形成的認識水平、心理特徵、年齡特徵等。例如，言語方面，2～3歲的幼兒只會使用一些基本的簡單句和個別複合句，5～6歲幼兒會使用各種類型的複合句。幼兒新的需要與原有的心理水平或狀態相互作用就構成了幼兒心理發展的內部矛盾。在這一內部矛盾中，需要代表著新的、比較活躍的一面；原有的心理水平或狀態代表著舊的、比較穩定的一面。需要總是在一定的心理水平或狀態的基礎上產生，而一定的心理水平或狀態的形成也依存於幼兒是否有相應的需要。2～3歲的幼兒只具有最初步的口語發展水平，他就只能產生進一步用口頭言語進行交往的需要，而沒有掌握書面言語的需要。幼兒有了進一步用口語進行交往的需要時，又會促使他去仔細地傾聽和模仿成人的說話，從而他的口語交往水平便得到進一步的提高。可見，幼兒心理發展內部矛盾中新的一面（新的需要）總是不斷地和舊的一面（已有的心理水平或狀態）既統一又對立，統一對立的結果是新的需要不斷否定著已有的心理水平或狀態，從而使幼兒心理在這個過程中不斷得到發展。

經典案例

在教育心理學中，有一個非常著名的試驗，是由一位叫格賽爾的美國心理學家完成的。這個試驗叫做「雙生子爬梯試驗」，研究的是雙生子（即雙胞胎）在不同的時間學習爬樓梯的過程和結果。

格賽爾選擇了一對雙胞胎，他們的身高、體重、健康狀況都一樣。讓哥哥在出生後的第48周開始學習爬樓梯，48周的小孩剛剛學會站立或者僅會搖搖晃晃勉勉強強地走，格賽爾每天訓練這個孩子15分鐘，中間經歷了許多的跌倒、哭鬧、爬起的過程，終於，這個孩子艱苦訓練了6周后，也就是到了孩子54周的時候，他終於能夠自己獨立爬樓梯了。

雙胞胎中的弟弟，基礎情況跟哥哥完全一樣，不過格賽爾讓他在52周的時候

第一章　幼兒心理發展的基本動因

才開始練習爬樓梯，這時的孩子基本走路姿勢已經比較穩定了，腿部肌肉的力量也比哥哥剛開始練的時候更加有力，並且他每天看著哥哥訓練，自己也一直躍躍欲試，結果，同樣的訓練強度和內容，他只用了 2 周就能獨立地爬樓梯了，並且還總想跟哥哥比個高低。

一個是從 48 周開始，練了 6 周，到了 54 周學會了爬樓梯；另一個是從 52 周開始，練了 2 周，也是在 54 周時學會了。后學的儘管用時短，但效果不差，而且具有更強的繼續學習意願。

如此反覆地進行了上百個對比試驗，最終得出的結果是相同的，即孩子在 52 周左右學習爬樓梯的效果最佳，能夠用最短的時間達成最佳的訓練效果。

這一實驗也可以看出，遵循幼兒自身發展的規律對於有效促進幼兒身心發展至關重要，在幼兒身心發展的一定時期，所提出的新要求要基於幼兒園原有的身心發展水平，要求過高，則不能有效推動幼兒內部心理矛盾的運動，會給幼兒達到要求製造困難，甚至帶來挫折感。

為了促進兒童心理的發展，要不斷地向兒童提出一定難度但經過主觀努力又能達到的要求，使他們有努力的方向，能促進他們新的需要的產生，從而推動兒童心理內部矛盾的發生與發展。因此，作為教師，就應從幼兒的實際出發，提出一定的、適當的要求，並使之為幼兒所接受，變成幼兒的新需要，以便引起幼兒心理的內部矛盾運動，促進幼兒心理向更高的水平發展。

總之，幼兒心理發展受到外在因素和心理內因的共同作用、綜合影響。外在因素包括遺傳、環境、教育。其中，遺傳是基本因素，它決定了幼兒身心發展的上限，為心理發展提供了可能性，沒有這個生理條件，心理將無從發展；但只有適當的后天環境和教育的影響才能將這種可能性變為現實性。環境和教育等社會因素在一定的生理成熟基礎上決定心理發展的水平。遺傳、環境和教育錯綜複雜地交織在一起，對幼兒的心理健康產生影響，三者相輔相成，缺一不可。心理內因則是幼兒在積極實踐活動中產生的新的需要與原有心理水平或狀態之間矛盾，兩者之間對立又統一的關係是推動幼兒身心發展的內在動力。幼兒心理正是在這種矛盾的推動與外在因素的共同作用下不斷發展。

幼兒的心理是否健康不僅關係到幼兒身體的正常發育，而且關係到幼兒今後的人生走向。在對幼兒進行心理健康教育時，必須充分考慮各種因素的作用，採取合理有效的措施促使幼兒心理健康地發展。

幼兒心理發展

● 要點回顧

　　1. 遺傳素質是幼兒心理發展的必要前提。幼兒的智能發展在很大程度上取決於生物遺傳因素。遺傳素質的成熟程度為一定年齡階段的身心特徵提供了可能性和限制。遺傳素質的差異性是個體發展的差異性的重要原因之一。遺傳素質還可以隨環境和人類實踐活動的改變而發生變化。

　　2. 幼兒后天所處的環境、受到的教育等是最終決定幼兒心理發展程度的重要因素。

　　3. 家庭因素對幼兒心理健康的影響在幼兒早期教育時期占著重要地位，還會持續影響人身心發展的全過程。

　　4. 家庭中會給幼兒心理健康帶來影響的因素包括家庭結構、家庭氛圍、父母教養方式等。

　　5. 學校教育對幼兒心理發展的影響主要通過校園環境、教師和同伴幾個方面來實現。教師的心理素質和人格特點以及教育方式和內容是直接影響幼兒學校教育成效的重要因素。同伴關係在幼兒生活中，尤其是在幼兒個性和社會化發展中具有成人無法取代的作用。

　　6. 在幼兒不斷的實踐活動中，會出現新的需求和幼兒原有心理水平或狀態之間的矛盾，這正是推動兒童心理發展的內部動力。

　　7. 幼兒心理發展受到外在因素和心理內因的共同作用與綜合影響。遺傳、環境和教育錯綜複雜地交織在一起，對幼兒的心理健康產生影響，三者相輔相成，缺一不可。心理內因則使幼兒在積極實踐活動中產生的新的需要和原有心理水平或狀態之間矛盾，兩者之間對立又統一的關係是推動幼兒身心發展的內在動力。幼兒心理正是在這種矛盾的推動與外在因素的共同作用下不斷發展。

● 問題討論

　　1. 影響幼兒心理發展有哪些因素？
　　2. 幼兒教師應該從哪些方面提高自身修養？
　　3. 教育在幼兒身心發展中怎樣發揮作用？

第一章　幼兒心理發展的基本動因

4. 學校教育在幼兒身心發展中怎樣發揮作用？
5. 如何幫助幼兒建立良好的同伴關係？
6. 如何激發幼兒內在的心理發展動力？
7. 如何利用幼兒身心發展的影響因素有效地促進幼兒心理健康發展？

老師推薦

書籍推薦：

林泳海. 幼兒教育心理學［M］. 北京：商務印書館，2006.

何欲. 21世紀幼兒素質教育活動設計全書［M］. 北京：中國廣播電視出版社，2007.

第二章
幼兒心理發展的基本規律

本章要點

第一節　幼兒心理發展的穩定性和可變性
第二節　幼兒心理發展的關鍵期
- ✓ 語言敏感期（0~6歲）
- ✓ 秩序敏感期（2~4歲）
- ✓ 感官能力敏感期（0~6歲）
- ✓ 對細微事物感興趣的敏感期（1.5~4歲）
- ✓ 運動敏感期（2~6歲）
- ✓ 社會規範敏感期（2.5~6歲）
- ✓ 書寫敏感期（3.5~4.5歲）
- ✓ 閱讀敏感期（4.5~5.5歲）
- ✓ 文化敏感期（6~9歲）

第一節　幼兒心理發展的穩定性和可變性

人的發展是指個體生理和心理方面有規律地進行量變和質變的過程。生理的發展指機體的正常生長（形態的增長）和發育（功能的成熟），如軀體各部分比

幼兒心理發展

例發生變化；心理的發展指個體的認識過程、情感、意志和個性的發展，如認知結構的變化、性格的變化等。

依據《張氏心理學辭典》的定義：「廣義的發展是指自出生到死亡的一生期間，其身心狀況因年齡與學得經驗增加所產生的順序性改變歷程。」按照這個解釋，「發展」一詞的內涵有四個要點：第一，發展包括個體身體與心理兩方面的變化；第二，發展的歷程包括個體的一生；第三，影響個體身心發展的遺傳、年齡、學習經驗等因素；第四，個體身心發展是順序性的，順序只是由幼稚到成熟的單向性，而無可逆性。狹義言之，發展指出生到青年期（或到成年期）的一段時間，個體在遺傳的限度內，其身心狀況因年齡與學得經驗的增加所產生的順序性改變的歷程。[1]

因此，幼兒的發展主要包括身體發展和心理發展兩個方面。幼兒身心發展主要是幼兒認知、動作及相關能力因素的發展。幼兒心理的發展主要是指幼兒在低級的心理機能的基礎上，逐漸向高級的心理機能轉化的過程。

幼兒期是心理高速發展的時期。相對而言，成人心理的變化比較緩慢，相差幾歲的成人，心理差異不那麼明顯。幼兒則不然，他們的變化可以說是名副其實的日新月異。

經典案例

大多數人都有過這樣的感受，初生的嬰兒只會啼哭，十天半月以後，當你把他抱起來的時候，他已經「知道」要準備吃奶。將近4個月的孩子可以同你玩得咯咯地笑，但是，過1個月以後你再去看他時，他可能怕你，哭著要躲開──他開始認生了。1周歲的孩子剛剛開始邁步，2周歲的孩子，步子已經走得相當穩，3周歲時則很少一步一步地走路，總是連蹦帶跳的。如果你想要3歲孩子專心致志地學習，必須使教材內容對他有較大的吸引力，但是學習時間還很短；4歲以後，孩子開始懂得應該專心聽講；5歲孩子不僅能夠用一些方法使自己集中注意，而且會把這些方法說出來，教給別人。到幼兒上小學以後，也能養成自覺遵守課堂紀律的習慣。幼兒心理變化之迅速，常常使和他朝夕相處的成人都跟不上。也許不久前孩子還要大人牽著手走路，但是，過不了多少日子，他居然不聽指揮，大人要他往東走，他偏要往西走。如果大人要抱著他走，他會執意反抗，挺直身子，掙扎著要下地，如此等等。

---

[1] 張春興. 張氏心理學辭典 [M]. 臺北：東華書局，1991.

第二章　幼兒心理發展的基本規律

　　幼兒心理的發展是一個從簡單到複雜，從具體到抽象，從被動到主動，從零亂到系統化的過程，這一過程總是具有一定的方向性和順序性，既有連續性又有階段性。同時，幼兒心理的發展不是一次完成的，而是不斷完善、螺旋式上升的。

　　幼兒的心理發展包括感覺、知覺、思維、想像、語言、情緒情感以及社會性和個性的發展。本書將在后續章節陸續展開論述。

　　幼兒心理發展的階段往往以年齡為標誌。因為年齡是幼兒生活時間的標誌。幼兒的生理發展和幼兒的經驗累積，都與生活時間相聯繫。幼兒心理是在成人的教育影響下，在幼兒自己的活動中，通過掌握社會知識經驗、技能技巧來發展的。正是在一定的時間進程中，幼兒和周圍人進行交往，累積各種經驗，形成了心理發展的新特徵，從而保證從一個發展階段向另一個發展階段過渡。因此，年齡是幼兒心理發展的一個必要條件，它對心理發展起著有規律性的制約作用。

　　在一定社會和教育條件下，幼兒心理年齡特徵具有一定的普遍性和穩定性，如階段的順序，每一階段的變化過程和速度大體上都是穩定的、共同的。但是，由於社會和教育條件在幼兒身上所起的作用不盡相同，因而在幼兒心理發展的過程和速度上，彼此之間可以有一定的差距，這也就是所謂的可變性。幼兒心理年齡特徵的穩定性都是相對的，而不是絕對的。隨著各種條件的不同，幼兒心理年齡特徵在一定範圍或程度內可以發生某些變化，而這些變化又是有限度的，而不是毫無限度的。幼兒心理年齡特徵之所以是穩定的，主要原因在於幼兒心理發展是幼兒在掌握人類知識經驗和行為規範的活動中，心理機能不斷經過量變和質變而實現的改造和提高的過程。首先，人類知識本身是有一定順序性的，幼兒不能違背這個順序來掌握它。誰都知道先要學整數四則運算法則，才能學小數、分數；先要學算術，才能學代數；先要學平面幾何，才能學立體幾何；先要學動植物基本知識，才能學生物進化；先要知道歷史事物，才能懂得社會發展史；先要識字，才能閱讀；先要朗讀，才能默讀；先要閱讀，才能寫作；如此等等。再好的教育方法也絕不能使不懂算術的幼兒掌握代數，不懂平面幾何的學生掌握立體幾何。其次，同是掌握一門科學知識，掌握的深度和廣度也是循序漸進的。小學生可以掌握代數，但就其掌握的水平或深度說來，是和中學生不同的，更不同於大學數學系的學生。同樣，幼兒園的孩子或小學幼兒也能理解一些道德概念，但和青少年的理解比起來，也是大不相同的。再次，從幼兒掌握知識經驗到心理機能得到改造、提高，也是一個要不斷經過量變質變的過程。幼兒從直覺行動思維上升到

具體形象思維，再上升到抽象邏輯思維，是在掌握知識經驗的過程中實現的，卻不是立刻實現的。最初，幼兒的智力或思維活動主要是依靠感知運動來調節的（如乳嬰兒）；然後，可以主要依靠表象來調節（如學前幼兒）；最後，才逐步學會主要依靠邏輯思維，即邏輯概念和判斷推理來調節（學齡幼兒）。最後，掌握知識經驗是腦反應客觀事物的活動，也是學習活動。而幼兒的腦發育需要一個過程，同時，在學習某一事物時，腦中所建立的聯想也是有一定次序的。

幼兒心理年齡特徵的穩定性與可變性既是相對的，又是相互依賴、相互滲透、相互統一的，是共性與個性的統一。隨著各種條件的改變，幼兒年齡特徵在一定範圍或程度上可能會發生某些變化，即某些特徵可能提前或推後，但這些變化是有限制的。

第二節　幼兒心理發展的關鍵期

關鍵期即關鍵年齡，最早由奧地利習性學家洛倫茨（K. Z. Lorenz）發現。他在研究小鴨、小鵝的習性時發現，它們通常將出生後第一眼看到的對象當成自己的母親，並對其產生偏好和追隨反應。洛倫茨稱此現象為印刻（Imprinting），即個體出生後不久的一種本能的特殊學習方式，印刻式學習通常在出生後短時間內完成，獲得後將持久保存，不易消失。[1] 印刻發生的時期稱為關鍵期。關鍵期是指在個體發展的某一階段，個體的成熟程度恰好適宜某種行為的發展，如果錯過了這一時期，這種行為在以後則不易獲得，甚至其一生都無法彌補。

近年來許多研究表明，在幼兒心理發展過程中也存在關鍵期。這是指某一特定的年齡時期，幼兒對某種知識或行為十分敏感，學習起來非常容易。若錯過了這個時期，學習起來就會發生困難，甚至影響終身。幼兒不同心理能力的發展有不同的關鍵期。例如，口語學習的關鍵期是 1~3 歲，形象視覺發展的關鍵期是 0~4 歲，而 5 歲左右是掌握數概念的關鍵年齡。從整個人生的心理發展來看，幼年是心理發展的關鍵期，因為許多心理能力的關鍵期都在嬰幼兒時期。

義大利教育家蒙臺梭利（M. Montessori）認為，在關鍵期內，兒童對一定的

---

[1] 章文捷. 兒童心理發展中的敏感期與早期教育 [J]. 江蘇教育學院學報（社會科學版），2003（4）：86.

第二章　幼兒心理發展的基本規律

事物表現出高度的積極性和興趣，並且學得很快，過了這個時期，這種情況就會消失。當然，某些心理能力的發展即使錯過了關鍵期，但只要通過適當的教育也可使該心理能力獲得良好發展。

一、語言敏感期(0~6歲)

嬰兒開始註視大人說話的嘴型，並發出牙牙學語的聲音，就開始了他的語言敏感期。學習語言對成人來說是件困難的大工程，但幼兒能容易的學會母語正因為兒童具有自然所賦予的語言敏感力。3歲以後，隨著孩子實踐活動的增多，獨立活動能力加強了，要求幼兒的言語表達能力有一個較快的發展，能夠把自己看過的、聽過的事情，體會和意圖連貫地告訴別人。這時家長要主動提供孩子「表演」的機會，讓他連貫地說一段話，講一段故事，朗誦一首詩，並要注意用成人的語言與孩子「交談」，多教他一些詞彙，尤其注意要讓孩子接觸一定量的抽象詞彙。

二、秩序敏感期(2~4歲)

蒙臺梭利認為兒童具有兩重秩序感。一重是內部的秩序感，即幼兒對自己身體不同部分和相對位置等的感知與理解。在幼兒尚不能自由走動之前，就已經存在對他自己身體姿勢和位置有關的敏感性。例如，將嬰兒的體位由一種狀態（仰臥位）突然轉變為另一種狀態（立位），可能會給嬰兒帶來驚嚇，致使嬰兒大哭。這種對內部秩序的逐步建立的同時，孩子的智能也逐步建構。另一重是外部的秩序感，這是幼兒對外部世界存在的規律與關係的感知與理解。從1歲開始，幼兒就表現出對「秩序的要求」，在3歲之後，其表現更為突出。這一階段的幼兒有強烈的追求外在事物秩序化的慾望。幼兒的秩序敏感力常表現在對順序性、生活習慣、所有物的要求上，蒙臺梭利認為如果成人未能提供一個有序的環境，孩子便「沒有一個基礎以建立起對各種關係的知覺」。

三、感官能力敏感期(0~6歲)

孩子從出生起，就會借著聽覺、視覺、味覺、觸覺等感覺來熟悉環境、瞭解事物。3歲前孩子透過潛意識的「吸收性心智」吸收周圍事物，3~6歲則更能具

29

幼兒心理發展

體透過感覺判斷環境裡的事物。因此，蒙臺梭利設計了許多感覺教具，如聽覺筒、觸覺板等以敏銳孩子的感覺，引導孩子自己產生智慧。

出謀劃策

出生~1歲的嬰兒正處於感覺、動作發展的敏感時期，是神經系統迅速發育的階段。尤其是嬰兒6~12個月時，既是心理發展急遽階段，同時也是產生情感的萌芽時期。這時的孩子大部分還不能走動和說話，但感覺器官已經具備，能夠逐漸練習發展翻身、爬、站、走等大動作及抓握物體的手、眼協調活動。父母最好能抓住這個時機培養孩子的感覺和動作能力，孩子的視、聽、味、嗅、觸摸等感覺都會因這方面的刺激發展起來。例如，在床頭掛上色彩鮮豔的畫和氣球、玩具，以及能動的、帶聲響的物體，會對孩子的感知覺發展起到很好的作用。尤其是當孩子充滿探索慾望時，只要是不具有危險性或不侵犯他人他物時，就應盡可能地滿足孩子的需求。讓孩子多看美麗的大自然，多聽悅耳的音樂，孩子會因此而活躍、快樂，也給孩子智力的發展打下良好的基礎。此外，嬰兒期需要精心照料和愛撫，孩子受到愛撫時，通過皮膚舒服的感覺可以感受到他人對他的愛，可以使孩子產生安全感，對人產生信任感，這是孩子一生自信心的基礎。

四、對細微事物感興趣的敏感期(1.5~4歲)

幼兒從1歲左右開始就不再為一些色彩鮮豔或新異的物品欣喜若狂，轉而對成人不注意的小物體，甚至是在成人看來最不起眼的小東西感興趣了。該種現象一般會出現在1~3歲的幼兒身上，在2歲左右的時候表現最為突出。這一時期的幼兒對細小的物體特別感興趣，並且能夠發現事物細小的差異，如圖畫書中同一個角色在不同頁面上的差別。

從幼兒對細節的敏感，可以看到他們精神生活的存在，正如蒙臺梭利指出的：「兒童的心理個性跟成人是截然不同的，這是一種性質上的差異，而不僅僅是程度上的差異。」兒童和成人具有兩種不同的視野。忙碌的大人常會忽略周邊環境中的細小事物，但是孩子卻常能捕捉到個中奧秘，因此，如果孩子對泥土裡的小昆蟲或衣服上的細小圖案產生興趣時，正是培養孩子鉅細靡遺、綜理密微習性的好時機。

五、運動敏感期(2~6歲)

孩子從出生到6歲,要經過一連串的動作發展,這些動作的發展會按照一定的順序進行。處於動作敏感期內的孩子仿佛體內有著無窮的衝動力,他們會不厭其煩地重複相同的動作,令人驚訝地表現出一些誇張的行為,以達到他們想要達成的目的。他們喜歡活動,甚至會嘗試搬運重物。當成人都認為他們該累了的時候,他們卻仍舊不知疲倦地重複著自己的活動。

當剛過1歲的孩子邁出自己人生第一步的時候,感到欣喜若狂的不單單只有家長。這時的孩子在嘗試走路的時候會受到一種不可抑制的衝動力的驅使,他勇敢無懼,就像一個真正的戰士,不管遇到什麼困難,都會衝向勝利。此時孩子的行走是為了完善自己新發展出的本領,而在擺脫了成人或固定物體的束縛後,他可以得到一種自由的體驗,這種體驗給了他非常大的快感,從而使孩子不知疲倦地行走。2歲的孩子已經會走路,最是活潑好動的時期,父母應充分讓孩子運動,使其肢體動作正確、熟練,並幫助左、右腦均衡發展。進入到4歲,孩子逐漸從大肌肉敏感期向小肌肉敏感期過渡,這時,一些與小肌肉有關的活動會漸漸引發孩子的興趣。除了大肌肉的訓練外,蒙臺梭利則更強調小肌肉的練習,即手眼協調的細微動作教育,不僅能養成良好的動作習慣,也能幫助智力的發展。

六、社會規範敏感期(2.5~6歲)

兩歲半的孩子逐漸脫離以自我為中心,而對結交朋友、群體活動有了明確傾向。這時,父母應與孩子建立明確的生活規範,日常禮節,使其日後能遵守社會規範,擁有自律的生活。幼兒的運動、語言、認識能力都發展很快,他們在個性方面會表現出很強的獨立性,顯得不太聽話,凡事都搶著做,卻往往又做不好。這種現象是孩子自發性增強的表現,父母不應該為此而生氣,應該積極保護孩子的這種自發性。父母的責任是幫助孩子做好,而不是事事阻攔,不讓孩子做。

七、書寫敏感期(3.5~4.5歲)

當幼兒處於書寫敏感期的時候,學習新內容的速度會明顯地加快,家長會發現教孩子寫字時,他們能很快記住字符的形狀、筆畫,而且不容易忘記。在書寫敏感期的開始,幼兒也許不能用正確的姿勢握筆,這主要是因為小肌肉的發展程

幼兒心理發展

度還不夠高，他們還沒有能力將筆用正確的姿勢握好。還有許多孩子不能按正確的書寫筆順寫字，這是因為在書寫敏感期的初期，幼兒的思維水平還處在具體形象思維階段，書寫的秩序感還沒有建立，所以只能模仿字符的具體形象來進行書寫。但隨著年齡的增長以及幼兒思維水平的發展，在成人正確的指導下，幼兒能慢慢掌握正確的筆畫順序。

八、閱讀敏感期(4.5~5.5歲)

幼兒的書寫與閱讀能力雖然發展較遲，但如果幼兒在語言、感官、肢體動作的敏感期內得到了充足的學習，其書寫、閱讀能力便會自然產生。幼兒的閱讀敏感期表現在幼兒對閱讀活動的特別喜愛和積極的閱讀態度。當兒童對閱讀發生興趣時，就會積極主動地去學習、探索，不會覺得枯燥乏味，更不會覺得累。

當閱讀敏感期到來時，幼兒開始「痴迷」各種帶文字或圖片的東西，包括各種圖書、報紙、廣告牌、宣傳畫，甚至案例中提到的合同書。只要一有空，他們就會專注於此，並且能夠堅持連續很長一段時間。閱讀時他們不再單純停留在圖畫書多彩而有趣的圖案上，對圖畫書上的文字也產生了濃厚的興趣。幼兒往往要求成人告知圖書的名字，然後自己再一個字一個字地朗讀幾遍，甚至用手指著圖書上不認識的文字，邊「讀」邊看。對文字的興趣會導致孩子鍾愛起那些陌生的純文字書籍。在這種閱讀中，孩子們有的能看懂、讀懂，也有的靠猜測，但這種閱讀體驗是真實的、主動的，對孩子來講是有價值的。此時，父母可給孩子多選擇讀物，布置一個利於閱讀的居家環境，使孩子養成愛讀書的好習慣，這將使孩子受益終生。

九、文化敏感期(6~9歲)

蒙臺梭利指出幼兒對文化學習的興趣，萌芽於3歲，但是到了6~9歲則出現探索事物的強烈要求，一方面，這一時期的幼兒對科學文化產生強烈的探究意識；另一方面，他們還會對所處社會的文化與價值觀有一定的瞭解和理解，並會形成一定的文化認同感和對所屬集體的歸屬感。這時期「孩子的心智就像一塊肥沃的田地，準備接受大量的文化播種」。成人可在此時提供豐富的文化資訊，以本土文化為基礎，延伸至關懷世界的大胸懷，不要荒廢了孩子思想的沃土。

蒙臺梭利認為要根據研究的9個敏感期的劃分，把握兒童的敏感期，進行適

第二章　幼兒心理發展的基本規律

當的教育，在適當的敏感期內給予幼兒相應的適當的刺激，才能為兒童將來的發展提供很好的基礎。而實現這個目標，必須通過幼兒與外界世界的接觸和探索，從而要為幼兒創設一個有利於發揮幼兒敏感力的環境。

出謀劃策

幼兒處於敏感期時，父母教養的重點：

第一，觀察敏感期的出現。每個孩子的敏感期出現時間並不相同，因此父母必須客觀細心地觀察孩子的內在需求和個性特質。

第二，布置豐富的學習環境。當觀察到孩子某個敏感期出現時，盡可能為孩子提供一個滿足他成長需求的環境。

第三，鼓勵孩子自由探索、勇敢嘗試。當孩子獲得了尊重與信賴後，就會在環境中自由探索、嘗試。

第四，適時協助而不干預。當孩子熱衷於有興趣的事物時，父母應放手讓孩子自己做，不要太多干預，並適時予以協助、指導。

第五，父母切記的就是為寶寶創造一個豐富多彩的環境，這樣父母就能充分地利用孩子發育過程中的敏感期，為寶寶的健康成長打下堅實的基礎。

要點回顧

1. 幼兒期是幼兒心理高速發展的時期。幼兒心理的發展主要是指幼兒在低級的心理機能的基礎上，逐漸向高級的心理機能轉化的過程。

2. 幼兒心理的發展是一個從簡單到複雜，從具體到抽象，從被動到主動，從零亂到系統化的過程，這一過程總是具有一定的方向性和順序性，既有連續性又有階段性。

3. 在一定社會和教育條件下，幼兒心理年齡特徵具有一定的普遍性和穩定性，如階段的順序，每一階段的變化過程和速度，大體上都是穩定的、共同的。但是，由於社會和教育條件在幼兒身上所起的作用不盡相同，因而在幼兒心理發展的過程和速度上，彼此之間可以有一定的差距，這也就是所謂的可變性。

4. 關鍵期是指在個體發展的某一階段，個體的成熟程度恰好適宜某種行為的發展，如果錯過了這一時期，這種行為在以後則不易獲得，甚至其一生都無法彌補。

幼兒心理發展

● 問題討論

1. 幼兒心理發展包括哪些方面的內容？
2. 如果遇到心理發展方面「掉隊」的孩子，教師該怎麼做？
3. 幼兒心理發展9大關鍵期的表現是什麼？
4. 教師如何應對幼兒的關鍵期？

● 老師推薦

電影推薦：

《音樂之聲》（The Sound of Music）

書籍推薦：

蒙臺梭利. 童年的秘密［M］. 單中惠，譯. 北京：中國長安出版社，2010.

第三章
幼兒的感覺與知覺

●本章要點

第一節　幼兒的感覺
- ✓ 感覺概述
- ✓ 幼兒感覺的發展

第二節　幼兒的知覺
- ✓ 知覺概述
- ✓ 幼兒知覺的發展

第三節　幼兒感覺與知覺的訓練
- ✓ 促進幼兒的感覺與知覺的發展
- ✓ 幼兒觀察力的發展與培養

小俊4歲了，可媽媽卻經常批評他，「你都這麼大了，已經上幼兒園了，怎麼還總是穿錯鞋子？左腳和右腳明明就不一樣，穿反了肯定也很不舒服，你用眼睛稍微觀察一下就知道哪個應該穿左腳，哪個應該穿右腳。可是你一穿上就絕對是反的，怎麼就穿不對一次呢？」小俊聽著媽媽的批評心裡很不是滋味，他拿著兩只鞋看來看去也看不懂是怎麼回事。4歲的幼兒方位知覺發展還不完善，何況媽媽也沒教小俊怎麼觀察，他應該觀察哪兒呀？

幼兒心理發展

感覺與知覺是個體發展中最早出現的心理現象和最基本的心理過程，是幼兒認識世界的主要途徑。幼兒的感覺與知覺是在活動和教育的影響下不斷發展的過程。在這個發展過程中，經驗的作用逐漸增大，詞的調節功能日益加強，對事物分析綜合的水平迅速提高，從而使幼兒的感知覺成為一種有目的、有方向的認識活動。瞭解幼兒感知覺的發展規律，促進幼兒各種感知覺的迅速發展，培養幼兒的觀察能力，對於提高幼兒的智力發展和學習能力都至關重要。

第一節　幼兒的感覺

一、感覺概述

（一）感覺的概念

我們生活在一個豐富多彩的世界裡，每時每刻都在對周圍的客觀事物進行認識。我們可以感受繪畫作品中耀眼的色彩、欣賞交響樂帶來的震撼、聞到春天百花盛開的芬芳、享受嬰兒的溫柔一吻等，這些認識過程都有賴於我們的感覺。

客觀事物具有一定的屬性，人腦對直接作用於感覺器官的客觀事物的個別屬性的反應就是感覺。感覺是一種最簡單的心理現象，但對人的生存具有重要意義。[1]

首先，感覺提供了人類內外環境的信息。通過感覺，人們可以認識客觀事物的顏色、明暗、聲音、氣味、軟硬程度等，從而瞭解事物的各種屬性；人們還可以認識自身的各種狀態，如饑餓、冷暖、疼痛等，從而實現自我調節。

其次，感覺保證了人與環境的信息平衡。通過感覺從周圍環境獲得必要的信息，是保證人類生存的必要條件。信息超載或不足都會破壞平衡，對人類產生嚴重的不良影響。

最後，感覺是一切高級、複雜心理現象的基礎。人的知覺、記憶、思維、語言等複雜認知過程，必須借助於感覺提供的原始資料；人的情緒體驗、個性形成及社會交往等，也必須依靠人對環境和自身內部狀態的感覺。

---

[1] 彭聃齡. 普通心理學 [M]. 4版. 北京：北京師範大學出版社，2012.

第三章 幼兒的感覺與知覺

心理櫥窗

感覺剝奪實驗

1954年，加拿大麥克吉爾大學的心理學家首先進行了「感覺剝奪」實驗。他們在付給大學生每天20美元的報酬後，讓他們待在缺乏刺激的環境中。實驗中給被試者戴上半透明的護目鏡，使其難以產生視覺；用空氣調節器發出的單調聲音限制其聽覺；手臂戴上紙筒套袖和手套，腿腳用夾板固定，限制其觸覺。當時大學生打工1小時大約只能掙50美分，這讓很多大學生都躍躍欲試，認為利用這個機會可以好好睡一覺或者考慮論文、課程計劃。但結果卻令很多人大跌眼鏡。沒過幾天，志願者們就紛紛退出。他們說自己感到非常難受，根本不能進行清晰的思考，哪怕是在很短的時間內注意力都無法集中，思維活動似乎總是「跳來跳去」。更為可怕的是，50%的人出現了幻覺，包括視幻覺、聽幻覺和觸幻覺。視幻覺如出現光的閃爍；聽幻覺似乎聽到狗叫聲、打字聲、滴水聲等；觸幻覺則感到有冰冷的鋼板壓在前額和面頰或感到有人從身體下面把床墊抽走。在過後的幾天裡，被試者注意力渙散，不能進行明晰地思考，智力測試的成績不理想等。通過對腦電波的分析，證明被試者的全部活動嚴重失調，實驗後需數日方能恢復正常。這個實驗說明，豐富的、多變的環境刺激是人生存的必要條件，在被剝奪感覺後，人會產生難以忍受的痛苦，各種心理功能將受到不同程度的損傷。

（二）感覺的分類

根據刺激的來源不同，可以把感覺分為外部感覺和內部感覺。外部感覺是由機體以外的客觀刺激引起、反應外界事物個別屬性的感覺，包括視覺、聽覺、嗅覺、味覺和觸覺。內部感覺是由機體內部的客觀刺激引起、反應機體自身狀態的感覺，包括運動覺、平衡覺和內臟感覺。

1. 外部感覺

（1）視覺。視覺是由光刺激作用於人眼所產生的。通過視覺，人類可以感知外界物體的大小、明暗、顏色、動靜，獲得對機體生存具有重要意義的各種信息。視覺是人類最重要的一種感覺，至少有80%以上的外界信息經視覺獲得。

接受光波刺激的感受器是眼睛視網膜上的感光細胞，包括錐體細胞和棒體細胞。錐體細胞大多集中在視網膜中央窩附近，有600萬個，是晝視器官，主要感受物體的細節和顏色。棒體細胞主要分佈在視網膜邊緣，有1.2億個，是夜視器

官，主要感受物體的明暗。當適宜的光刺激通過眼睛到達視網膜，會引起視網膜中的感光細胞產生神經衝動，神經衝動沿著視神經傳導到大腦皮層的視覺中樞，就產生了視覺。

（2）聽覺。聲波引起鼓膜振動所產生的感覺就是聽覺。聽覺是僅次於視覺的重要感覺通道，在人的生活中起著重大的作用。人耳能感受的聲波頻率範圍是16～20,000赫茲，以1,000～3,000赫茲最為敏感。外界聲波通過介質傳到外耳道，再傳到鼓膜，引起鼓膜振動，經聽小骨傳到內耳，引起耳蝸內的毛細胞興奮而產生神經衝動，神經衝動沿著聽神經傳到大腦皮層的聽覺中樞形成聽覺。

（3）嗅覺。嗅覺是由有氣味的氣體物質引起的。這種物質作用於鼻腔上部黏膜中的嗅細胞，產生神經興奮，經嗅束傳至嗅覺的皮層部位而產生嗅覺。

對於同一種氣味的嗅覺敏感度不同的人之間具有很大的區別，有的人甚至缺乏一般人所具有的嗅覺能力，通常稱之為嗅盲。同一個人的嗅覺敏銳度在不同情況下也有很大的變化，如某些疾病、環境中的溫度、濕度和氣壓等的明顯變化對嗅覺的敏感度有很大的影響。在聽覺、視覺損傷的情況下，嗅覺作為一種距離分析器具有重大意義。盲人、聾啞人運用嗅覺就像正常人運用視力和聽力一樣，他們常常根據氣味來認識事物，瞭解周圍環境，確定自己的行動方向。

（4）味覺。味覺是指可溶性物質作用於味蕾產生的感覺。如果用乾淨的手帕將舌頭擦干，將糖或鹽灑在舌面上，這時感覺不到味道，只有當唾液將糖或鹽融化以后，才能嘗到它們的味道。

從味覺的生理角度分類，有酸、甜、苦、咸四種基本味覺，其他味覺都是由這四種味覺混合而來。舌尖對甜味最敏感，舌中對咸味最敏感，舌的兩側對酸味最敏感，舌根對苦味最敏感。

（5）膚覺。刺激作用於皮膚引起的各種各樣的感覺稱為膚覺。膚覺有觸覺、冷覺、溫覺和痛覺四種基本形態。

由非均勻分佈的壓力在皮膚上引起的感覺叫做觸壓覺，包括觸覺和壓覺。皮膚的不同部位具有不同的觸覺感受性。實驗發現，面部是身體對壓力最敏感的部位，其次是軀干、手指和上下肢。

溫度覺是指皮膚對冷、溫刺激的感覺，包括冷覺和溫覺。冷覺和溫覺的劃分以生理零度為界限，高於生理零度的刺激引起溫覺，低於生理零度的刺激引起冷覺。

第三章 幼兒的感覺與知覺

痛覺是指對有機體具有損傷或破壞作用的刺激引起的感覺，這些刺激包括機械的、物理的、化學的、溫度的及電刺激等。痛覺具有重要的生物學意義，它是有機體內部的警戒系統，能引起防禦性反應，對機體具有保護作用。但強烈的疼痛會引起機體生理功能的紊亂，甚至休克。

2. 內部感覺

（1）運動覺。運動覺是反應身體各部分的位置、運動及肌肉緊張程度的一種感覺。人們在行走、勞動、進行各種體育活動時，由肌肉活動的速度、強度和緊張度所產生的神經衝動，不斷向皮層發出運動信號，皮層分析綜合了這些信號之後又通過傳出神經對肌肉進行調節和控制。由於具備高度精確的運動覺，人類才能實現動作協調，完成各種複雜的運動技能。

（2）平衡覺。平衡覺是由人體作加速度或減速度的直線運動或旋轉運動時所引起的一種感覺。平衡覺的感受器位於內耳的前庭器官，包括半規管和前庭。平衡覺的作用在於調節機體運動、維持身體平衡。平衡覺與視覺、內臟感覺都有聯繫。當前庭器官興奮時，視野中的物體似乎在移動，人的消化系統也出現嘔吐、噁心等現象。

（3）內臟感覺。內臟感覺也叫機體覺，是由內臟的活動作用於臟器壁上的感受器產生的一種感覺。內臟感覺在調節內臟器官的活動中具有重要作用，它能及時反應機體內部環境的變化、內部器官的工作狀態。內臟感覺的表現形式包括饑、渴、噁心、窒息、便感、脹、痛等。

（三）感覺的規律

1. 感受性和感覺閾限

感受性是指感覺器官對適宜刺激物的感覺能力，包括絕對感受性和差別感受性。絕對感受性是指感覺器官對最微弱刺激的覺察能力，差別感受性是指剛剛能覺察到兩個刺激之間最小差異量的能力。

感受性一般可用感覺閾限來衡量，感覺閾限包括絕對閾限和差別閾限。絕對閾限是指剛剛能夠引起某種感覺的最小刺激量，差別閾限是指剛剛能夠引起某種差別感覺的最小刺激變化量。感受性與感覺閾限在數值上成反比關係。感受閾限越大，感受性越小。

2. 感覺的適應

「入芝蘭之室，久而不覺其香；入鮑魚之肆，久而不聞其臭。」剛走進花園，

你會聞到一股花香味，但過了幾分鐘，就聞不到了。這種現象就是感覺適應，感覺適應是指刺激物持續作用於感受器而使其感受性發生變化的現象。感覺適應既可引起感受性的提高，也可引起感受性的降低。

　　所有感覺都存在適應現象，但適應的表現方式和速度不盡相同。視覺的適應可分為暗適應和明適應。在夜晚由明亮的室內走到室外時，開始時我們的眼前一片漆黑，什麼也看不清楚，一段時間後，眼睛就能分辨出黑暗中物體的輪廓了。這種現象叫暗適應。相反，由漆黑的室外走進明亮的室內時，最初感到耀眼炫目，什麼都看不清楚，只要稍過幾秒鐘，就能清楚地看到室內物體了。這種現象叫明適應。與視覺適應相比，聽覺適應並不那麼明顯。一般的聲音作用於人耳之后，聽覺感受性有短暫的降低。嗅覺的適應速度因刺激的性質而有所不同。一般的氣味1~2分鐘后即可適應，而強烈的氣味則要經過10多分鐘。特別強烈的氣味，如引起痛覺的氣味，則令人厭惡，難以適應甚至完全不能適應。觸壓覺的適應較明顯，如平時幾乎覺察不到身上衣服對我們皮膚的接觸和壓力。

　　感覺適應能力是有機體在長期進化過程中形成的。適應機制有助於我們精確地感知外界的事物，從而調整自己的行為。

　　3. 感覺的對比

　　不同的刺激作用於同一感受器而導致感受性發生變化的現象稱為感覺對比。感覺對比分兩類：同時對比和相繼對比。

　　幾個刺激物同時作用於同一感受器產生的對比現象稱為同時對比。例如，同樣兩個灰色小方塊，一個放在白色背景上，一個放在黑色背景上，結果在白色背景上的小方塊看起來比黑色背景上的小方塊要暗得多，同時在相互連接的邊界附近，對比特別明顯。

　　刺激物先後作用於同一感受器產生的對比現象稱為相繼對比。例如，喝了苦藥后接著喝白開水，會覺得白開水有點甜味；吃了一塊蛋糕后再吃蘋果，會覺得蘋果有點酸。

　　4. 聯覺現象

　　聯覺是指各種感覺之間產生相互作用的心理現象，即對一種感官的刺激作用觸發另一種感覺的現象。色覺容易產生聯覺，如溫度覺。紅、橙、黃色會使人感到溫暖，被稱為暖色；藍、青、綠色會使人感到寒冷，因此這些顏色被稱為冷色。還有一種色覺稱「光幻覺」，可伴有味、觸、痛、嗅或溫度覺。「語—色聯覺」是

第三章 幼兒的感覺與知覺

指某些詞彙引起的色覺。日常生活中，人們常說「甜蜜的聲音」、「冰冷的臉色」等，都是一種聯覺現象。

二、幼兒感覺的發展

（一）幼兒視覺的發展

1. 幼兒視敏度的發展

視敏度，俗稱視力，是指視覺的靈敏度及清晰度，主要取決於眼睛視網膜中心對視覺圖像的敏銳程度和大腦中視皮層對圖像的解析能力。一般情況下，視敏度達到 1.0 以上就是正常的。

人們通常認為小孩「眼尖」，但事實上他們的視敏度卻比正常成人低。新生兒的視敏度在 20/200 到 20/600 的範圍內，只有正常成人視敏度的 1/10。6 個月時，嬰兒的視敏度已發展到大約 20/70 左右，1 歲時與成人相當接近。兒童視敏度發展最快的時期是在 7 歲左右，學齡中期增長速度又有些加快。學齡期如果閱讀量過大，眼睛過度疲勞容易導致兒童的視敏度下降。

2. 幼兒的顏色視覺發展

顏色視覺是指區別顏色細緻差異的能力，亦稱辨色力。嬰兒對顏色的辨別能力發展的相當快。新生兒能夠區分紅與白，對其他顏色的辨別缺乏足夠的證據。出生後 2 個月，嬰兒能夠區分那些視覺正常的成人所能區分的顏色中的大部分。4 個月時，哪怕在光照條件差異很大的情況下，嬰兒仍能保持顏色識別的正確。所以 4~5 個月以後，嬰兒的顏色視覺的基本功能已接近成人水平。[1]

幼兒對紅、黃、綠三種顏色的辨別正確率最高，對其他顏色的辨認能力隨年齡增長逐步提高。幼兒一般能很好地辨別各種主要顏色，也能知道各種色調的細微差別（如紅和紫、青和藍）。更多的顏色辨別困難已不再是視覺系統的感知問題，而是顏色的表徵是否成熟的問題。幼兒辨認顏色主要在於能否掌握顏色名稱，如果混合色有明確的名稱，如「淡棕」、「橘黃」，幼兒同樣可以掌握。幼兒對某些顏色，如「天藍」、「古銅」等之所以不能辨認或不善辨認，並非完全缺乏辨色能力，主要是由於生活中接觸的機會少，成人沒有進行有意識的指導。

3. 幼兒的視覺缺陷

在視覺系統發展的過程中，有一段比較關鍵的時期，直接影響到視覺的將來

---

[1] 李紅. 幼兒心理學 [M]. 北京：人民教育出版社，2007.

發展走向。人類雙眼視覺發展的關鍵期在 0~3 歲，有視覺缺陷的兒童如果在 3 歲前進行治療，那麼他們的視覺可以正常發育。但 3 歲前視覺缺陷一旦發生，由於主訴困難且生理機制不成熟，往往造成治療不及時，帶來更大的傷害。父母及教育人員要瞭解視覺缺陷兒童外顯的行為特徵，如在閱讀書寫的時候，是否握筆過於緊張，頭與書本之間的距離是否過近，喜歡用手指指點書本，經常眯著眼睛，做作業的時候經常顛倒數字、字母的順序，總是無法完成需要手眼協調的體育活動項目等，一旦發現，要找到症狀的原因，及時採取措施進行糾正與治療。

出謀劃策

父母可以通過以下簡單方法對幼兒視覺缺陷進行初步檢查和判斷:[1]

（1）用手或其他物體突然出現在孩子眼前時，不引起瞬目反射（眨眼），可能有視覺缺陷；

（2）孩子對小玩具不感興趣，沒有追隨或尋拿的表現，可能有視覺缺陷；

（3）當一只眼被遮擋時，引起孩子的反感、哭鬧或用手去撕扯遮擋物，說明被遮蓋眼為好眼，而遮蓋時孩子無反應的眼就是視力極差的眼；

（4）看東西頭歪，醫學上稱「代償頭位」，將孩子的一只眼睛蓋起來後，「代償頭位」減輕或消失，說明孩子的頭歪是因眼病引起；

（5）弱視的孩子多有畏光現象，在陽光下常喜歡將視力差的眼閉起來；

（6）看東西過近，多為高度遠視或近視；

（7）斜視（斜眼）的孩子多數視功能不好；

（8）與同齡孩子相比，視力不好的孩子活動範圍常自我限制，動作緩慢。

（二）幼兒聽覺的發展

1. 幼兒聽覺的發展概述

研究發現，嬰兒在出生前就有了聽覺能力。正常產期的胎兒，懷孕第 20 周就已具備這種能力，他們對聲音可能出現生理變化和身體反應。到第 28 周時，胎兒對呈現在靠近母親腹部的聲響出現緊閉眼瞼的反應。研究發現，如果不能以這種方式進行反應的胎兒，在出生後可能出現聽覺障礙。

新生兒的聽覺閾限在最好的情況下要比成人高出 10~20 分貝，最差的時候要

---

[1] 楊則高. 及早發現小兒視覺缺陷 [J]. 父母必讀, 1991 (4).

第三章　幼兒的感覺與知覺

高出 40~50 分貝。所以嬰兒的聽覺閾限不容易測量。但隨著他們成長，聽覺敏感性越來越接近成人，對高頻聲音的聽覺接近最佳水平的時間要早於對低頻聲音的聽覺，6 個月時他們對高頻聲音的敏感已經接近成人水平。4~7 歲的兒童對純音的聽覺閾限要比成人高 2~7 分貝。對聲音敏感性的增長要一直持續到 10 歲左右。

在嬰兒早期，他們能夠在一定程度上對聲強進行辨別。6 個月大的嬰兒能夠對近前的聲音轉移到 0.9 米以外覺察。1 歲的嬰兒能夠辨別出非常微小的聲強變化。頻率方面，5~8 個月的嬰兒能夠區分以 2% 增加或減弱的音頻變化，而成人能夠做到 1% 的辨別。新生兒能辨別持續時間不同的聲音，即便聲音具有相同的頻率和強度，他們也能辨別出那些聲音到達最大強度的過程差異。5 個月大時，嬰兒能夠像成人一樣分辨出高頻音中的細微變化。

新生兒表現出一種原始的定位能力，他們能把耳朵正確轉向聲源方向。然而在 2~3 個月中，這種反應幾乎消失，只有 4 個月后才再次出現。一般 6 個月的嬰兒的聽覺定位能力才能達到視覺定位能力的同等水平。這種現象被認為這是行為系統發展的 U 形過程，原因是由在個體不同的發展時間內支配其聲音定位的生理基礎不同所造成的。[1]

2. 幼兒的聽覺障礙

聽覺障礙又稱聽覺受損，是指感測或理解聲音的能力的完全或部分降低。父母或教育人員可以根據以下情況確認兒童是否存在聽覺障礙：

（1）新生兒出生 6~8 星期時還不能對聲音進行反應；

（2）1 歲左右不會學說話；

（3）難以掌握語詞，尤其在復述的時候音準度差；

（4）經常發生中耳感染、頭部或耳部受傷；

（5）患有腭裂、唐氏綜合症或有其他缺陷。

在兒童發展過程中，聽覺技能會隨著生理、心理成熟而不斷提高，到青春期時達到成熟。然而聽覺障礙妨礙和中斷了聽覺能力的正常成熟，會影響兒童語言的正常發展，導致社會性發展受限。早期發現兒童的聽覺障礙，早期進行介入干預，可以避免因聽覺障礙帶來的社會溝通能力障礙，具有現實意義。

---

[1] 李紅. 幼兒心理學 [M]. 北京：人民教育出版社, 2007.

幼兒心理發展

(三) 幼兒其他感覺的發展

1. 觸覺

嬰兒的觸覺在他們的生長過程中起著重要的作用。新生兒明顯地表現出對觸摸的敏感，他們表現的第一個感覺現象就是通過觸摸去反應。觸覺的敏感性在他們出生的開始幾天內就快速增長。他們的手掌（抓握反射）、腳掌（巴賓斯基反射）和面頰（根部反射）相當敏銳，大多數對早期嬰兒的研究都集中在這些簡單的條件反射上。觸覺作為聯繫成人和孩子的有效手段顯得十分重要。把手放在哭泣的新生兒胸部輕輕的撫摸可以讓他們平息下來，哪怕對那些早產兒也同樣有效。在同成人的交流過程中，那些較大的嬰兒可以通過對成人的觸覺感知產生積極的視覺注意。嬰兒通過觸覺對外界的積極感知幫助他們形成觸知覺。在嬰兒1歲時，他們已經能夠只用手的摸索認識規則物體；學前期的兒童趨向於用手指摸索物體的外形。這種知覺能力隨著年齡的增長會穩步提高，他們越來越熟練地用手指探索物體、認識物體。

出謀劃策

在所有感覺中，最先發育的就是觸覺。缺乏觸覺經驗的孩子通常比較敏感，情緒不穩定，容易有過動、協調不良、觸覺缺乏、觸覺遲鈍等問題，同時也比較容易受傷，甚至將來有可能導致人際關係障礙。父母可以通過以下簡單方法對孩子的觸覺進行訓練。[1]

(1) 多愛撫孩子。情緒穩定及人際關係的建立，均依賴於安定的觸覺系統，而愛撫是促進觸覺系統安定的有效方法。

(2) 提供乾淨、自由的游戲空間。讓孩子能在地上自由爬行及接觸周圍物品，別老把嬰兒放在學步車或嬰兒車內，使其喪失爬行和用手觸摸環境的機會。

(3) 對觸覺防禦過當的孩子，父母可以在他們洗臉、洗澡或睡覺前，以手或柔軟的毛巾輕輕地觸壓或按摩孩子的手、腳或背部。

(4) 對觸覺遲鈍的孩子，父母一方面可用軟毛刷子刷孩子的手心、手臂及腿部，以喚醒其觸覺；另一方面，可以給孩子玩有毛感的玩具，讓他在玩耍中不知不覺地增進觸覺識別能力。

(5) 對觸覺過分依賴的孩子通常有吸吮奶嘴、手指或手帕的習慣，父母不要

---

[1] 幼兒的觸覺訓練 [EB/OL]. http://zhishi.0-6.com/Article/4475.

第三章 幼兒的感覺與知覺

採用高壓或恐嚇的方式來糾正這些習慣，而應該先適當地滿足孩子對觸覺的需要，以加強親子間的關係，使孩子有安全感，然後才要求他們逐漸改掉這些習慣。

2. 嗅覺

哺乳動物在沒有睜開眼睛的時候靠氣味同母親產生聯繫，所以嗅覺在嬰兒的知覺中相當重要。1976年，拉塞爾（M. Russell）分別用「母親墊子（測試前在嬰兒母親的乳罩內放置3小時）」、「非母親墊子（測試前在其他哺乳期女性乳罩內放置3小時）」和「控製墊子（乾淨濕潤的墊子）」對嬰兒進行測試。出生6周以前的嬰兒對前兩種墊子都表現出吮吸反應；6周以後，他們對自己母親的墊子有更明顯的反應，表明這時他們偏好母親的氣味。這一實驗表明，對母親氣味的偏好在6周前形成。嬰兒對氣味的辨認能夠幫助他們對母親的辨認。

3. 味覺

嬰兒從出生起就對味覺敏感。研究人員發現，新生兒已能辨別甜、咸、苦、酸等不同味道，並且對甜的喜愛勝過咸。嬰兒味覺辨別力發展得相當快，1歲內就能精確區別同一味道的不同濃度。當嬰兒4個月大時，他們開始對過去不喜歡的鹽味感興趣。嬰兒可以通過吮吸甜的流體能使他們從哭泣中平靜下來，這時他們的吮吸速度和吮吸量都比平靜時大。

第二節　幼兒的知覺

一、知覺概述

（一）知覺的概念

知覺是直接作用於感覺器官的事物的整體屬性在腦中的反應，是人對感覺信息的組織和解釋過程。知覺是有機體為了認識世界而表現出來的主動行為，知覺過程就是不斷從環境中分化有效刺激的過程。比如兒童在搭建積木的過程中，能發現同一塊積木在大小、顏色、外表、質地等方面的不同，在不同位置還能察覺出該積木的大小和形狀變化，但它實際還是那塊積木。當積木在不同位置變化時，必定發生不同的時間和空間事件。通過操作過程，兒童從物體中將獲得越來越多的信息、事件和環境的時空序列。

(二) 知覺的分類

根據不同的標準，可以對知覺進行不同的分類。根據知覺活動中占主導地位的感受器的不同，可將知覺分為視知覺、聽知覺、嗅知覺、味知覺等。根據知覺對象的不同，可將知覺分為空間知覺、時間知覺和運動知覺。

1. 空間知覺

空間知覺是對客觀世界三維特性的知覺，具體指物體大小、距離、形狀和方位等在頭腦中的反應。空間知覺是一種較複雜的知覺，需要人的視覺、聽覺、運動覺等多種分析器的聯合活動來實現。在我們的生活、學習中，空間知覺具有重要的作用。例如，學習漢語拼音、漢字時，需要正確辨別上下、左右，否則難以順利地掌握漢字的結構和識別漢語拼音；下樓梯時，如果我們不知道有幾個臺階、每個臺階有多高，就容易摔倒。

空間知覺包括形狀知覺、大小知覺、深度知覺、方位知覺等。[1]

形狀知覺指對物體的輪廓和邊界的整體知覺。形狀知覺是靠視覺、觸覺、運動覺來實現的。我們可以通過物體在視網膜上的投影、視線沿物體輪廓移動時的眼球運動、手指觸摸物體邊沿等，產生形狀知覺。

大小知覺指對物體長短、面積和體積大小的知覺。依靠視覺獲得的大小知覺，決定於物體在視網膜上投影的大小和觀察者與物體之間的距離。在距離相等的條件下，投影越大，則物體越大；投影越小，則物體越小。在投影不變的情況下，距離越遠，則物體越大；距離越近，則物體越小。大小知覺還受個體對物體的熟悉程度、周圍物體的參照的影響。對熟悉物體的大小知覺不隨觀察距離、視網膜投影的改變而改變。對某個物體的大小知覺也會因周圍參照物的不同而改變。

深度知覺也叫距離知覺，是指對環境中的空間物體或空間信息進行加工時產生的距離遠近的知覺。對物體深度和距離的判斷可以依據的線索很多，如小的物體似乎遠些，大的物體似乎近些；被遮擋的物體遠些；遠處的物體看起來模糊，能看到的細節少；遠的物體顯得灰暗，近的物體色彩鮮明；看近物時，雙眼視線向正中聚合，看遠物時，雙眼視線近似平行等。

方位知覺是指對物體的空間關係、位置和對機體自身所在空間位置的知覺。人依靠視覺、聽覺、運動覺等來判斷方位，這種能力是后天形成的。依靠視覺進行方位判斷必須借助參照物。參照物可以是自己的身體、太陽的位置、地球的磁

---

[1] 王雁. 普通心理學 [M]. 北京：人民教育出版社，2002.

第三章　幼兒的感覺與知覺

場、天地等。不同方位辨別由易到難的次序分別是上、下、后、前、左與右。由於人的兩只耳朵分別在頭部的左右兩側，因此同一聲源到達兩耳的距離不同，兩耳所感知的聲音在時間上、強度上存在差別。正因如此，我們也能依靠聽覺進行方向定位。

2. 時間知覺

時間知覺是對事物發展的延續性、順序性的知覺，具體表現為對時間的分辨、對時間的確認、對持續時間的估量、對時間的預測。生活中，我們對時間的知覺既可以借助於自然界的變化，如太陽的東升西落、月的圓缺、四季變化等，也可以借助於生活中的具體事件或自身的生理變化，如數數、打拍子、節假日、上下班等，還可以借助於時鐘、日歷等計時工具。在不同的心理狀態下，人們對時間的估計有很大差別。研究表明，在悲傷的情緒下，人們在時間估計方面會出現高估現象；在歡快的情緒下，在時間估計方面會出現低估現象。

3. 運動知覺

運動知覺是指物體在空間的位移特性在人腦中的反應。世界上萬事萬物都處在運動中，因而運動和靜止是相對而言的。物體運動速度太慢或太快都不能使人產生運動知覺。人對物體運動的知覺是通過多種感官的協同活動實現的。當人觀察運動的物體的時候，如果眼睛和頭部不動，物體在視網膜的像的連續移動，就可以使我們產生運動知覺。如果用眼睛和頭部追隨運動的物體，這時視像雖然保持基本不動，眼睛和頭部的動覺信息也足以使我們產生運動知覺。如果我們觀察的是固定不動的物體，即使轉動眼睛和頭部，也不會產生運動知覺，因為眼睛和頸部的動覺抵消了視網膜上視像的位移。

（三）知覺的規律

1. 知覺的選擇性

客觀世界是豐富多彩的，在每一時刻裡，作用於人的感覺器官的刺激也是非常多的，但人不可能對同時作用於他的刺激全部都清楚地感受到，也不可能對所有的刺激都做出相應的反應。我們總是把某些事物作為知覺的對象，其他事物作為知覺的背景。這就是知覺的選擇性，即我們總是選擇某些事物或事物的某些特性作為我們知覺的對象。知覺的對象能被我們清晰地感知，知覺的背景只是被我們模糊地感知。例如，上課時，當我們注意看黑板上的字時，黑板上的字成為我們知覺的對象，而黑板、牆壁、老師的講解、周圍同學的翻書聲等便成為知覺的

背景；當我們注意聽教師的講解時，教師的聲音便成為我們知覺的對象，而周圍同學的翻書聲、進入視野的一切便成為我們知覺的背景。

2. 知覺的整體性

客觀事物是由不同部分、不同屬性組成的，但我們總是把客觀事物作為整體來感知，即把客觀事物的個別特性綜合為整體來反應，這就是知覺的整體性。知覺的整體性往往取決於知覺對象的特點、對象各組成部分的強度關係、知覺對象各部分之間的結構關係和知覺者本身的主觀狀態。

3. 知覺的理解性

在知覺過程中，我們總是根據已有的知識經驗來解釋當前知覺的對象，並用語言來描述它，使它具有一定的意義，這就是知覺的理解性。

4. 知覺的恒常性

在知覺過程中，當知覺的條件（距離、角度、照明等）在一定範圍內發生變化時，知覺映像卻保持相對不變，這就是知覺的恒常性。構成視知覺恒常性的主要成分有四種，即明度恒常性、顏色恒常性、形狀恒常性、大小恒常性。知覺的恒常性主要依賴於我們的經驗。

二、幼兒知覺的發展

（一）幼兒視知覺與聽知覺的發展

1. 視知覺

視知覺是一種對到達眼睛的可見光信息進行解釋，並利用其來計劃或行動的能力。視知覺能力主要包括視覺聯想能力、視覺記憶能力、視覺辨別能力、手眼協調能力、視覺追蹤能力等。

美國學者白拉格（N.Barraga）列出了兒童正常的視知覺能力發展過程：

0~1個月，看光或相關事物，眼肌調節能力差。

1~2個月，追視物體及光源，對色彩斑斕物感興趣，盯住大人的臉，開始雙眼協調運動。

2~3個月，註視地看，能區別面孔、黃色、橙色及紅色。

3~4個月，眼睛運動更加自如，視力有所改進，能較順利地追視物體。

4~5個月，視點由物體開始向身體各部分轉移，企圖抓或移向其喜愛的物體，開始用視覺探索環境，能認出熟悉面孔，視野發育亦趨完善。

第三章 幼兒的感覺與知覺

5~6個月，夠到或抓住物體，表明手眼協調開始。

6~7個月，視點能從物體轉向物體，撿起失落的物體，眼球能自如移動。

7~8個月，熟練地觀察物體並註視結果，觀察運動物體並能快速追視。

9~10個月，視力很好，轉眼自如，能搜尋物體甚至轉向角落，模仿面部表情或玩看到的游戲。

11個月~1.5歲，視覺敏捷，視功能充分發展，玩積木或組裝物體。

1.5~2歲，通過視覺觀察將物體配對，指出書中的物體，模仿敲打與行為表演。

2~2.5歲，遠距離視覺發展，模仿其他運動，指出喜愛的顏色，視覺記憶力增強。

2.5~3歲，分辨幾何圖形，畫圓圈、橢圓、長方形、三角形、搗洞或對接。

3~4歲，依形狀分類，畫長線、十字及其他許多形狀。

4~5歲，手眼協調能力增強，會做塗色、剪貼等手工。

5~6歲，觀察圖畫內聯繫，會臨摹簡單字母。

6~7歲，臨摹抽象圖畫，寫字，閱讀。

出謀劃策

家長可以通過以下表現對幼兒視知覺不足進行初步檢查：

（1）小時候倒著爬。

（2）經常把鞋穿反了。

（3）拼音「b、d」或「p、q」經常搞混。

（4）數字3、5、7會左右顛倒過來寫，方向是反的，常把6和9、2和5等認反。

（5）不能直觀的評價大小或長短等。

（6）不能辨別簡單的形近字，如「由」和「田」、「人」和「入」等。

（7）分不清「田」字格的左右、上下方位。

（8）對圖形觀察不仔細，不能按照正確的答案找出對應的數量。

（9）在自己小區內不能自己回家。

（10）不能指認出自家或父母的電話號碼。

當孩子有以上這些表現時，則說明孩子視知覺出現了一定問題，視知覺能力

幼兒心理發展

不足的孩子需要及時訓練提高，否則到了入學之后在學習上就會出現問題，如「上」和「下」、「手」和「毛」分辨不清；數字混淆，數學豎式對齊總出錯，讀書跳字，看書跳行，人家一目十行，他卻只能看幾行，人家能看到整體，他卻只能看見一個局部；有時他寫出來的字是反的，或者左右上下顛倒；有的沒有空間感，不能把字寫在格子裡；寫作業也丟三落四、拖拖拉拉；做起應用題來非常困難；無論在作業和考試中，都會出現一些莫名其妙、不可思議的錯誤。遇到這種情況，教師或家長如果判定為「馬虎」，那就錯了，如果再指責他學習態度不認真，那更冤枉孩子了。視知覺發展不足的孩子，家長需提高警惕，要早診斷早提高，否則后期發展為視覺障礙會對孩子本人和家長帶來極大的苦惱。

2. 聽知覺

（1）語音知覺。出生只有1天的新生兒對成人的語音和磁帶播放的語音都表現出明顯的同步動作反應。研究發現，一個月大的嬰兒就能分辨「pah」和「bah」的差別，於是有人推測人類在語言方面的某些能力具有先天成分。嬰兒可以完成成人所不能的某些語言的音素辨別。隨著嬰兒的年齡增長，他們逐漸失去過去擁有的某些語音的辨別能力，而隨著他們經驗的增加又形成了某些新的能力。這種能力的下降大概在青春期前后，語言的靈活性也同時下降。元音的敏感性接近6個月大時就開始下降，而輔音在12個月后下降。嬰兒對人類言語特別關注，他們表現出對「媽媽語」的偏好。這種語言形式具有語速慢、聲音高和音調誇張的特點，具有強烈的起伏性，特別能引起嬰兒注意。由於聽覺系統形成於胎兒期，嬰兒對母親聲音有特別的偏好，這有助於語言學習和形成對母親的依戀。3個月的嬰兒能夠區分成人悲傷的聲音和快樂的聲音。[1]

（2）音樂知覺。嬰兒對不同的樂音能夠予以辨別。2個月的嬰兒就能辨別出由小提琴演奏出的不同樂音。他們對樂音的辨別是以類別劃分為基礎的。人腦的右半球分管對音樂的感知，這種分化開始於新生兒時期。有研究表明，4~7個月的嬰兒能夠對搖籃曲和一般的成人樂曲進行辨別，哪怕這些曲調來自於不同語言、文化。5個月大的嬰兒可以感受音樂旋律的變化，24個月大時會表現出隨音樂節拍的身體運動。

音樂知覺的發展受文化環境的影響。針對西方國家和日本的6個月大的嬰兒

---

[1] 李紅. 幼兒心理學[M]. 北京：人民教育出版社，2007.

第三章　幼兒的感覺與知覺

和成人，研究者讓他們分別聽不同地區的主流音樂。被試反覆聽一首旋律時偶然被7個音階打斷，這7個音階中的第五個音律輕微變化，要求被試如果發現走調時給予報告。結果發現，那些非音樂專長的成年人更容易在西方旋律中發現走調；嬰兒能發現走調，但是沒有表現出對西方旋律和日本旋律的判斷的明顯差異。這表明了人類出生時的音樂知覺能力無文化差異，但它的發展受文化因素的影響。[1]

(二) 幼兒空間知覺的發展

1. 形狀知覺

形狀知覺是對物體形狀的知覺，是視覺、動覺和觸覺協同活動的結果。幼兒的形狀知覺發展得很快。通常3歲的幼兒能區別一些幾何圖形，如圓形、正方形、三角形等。研究發現，4~4.5歲是辨認幾何圖形正確率增長最快的時期。有實驗證明，5歲幼兒能正確辨別各種基本的幾何圖形。對幼兒來說，對不同幾何圖形辨別的難度有所不同，由易到難的順序是：圓形、正方形、半圓形、長方形、三角形、五邊形、梯形、菱形。

幼兒形狀知覺逐漸與掌握形狀名稱結合起來。幼兒在還不能準確稱呼圖形或物體名稱時，會在感知圖形或物體過程中，自發地用詞語來稱呼它們，如3~4歲幼兒把圓形叫太陽、皮球，把半圓形叫月亮或半個太陽等。

總體來看，幼兒初期能正確掌握圓形、正方形、三角形、長方形。幼兒中期能掌握圓形、正方形、三角形、長方形、半圓形、梯形。幼兒晚期能正確掌握圓形、正方形、三角形、長方形、半圓形、梯形，在教師指導下，有可能辨認菱形、平行四邊形和橢圓形。[2]

2. 大小知覺

大小是幼兒必須懂得的另一種物體屬性。幼兒的大小知覺是靠視覺、觸覺和動覺協同活動實現的，其中視知覺起主導作用。兒童在嬰兒期就開始認識大小。如果在一個2歲左右的幼兒面前放一大一小兩個蘋果，讓他把大的蘋果拿給媽媽，他知道怎麼做，也就是說他開始認識「大的」、「小的」這兩個詞的實物意義。到2~3歲，兒童學會把小的盒子放在大盒子裡面，玩「大套小」的游戲。但有關研究表明，大多數4歲以前的兒童對「大小」一詞的理解還有困難，他們不會回答

---

[1] 李紅. 幼兒心理學 [M]. 北京：人民教育出版社，2007.
[2] 劉新學，唐雪梅. 學前心理學 [M]. 北京：北京師範大學出版社，2011.

「××和××哪個大」或「××有多大」等問題。讓他們比較兩個形狀相同、大小不同的物體時，他們不會區分，而只會分別指著兩個物體說：「這個大、這個大」或「兩個都大」、「兩個都不大」等。對於「有多大」的問題，兒童更不能理解。幼兒對「大小」的意義理解有困難，這是毫不奇怪的，對於成人來說，使用「大小」一詞就具有很大的靈活性，有時是指二維空間，如「這張紙比那張紙大」、「這塊地比那塊地大」；有時指三維空間，如「這個房間比那個房間大」（指容積），「這個沙發比那個沙發大」（指體積）；有時甚至指一維空間，如「我穿的鞋碼比你的鞋碼大」（指尺寸）等。難怪幼兒會把「大小」用成一個萬能的概念，即不論物體在長短、高矮、粗細、寬窄等任何一方面發生變化時，兒童都一律用「大些」、「小些」、「大」、「小」來表示。兒童發展心理學的一個通則是兒童頭腦理解的比他能用口頭表達出來的強。一個讓兒童實物操作的研究表明，幼兒知覺區分大小的能力隨年齡而迅速增長。如讓幼兒按順序排列三個大小不同的圓柱體，2.5~3.5歲做對的占25%，3.5~4.5歲做對的占67%，而4.5~5.5歲則占100%。

3. 深度知覺

深度知覺是判斷不同對象之間距離的一種能力，直接影響我們理解環境，掌握自己的運動的狀態。生命的開始時，新生兒通過運動深度線索對深度進行感知；5~6個月時，他們通過圖示深度線索感知深度；隨著雙眼線索的有效應用，深度知覺的精細程度增加。

吉布森等人在20世紀60年代初設計的視崖實驗表明，大部分會爬的嬰兒都拒絕從深淵的一側爬向母親。結果不難發現，這個時期的嬰兒已經有了深度知覺，至少在第一年的最後4個月起就成為他的能力之一。還有研究指出，深度知覺的能力可能出現在最早的那幾個月中，但是對深度的害怕要到第一年的后半期才開始出現。

研究者認為，爬行經驗和視崖上的成功迴避存在正相關，就是那些爬行更多的嬰兒能夠在視崖實驗中取得更大成功率。1990年和1992年他們在實驗前增加嬰兒扶車走動的時間，結果發現這些試驗組的嬰兒更能迴避視崖的一側，並且當他們從視崖上方緩慢放下時，更可能表現明顯的心率加快。嬰兒能控製自己運動時產生了對深度的害怕。[1]

---

[1] 李紅. 幼兒心理學 [M]. 北京：人民教育出版社，2007.

第三章 幼兒的感覺與知覺

心理櫥窗

視崖實驗[1]

視崖即「視覺的懸崖」。這個裝置的中央有一個能容納會爬的嬰兒的平臺，平臺兩邊覆蓋厚玻璃。平臺與兩邊厚玻璃上鋪著同樣黑白相間的格子布料。一邊的布料與玻璃緊貼，不造成深度，形成「淺灘」；另一邊的布料與玻璃相隔數尺距離，造成深度，形成「懸崖」。實驗時，讓嬰兒的母親先後站在裝置的「深」、「淺」兩側召喚嬰兒，觀察嬰兒是否拒絕從有深度錯覺的「懸崖」一邊爬向母親，借以研究嬰兒深度知覺的發展。

吉布森和沃克（Gibson & Wolk，1961）對 36 名 6.5~14 個月會爬的嬰兒進行了視崖測試，結果表明：有足夠大的視崖深度時（大約 0.9 米或更多），只有不到 10%（3 名）的嬰兒會越過懸崖爬向母親，而有 27 名嬰兒從中間爬向淺灘。當深側的方格圖案距離玻璃板越來越近時，就有越來越多的嬰兒爬過懸崖；當視崖深度是 0.26 米時，有 38% 的嬰兒爬過懸崖；而當視崖深度是 1 米時，只有 8% 的嬰兒（主要是年齡較大的嬰兒）爬過懸崖。

沃克（Wolk，1979）研究發現，當視崖深度為 0.26 米時，68% 的 7~9 個月的嬰兒爬過懸崖，而 10~13 個月的嬰兒只有 23%。其結論是：第一，嬰兒很早就有了深度知覺；第二，嬰兒深度知覺的能力隨著年齡的遞增不斷發展；第三，9 個月以前嬰兒的深度知覺閾限為 0.26 米。對嬰兒視崖研究還發現，嬰兒存在著深度恐懼。

4. 方位知覺

方位知覺是個體對自身或物體所處的位置和方向的反應，包括對其方向和同主體之間距離的信息認識。其他感覺器官同樣能產生方位知覺，這裡我們只集中討論由視覺所產生的這種知覺。一般來說，兒童 2~3 歲時能辨別上下，4 歲時開始辨別前後，5 歲時才能以自我為中心的進行左右的辨別，7~8 歲才能以客體為中心辨別左右，左右概念的理解要到 11 歲前後。還有研究指出，6~7 歲是兒童左右方位概念發展的飛躍期，到 8 歲左右已經能夠靈活掌握左右概念。「不同年齡的兒童對左右概念的掌握反應出該年齡兒童的思維發展水平。」

---

[1] 羅杰·霍克. 改變心理學的 40 項研究 [M]. 5 版. 白學軍，等，譯. 北京：人民郵電出版社，2010.

幼兒心理發展

(三) 幼兒時間知覺的發展

時間本身沒有直觀形象，人也沒有專門的時間分析器，所以人們無法直接感知時間，而只能通過一些仲介感知時間。成人與兒童借助的仲介是不同的，成人用表、日歷，而兒童掌握這些工具則要經歷一段時間。

嬰兒最早的時間知覺主要依靠生理上的變化產生對時間的條件反射，也就是人們常說的「生物鐘」所提供的時間信息而出現的時間知覺。例如，嬰兒到了吃奶的時候，會自己醒來或哭喊，這就是嬰兒對吃奶時間的條件反射。以後逐漸學習借助於某種生活經驗（生活作息制度、有規律的生活事件等）和環境信息（自然界的變化等，如幼兒知道「天快黑了，就是傍晚」，「太陽升起來就是早晨」等）反應時間。幼兒晚期，在教育影響下，兒童開始有意識地借助計時工具或其他反應時間流程的媒介認識時間。

由於時間的抽象性特點，幼兒的時間知覺水平不高。研究表明，幼兒的時間知覺表現出以下特點和發展趨勢：[1]

(1) 時間知覺的精確性與年齡呈正相關關係，即年齡越大，精確性越高。7~8歲可能是時間知覺迅速發展的時期。

(2) 時間知覺的發展水平與兒童的生活經驗呈正相關關係。生活制度和作息制度在兒童的時間知覺中起著極其重要的作用，幼兒常以作息制度作為時間定向的依據（如「早上就是上幼兒園的時候」，「下午就是午睡起來以後」，「晚上就是爸爸媽媽來接我們回家的時候」等）。嚴格執行作息制度，有規律的生活有助於發展孩子的時間知覺，培養時間觀念。

(3) 幼兒對時間單元的知覺和理解有一個「由中間向兩端」、「由近及遠」的發展趨勢。大量研究表明，兒童先能理解的是「天」和「小時」，然后是「周」、「月」或「分鐘」、「秒」等更大或更小的時間單元。在「天」中，最先理解的是「今天」，然后是「昨天」、「明天」；再后才是「前天」、「后天」、「上周」、「下周」。對於「正在」、「已經」、「就要」三個與時間有關的常用副詞的理解，同樣也是以現在為起點，逐步向過去和未來延伸。

(4) 理解和利用時間標尺（包括計時工具）的能力與其年齡呈正相關關係。小孩子常常不能理解計時工具的意義。例如，媽媽告訴孩子時鐘走到6點半就可以打開電視看「貓和老鼠」，孩子等得不耐煩了，就要求媽媽把鐘撥到6點半。有

---

[1] 陳幗眉. 幼兒心理學 [M]. 北京：北京師範大學出版社，2006.

第三章　幼兒的感覺與知覺

個孩子聽見媽媽說：「日曆都快撕完了，還有幾天就要過新年了。」他跑去把日曆統統撕掉，回來告訴媽媽：「快過新年吧，日曆已經撕完了！」這種情況下，自然談不上有效利用時間標尺。有研究表明，大約到 7 歲，兒童才開始利用時間標尺估計時間，7 歲是時間觀念發展的「質變階段」。

第三節　幼兒感覺與知覺的訓練

一、促進幼兒的感覺與知覺的發展

（一）促進幼兒感知覺發展的策略

感知覺能力的提高可以通過活動來培養。教師應該在日常活動中提醒兒童，他們所感受到的一切可以成為他們繼續活動的經驗；引導他們說出自己的感受，幫助他們用正確的表徵去表達這種體驗。

1. 活動分區明確

在園區內設定專門的兒童活動區域，在區域中突出主題，讓活動有目的進行。感知覺活動的區域中，一定要注意兒童的衛生和安全，用具常消毒，用品按不同的年齡要求帶領兒童操作。

2. 課內課外互動

結合幼兒教程，給兒童布置一些課外的感知活動作業，讓他們認識到自己在感知中具有的主動性，尤其是味覺。要結合每天的餐飲食物進行感知覺的培養。

3. 感知認識要多啓發

每次新的感知都是一次有用的經驗。教師要發揮好一個啓發者的作用，多啓發兒童思考、記憶這些感受，讓他們牢固形成這種感知聯繫。

（二）促進幼兒感知覺發展的活動設計

1. 擺放樹葉

活動任務和目的：通過對樹葉的擺放，讓幼兒對形狀產生一定的認識，提高他們的形狀知覺能力和空間知覺能力。

活動用具：收集到的樹葉、膠水、線、紙。

活動過程：

（1）讓幼兒按樹葉的形狀進行分類；

（2）給出一個簡單的形狀，讓幼兒把樹葉也擺成這種形狀，並把它們粘貼在紙上面；

（3）通過穿孔，用線把樹葉串起來或不用穿孔，直接把樹葉卷起來；

（4）自由發揮想像，讓他們自己按自己的想法安排樹葉。

給教師的建議：要求幼兒描述他們自己擺放的形狀。不會描述的，教師要給予幫助指導。盡可能引導幼兒發揮想像力，擺出更多的形狀來。（注意線的使用，防止幼兒誤吞。）

活動總結：「今天的樹葉擺放形式還有很多，我們可以回去再想一想，這些葉子的顏色、形狀不同，可以幫助我們用作手工製品的不同材料。」

2. 搭建積木

活動任務和目的：通過積木的搭建，提高幼兒的手眼協調能力、觸覺、視覺共同發展，鍛煉幼兒的肢體控製能力。搭建過程有利於幼兒觀察和模仿能力的提高，促進幼兒形狀知覺和空間知覺的完善。

活動用具：各種積木。

活動過程：

（1）學會積木的搬運，通過手的接觸，感受積木的質地，通過觀察，能夠感受積木的形狀和顏色；

（2）把搬運的積木按形狀要求放置；

（3）把搬運的積木按顏色要求放置；

（4）按給出圖片的形狀堆放積木；

（5）自由想像，自由搭建積木，並且表述出搭建結果的意義。

給教師的建議：支持幼兒努力獲得信心，鼓勵他們體會操作中的舒適感和成就感，幫助他們克服挫折感。在堆放積木的過程中，應該限定積木的總數，讓他們在控製的範圍內發揮。鼓勵幼兒之間的合作。在表述中，積極鼓勵他們運用表示空間關係的詞彙。鼓勵他們運用想像，使用象徵性符號表徵。

活動總結：「小朋友們，我們每天看到很多很多的東西，我們是不是可以用我們手中的積木來模仿這些東西呢？答案當然是可以的。我們每一個小朋友都是小小的工程師，我們可以搭建出我們的房子、我們的車子、我們的電視機等，我們想要什麼，就能搭建什麼。一切依靠我們對生活的觀察認識，充分發揮我們的想像力吧。」

第三章 幼兒的感覺與知覺

3. 我們都是小小音樂家

活動任務和目的：通過對樂曲的瞭解體會音樂的節拍性，協調兒童肢體動作。

活動用具：光盤、風鈴、音樂盒。

活動過程：

（1）找一些適當的音樂，讓幼兒閉上眼睛，隨著音樂運動手臂，也可以跟著節拍搖擺身體。可以向他們提問，瞭解他們聽到什麼、感受到什麼；

（2）選擇一首幼兒喜歡的歌曲，要求幼兒用手跟著音樂節拍拍手，並且輕聲哼唱；

（3）風鈴提供了一種讓幼兒注意集中的輕柔聲源，給幼兒提供幾種不同的風鈴，讓他們吹動風鈴，感受聲音；

（4）音樂盒為兒童的傾聽提供了獨特的聲音，它的音樂完整，聲響適度，把準備好的幾個不同的音樂盒讓兒童去探索，鼓勵他們說出自己的感受。

給教師的建議：播放進行曲是一種很好地讓幼兒從一個活動轉換到下一活動的方式。當向幼兒介紹樂器時，應該講明並解釋樂器的使用規則。觀察並傾聽幼兒，他們會讓老師知道他們所要表達的意思。教師應該主動加入到兒童的活動中。

活動總結：「聲音多美妙，小朋友也是小小的音樂家。我們也可以自己欣賞優美的音樂，我們也能唱出動人的旋律。小朋友，想想我們周圍還有哪些好聽的音樂，我們能模仿出來嗎？我們能跟著唱嗎？」

4. 我們的五味

活動任務和目的：通過對材料的觀察、品嘗和聞，掌握其個別屬性，從而幫助幼兒認識酸、甜、苦、辣、咸。

活動用具：米醋、醬油、蔗糖水、苦瓜汁、辣椒油。

活動過程：

（1）用敞口小碟把原料盛放在桌子上，讓幼兒先看看它們的顏色有什麼不同，然后問：「我們能確定它們都是什麼嗎？」

（2）讓幼兒聞一聞碟子裡東西的味道。告訴他們能夠聞出來的是米醋和醬油，問：「它們的味道是什麼？」然后請他們想一想生活中還有哪些東西也有這些味道；

（3）讓幼兒對每種原料都嘗一嘗（注意用量），一邊嘗，一邊告訴他們是什麼味道，也請他們再說哪些食物有這些味道；

（4）讓幼兒回憶今天的早餐都嘗到了哪些味道，說一說最喜歡哪種味道；

(5) 請幼兒說說，除了這五種基本的味道以外，生活裡還有其他的什麼味道，都是什麼。

給教師的建議：告訴幼兒現實生活中常遇到的味道，通過幫助幼兒回憶，讓他們形成這種味道的印象。品嘗過程中，可以用小棒或筷子少量蘸取材料，以免幼兒受不了較強的刺激，保護幼兒身體。

活動總結：「我們通過看、聞、嘗瞭解了五味，還可以通過這些方法瞭解其他物品的味道。這五種味道是我們生活中最常見的，也是對我們生活影響最大的味道。我們在發酵的食物中能聞到酸味，米醋是最常用的調味品，還可以作為藥品使用，幫助我們治療皮膚疾病。甜味是大家最喜歡的味道，我們的點心和飲料中最常嘗到，我們的生活一天都離不開它。苦味不是經常都能吃到，但是我們的菜做糊了，就有這種味道。很多小朋友都不喜歡吃辣椒，覺得它很辣，但是辣椒裡有豐富的維生素，那是我們長得強壯的必備武器，我們還是應該少量吃點兒辣椒。咸味在我們的午餐中總是會有的，我們不能不吃鹽，缺少了鹽我們就會感到沒有力氣。小朋友們，我們再來復述一遍這五種味道的名稱，記住它們。」

二、幼兒觀察力的發展與培養

（一）幼兒觀察力的發展特點

觀察能力是一種有目的、有計劃、比較持久的感知活動，是知覺的最高形式。同時觀察能力又是認識能力發展的一個重要方面。觀察是累積知識的起點，又是科學發現的開端，任何學習、聯繫實際的科學研究和藝術創作都始於對自然和社會現象的精細觀察。因此，在人的一生成長關鍵時期——幼兒時期更應當注重其觀察能力的培養。

幼兒觀察力的發展具有一定的規律。例如，3歲左右的幼兒大腦興奮和抑制的發展不平衡，他們容易激動，抑制力較差，注意力不集中。他們只能觀察日常生活中所接觸的事物的表面或明顯的特徵，其觀察的印象也是模糊的、籠統的，不能區分事物的主要部分和次要部分，對事物的細微差別分辨不清。而5~7歲的兒童大腦皮質的興奮和抑制機能都有所增強，他們能夠學會控制自己的行為，比較準確地認識周圍的事物。他們不僅能注意事物的表面特徵，而且能比較事物的本質特徵和非本質特徵，發現事物的內在聯繫及分辨事物的細微差別。可見，不同年齡階段幼兒的觀察能力的發展水平有顯著不同。幼兒的心理、生理特點決定

第三章 幼兒的感覺與知覺

了幼兒的觀察力具有以下幾個特點:[1]

1. 觀察由隨意性逐漸過渡到有目的性

年齡越小的孩子往往不能自覺地去觀察，特別是3~4歲的幼兒，在觀察過程中常常會忘記觀察任務。4~6歲的幼兒觀察目的性有所提高，能夠按照成人規定的觀察任務進行觀察。任務越具體，幼兒觀察目的越明確，觀察效果越好。

2. 觀察時有意注意時間由短變長

實驗顯示，3歲左右的幼兒持續觀察圖片的時間大約只有5~6分鐘，隨著年齡的增長，時間有所延長，6歲時大約達到12分鐘。觀察持續的時間與幼兒觀察的目的性及興趣相關。如果是喜歡的東西，觀察的時間就會長一些。如果是不感興趣的對象，觀察時間會更短，有的不到一兩分鐘。因此，可以多提供孩子感興趣的事物，並隨機引導孩子觀察身邊的小事，如變換的雲彩、人們的衣著、樹上的小鳥、街面的門牌等，這些是孩子熟悉的場景並且是動態的，容易引起孩子的興趣。

3. 觀察的系統性隨年齡增長而逐漸增強

幼兒的觀察，最初是無秩序的活動，即觀察缺乏系統性。有關眼球運動軌跡的研究結果表明，3歲幼兒在觀察事物時，其眼球運動的軌跡是雜亂的，4~5歲幼兒的眼動軌跡越來越符合事物的輪廓。這說明幼兒的觀察逐漸變成首尾一貫的、朝著一定方向的活動，即觀察從最初的雜亂無章逐漸發展成為有組織、有系統的綜合知覺過程。

4. 觀察的概括能力由弱變強

年齡小的孩子往往觀察到的事物或現象是零散的、片面的、缺乏內在聯繫的，還不能對觀察結果進行歸納總結。較大的幼兒能夠有順序地進行觀察，從而獲得了對事物各個部分及各部分之間關係的較完整認知，因此能較為順利地概括出本質特徵。

5. 缺少觀察方法

幼兒喜歡觀察，但卻不知如何科學地觀察。小朋友外出時，他總是東張西望、左顧右盼、指東向西，恨不得一下子把周圍的一切盡收眼底。顯然，他的觀察常常是雜亂無章的，並且不知道該用什麼方法才能更好地瞭解自己要觀察的事物。

---

[1] 孫麗花. 如何培養幼兒觀察力 [J]. 教育教學論壇，2010（18）.

(二) 促進幼兒觀察力發展的策略

教師要有意識地培養兒童良好的觀察習慣，也要幫助兒童保護好自己的各種感覺器官，合理用眼、用耳。

1. 讓兒童明白觀察的目的和任務，幫助他們形成具體的觀察方法

讓兒童明白在觀察時應該從觀察對象那裡尋找些什麼，正確組織好他們的注意。教師要有計劃地培養兒童善於獨立提出自己的觀察任務的能力，讓他們有意識地仔細觀察與觀察目的相關的事物。教師還要培養他們有步驟、有次序地去觀察，可以把活動過程分成若干子活動，形成他們自己的觀察方法。

經典案例

教師讓小朋友觀察蝌蚪的生活和成長，特別是小蝌蚪如何成為青蛙的過程。結果很多小蝌蚪都莫名的死掉，幸存的兩只也沒了往日的歡快。「小蝌蚪究竟怎麼死的？」成了孩子們最想知道的事。這時候教師及時改變了教學任務：小蝌蚪是怎麼死的。請小朋友們一起來觀察小蝌蚪的成長變化，並且請小朋友們注意觀察和總結小蝌蚪的死亡原因。在小蝌蚪成長的過程中，小朋友們不斷地有新的發現。比如，小蝌蚪長出了兩條腿，接著又長出了兩條腿，慢慢地長大了；小蝌蚪的尾巴沒有了；長成小青蛙了……孩子們的觀察還在不斷地進行著。在這個案例中，教師針對小蝌蚪的死亡現象給小朋友們提出了具體的觀察目標和任務，小朋友們通過回憶平時其他小朋友的行為和對小蝌蚪仔細的觀察，得出了以上小蝌蚪死亡的結論。孩子們的觀察能力得到了培養和鍛煉，同時又增強了科學知識。

2. 培養兒童的知覺敏感性，提高他們的觀察技能

觀察技能主要是指兒童在視聽方面的技能。幼小的兒童不善於支配自己的視覺，教師應該指導他們去注意觀察的對象。讓他們分清主要和次要，就是讓他們逐漸瞭解自己的觀察活動與觀察任務的內在關係，利用有限的能力抓住主要對象進行觀察。

3. 幫助兒童形成感覺通道的整合，提高分析能力

生活環境是五彩繽紛的，這為幼兒觀察與探索世界提供了良好的條件。但是客觀事物的特徵往往又是多方面的。例如，我們常說的「五味」、「形與體」、「冷與熱」、「聲波」等，對於幼兒來說相對抽象，不好理解和接受。為此，在對幼兒進行觀察能力的培養過程中，就要充分地調動幼兒的多種感官功能，共同參與，

第三章 幼兒的感覺與知覺

即不僅僅是視覺、聽覺、味覺、觸覺、嗅覺也要參與其中，讓幼兒的幾種感官發揮其應有的作用，使幼兒通過觀察，進而感受，再深入思考。只有這樣，其觀察才是真正有效的，觀察能力才能逐漸培養形成，從而促進幼兒智力水平的提高。實踐證明，通過多種感官的參與觀察活動，幼兒在愉快的觀察活動中，自覺地融入輕鬆的學習氛圍中。

4. 培養兒童用語言指導自己的觀察活動

語言是保持注意的有效手段，在觀察活動中用語言指導整個過程能夠提高觀察的質量。語言的抽象性已經暗含描述對象的一定邏輯關係，應用語言能夠幫助兒童讓感知的事物融入自己的認知系統，形成全面、有效的觀察結果。

5. 觀察活動要求直觀，能控製任務的難易程度

幼兒的認知能力發展有限，直觀、難度適中的觀察任務能夠激發他們的觀察熱情，提高他們的活動興趣。觀察對象盡量完整、鮮明和精確，讓兒童在堅實的感性基礎上掌握知識。對象在數量上不要太多，最好以實物或圖片的方式呈現給兒童。

6. 及時總結，及時反饋

教師要幫助幼兒對他們所觀察的對象及時加以概括總結，主要從語言上對感性知識抽象化。對觀察過程中的不良習慣要及時糾正，對觀察結果要多加肯定，保持幼兒的觀察興趣。教師也要不斷完善自己指導幼兒觀察活動的計劃，幫助幼兒快速準確地形成自己的觀察習慣。

(三) 促進幼兒觀察力發展的活動設計

1. 猜猜他（們）是誰

活動任務和目的：通過對周圍事物的觀察和模仿，以及對行為的描述，幫助幼兒形成良好的觀察、模仿能力與描述能力，同時也培養他們社會協作的能力。

活動用具：一些在活動室能夠用得上的道具。

活動過程：

（1）讓幼兒想想，自己常看到什麼，自己能不能裝扮得像；

（2）給幼兒表演一個鴨子過河的動作，讓他們說說剛才老師在做什麼；

（3）告訴幼兒活動規則，老師把一個小朋友的眼睛蒙上，讓其他小朋友各自模仿其他事物從身前走過。再讓被蒙眼的小朋友猜一猜，剛才過去的其中一個充當行為的扮演者；

(4) 啓發幼兒模仿時還可以加上道具,這樣就更逼真,別人也更好描述,鼓勵他們使用活動室能利用上的道具;

(5) 讓幼兒明白可以跟其他小朋友協作,一起扮演角色,如可以是兩個小朋友各自拿著羽毛球拍,一起去打羽毛球;

(6) 教師逐漸退出游戲,整個活動全部由幼兒自己完成,教師在旁邊監督和解釋。

給教師的建議:在活動中,幼兒的模仿可能不是很到位、很形象,除了幫助他們更準確模仿以外,還要引導幼兒理解和解釋別人的行為動作。注意防止活動中危險行為的發生。在集體活動中,注意避免幼兒之間的爭執,鼓勵合作與相互諒解,盡量讓大家都能在這個共同的游戲規則下開心地玩耍、學習。

活動總結:「小朋友們,我們的活動是不是非常簡單呀?只要有4個小朋友,不要任何的道具就可以玩這個游戲。大家還要想一想,我們怎麼才能模仿得更準確、更形象呢?」

2. 找一找、比一比

活動任務和目的:通過對兩幅相近的圖畫進行差異對比,提高幼兒的觀察力和注意的穩定性,引導他們在觀察比較中應用策略。

活動用具:比較圖若干。

活動過程:兩人一組,把比較圖按小組發到小朋友的手中,讓他們找出圖中多處不同。

給教師的建議:在活動中,注意圖形的難度和觀察的時間。幼兒長時間用眼對眼睛發育不利,可以安排適當的休息時間。逐漸引導幼兒用順序策略,從圖的一邊到另一邊慢慢對比。開始的時候可以不限制時間,讓幼兒盡量細心,不放過每一細節。在大班的教學中,可以限定時間,讓他們的觀察速度加快。

活動總結:「小朋友們的眼睛越來越敏銳,能夠發現好多我們一下無法發現的東西。我們的速度是不是還是慢了一點兒呢?我們可不可以總結一些方法、一些技巧呢?哪位小朋友可以告訴我?」

第三章 幼兒的感覺與知覺

● 要點回顧

1. 感覺是指人腦對直接作用於感覺器官的客觀事物的個別屬性的反應。知覺是直接作用於感覺器官的事物的整體屬性在人腦中的反應。

2. 在整個幼兒期，幼兒的視敏度是不斷提高的。幼兒對紅、黃、綠三種顏色的辨別正確率最高，對其他顏色的辨認能力隨年齡增長逐步提高。

3. 保護幼兒的視力和聽力十分重要，一旦發現幼兒有視覺或聽覺缺陷的表現，要及時治療。

4. 對幼兒來說，對不同幾何圖形辨別的難度有所不同，由易到難的順序是：圓形、正方形、半圓形、長方形、三角形、五邊形、梯形、菱形。

5. 大小是幼兒必須懂得的另一種物體屬性，幼兒的大小知覺是靠視覺、觸覺和動覺協同活動實現的。

6. 嬰兒已經具有深度知覺，其發展受經驗的影響較大。

7. 2~3歲兒童能辨別上下，4歲開始辨別前後，5歲時才能以自我為中心的進行左右的辨別。

8. 幼兒知覺時間比較困難，水平不高。大約到7歲，兒童才開始利用時間標尺估計時間。

9. 幼兒感知覺能力的提高可以通過活動來培養。

10. 觀察力是知覺的最高形式，教師要有意識地培養兒童良好的觀察習慣。

● 問題討論

1. 如何利用感知覺的規律促進幼兒觀察力的發展？
2. 如何利用感知覺規律組織幼兒園的課堂教學活動？
3. 案例分析：在一次語言活動中，某教師給幼兒講「小貓釣魚」的故事。為了加深幼兒對故事的理解，教師利用活動玩具「貓」和「魚」作為教具。她一邊繪聲繪色地講解故事的情節，一邊演示活動的教具，同時伴隨相關的輕音樂。假如你旁聽了這節課，請用感知覺規律理論對這次活動進行分析、評價。

● 老師推薦

書籍推薦：

朵羅斯·昆娜-尊，等. 學習小蜜蜂1：感知與觀察 [M].《學習小蜜蜂》編寫組，譯. 北京：新星出版社，2012.

於凡. 親子早教方案：中國兒童感覺統合游戲（0~6歲）[M]. 北京：中國婦女出版社，2011.

● 網絡資源

中國嬰幼兒教育網（http://www.baby-edu.com/）是國內學前教育的領先網站，服務於幼師、園長、孕產婦、父母，以及幼教、育嬰相關工作者。自2010年建站以來，憑藉專業的人才和優質的服務，在短短一年時間裡，「學前谷」欄目躍居國內學前業界的領先地位，深受歡迎。中國嬰幼兒教育網在國內學前教育網站中排名第1位，在家庭育兒中排名前5位。

第四章
幼兒的注意與記憶

● 本章要點

第一節　幼兒的注意
- ✓ 注意的概述
- ✓ 幼兒注意的發展

第二節　幼兒的記憶
- ✓ 記憶的概述
- ✓ 幼兒記憶的發展

第三節　幼兒注意與記憶的訓練
- ✓ 幼兒注意的培養
- ✓ 幼兒記憶的培養

　　周二早上入園時，正讀小班的軒軒對文老師說：「文老師，文老師，昨天我和爸爸媽媽去海洋公園玩了，太好玩了！我還看到海豚表演了呢……」文老師愣住了，昨天是星期一，軒軒明明在幼兒園呀！於是文老師批評了軒軒：「愛撒謊的孩子可不是好孩子啊！」軒軒被老師批評，心裡很是委屈，這件事我明明記得的呀，老師為什麼說我撒謊了呢？難道我真是一個壞孩子嗎？幼兒的記憶並不精確、完整，經常記住非本質、富有情緒色彩或感興趣的內容，常常把主觀想像的事物和現實中的事物混為一談，所以容易歪曲事實，這是幼兒記憶的特點，並非是幼兒的品格出現了問題。

幼兒心理發展

我們經常看到幼兒看動畫片或打游戲時全神貫註，而在教師組織的活動中卻心不在焉，究竟是什麼吸引了幼兒的注意？美國心理學家詹姆斯指出：「注意的本質是意識的聚焦、集中，意指離開某種事物以便有效地處理其他事物。」注意是記憶的前提，沒有注意就談不上記憶。幼兒的心理處於正在形成和初步發展的過程中，在此階段，記憶起著重要的作用，良好的記憶品質有賴於注意力的培養。瞭解幼兒注意及記憶的發展規律，培養幼兒穩定的注意力和良好的記憶能力，對於幼兒形成敏銳的思維能力、幼兒智能的開發都至關重要。

第一節　幼兒的注意

一、注意的概述

（一）注意及其外部表現

1. 注意的概念及功能

我們生活在客觀環境中，每一個瞬間都有無數的刺激作用於我們。但在某一特定時刻，我們不可能對所有刺激都有同樣清晰的反應，而只是把心理活動指向並集中於某些對象。心理活動對一定對象的指向和集中就是注意。

這裡的心理活動既包括感知覺、記憶、思維等認識活動，也包括情感過程和意志過程。心理過程的出現都有一定的針對性和實質內容。認識活動有認識加工的對象，情感過程有所要表達的對象，意志過程也是有目的性地從事某種活動、朝向某個目標。這些心理活動的對象同時也是注意的對象。需要說明的是，注意的對象不僅僅是外部的活動和事物，人的內在心理活動和機體狀態也可以成為注意的對象。例如，我們感覺到身體的病痛，意識到自身情緒的變化和意志堅持的程度都是注意指向內部對象的體現。

指向性和集中性是注意的兩個基本特性。指向性是指心理活動在某一時刻總是有選擇地朝向一定對象。因為人不可能在某一時刻同時注意到所有的事物，接收到所有的信息，只能選擇一定對象加以反應。就像滿天星鬥，我們要想看清楚，就只能朝向個別方位或某個星座。指向性可以保證我們的心理活動去清晰而準確地把握某些事物。集中性是指心理活動停留在一定對象上的深入加工過程，注意集中時心理活動只關注所指向的事物，抑制了與當前注意對象無關的活動。例如，

第四章 幼兒的注意與記憶

當我們集中注意去讀一本書的時候，對旁邊的人聲、鳥語或音樂聲就無暇顧及或者有意不去關注它們。注意的集中性保證了我們對注意對象有更深入完整的認識。

指向性和集中性統一於同一注意過程中，保證了注意的產生和維持。當學生上課的時候，他的心理活動不可能指向教室內外的各種事物，只能選擇教師的教學活動作為自己的注意對象。在聽課過程中，他必須始終關注教師的教學，抑制與聽課無關的小動作。只有在正確指向的基礎上加以集中，才能使一個學生在一堂課中清晰、完整、深入地理解教學內容。

注意使心理處於積極的活動狀態，具有選擇功能、維持功能和調節監督的功能。所謂選擇功能是指注意能夠從各種可能的行為中選出和完成與當前活動相關的動作，保持意識的針對性，讓周圍信息經過過濾以後進入我們的認識範圍，重要的刺激占優勢，而無關刺激則受到抑制。注意的維持功能表現在注意指向並集中在一定對象之後，會保持一定時間的延續，維持心理活動的持續進行。刺激需要注意的維持才能在頭腦中保持，不然就會在意識中很快消失，任何操作都無法完成。注意的調節監督功能是指在注意的狀態下，我們才能對自己的行為進行監督調節。

2. 注意的外部表現

教師在上課的時候，能否知道學生是不是在認真聽講呢？答案是肯定的。這是因為人在注意狀態下，常常伴隨著特定的行為變化，有時通過觀察就可以瞭解個體的注意狀態。一般來說，注意的外部表現有以下三個方面：

（1）適應性動作出現。人在注意狀態下，感覺器官一般是朝向注意對象的。當我們注意一個物體，會「注目凝視」；注意一種聲音，又會「側耳細聽」；在我們專注於回憶往事，思考問題時，又常會「眼神發呆，若有所思」。當然，最明顯的適應性動作就是個體能夠跟隨組織者的思路，配合做各種運算或操作等，這也說明個體正處於積極的有意注意狀態。

（2）無關動作停止。當人們集中注意時，就會高度關注當前的活動對象，一些與活動本身無關或起干擾作用的動作會相應減少甚至停止。因此，一個認真聽講的學生不會總是東張西望，交頭接耳或者玩一些與活動不相干的東西。

（3）呼吸運動變化。人在注意時，呼吸常常是輕緩而均勻，有一定的節律。但有時在緊張狀態下高度注意時，常會「屏息靜氣」，甚至牙關緊閉，雙拳緊握。

（二）注意的種類

根據注意過程中有無預定目的和是否需要意志努力的參與，可以把注意分為

無意注意、有意注意和有意后注意。

1. 無意注意

（1）無意注意的概念。無意注意是指沒有預定目的，也不需要意志努力的注意。無意注意一般是在外部刺激物的直接刺激作用下，個體不由自主地給予關注。例如，正在上課的時候，有人推門而入，大家不自覺地向門口註視；大街上聽到警笛鳴叫，行人會不由自主地扭頭觀望。另外，無意注意的產生也與主體狀態有關。一個人在街頭散步的時候，也可能無意間注意到許多事物。無意注意更多地被認為是由外部刺激物引起的一種消極被動的注意，是注意的初級形式。人和動物都存在無意注意。雖然無意注意缺乏目的性，但因為不需要意志努力，所以個體在注意過程中不易產生疲勞。

（2）引起無意注意的條件。引起無意注意的原因來自兩個方面：刺激物的特點和人的內部狀態，同時這兩方面的原因也是相聯繫的。

①刺激物的特點。刺激物的特點有以下幾個方面：

刺激物的強度。任何強烈的刺激，如強烈的光線、巨大的聲響、濃鬱的氣味，都會使我們不由自主地引起注意。強烈的刺激固然能引起人的注意，但對引起無意注意起主要作用的是刺激物的相對強度，即與這個刺激物同時出現的其他刺激物在強度上的對比關係。一個強烈的刺激如果在其他強烈刺激背景上出現，可能不會引起人的注意；相反，一個弱的刺激出現在沒有其他刺激的背景上，則會引起人的注意。例如，在喧囂的地方，甚至很大的聲音也不會使人們注意，而在寂靜的夜晚，輕微的耳語聲，也能引起人們的注意。

刺激物的對比關係。除了刺激物在強度上的對比關係外，刺激物之間在形狀、大小、顏色、持續時間以及活動和靜止等方面的對比關係也是吸引無意注意的重要因素之一。例如，孩子群中站一個大人，萬綠叢中一點紅，都容易引起人的注意。

刺激物的新異性。刺激物的新異性是相對於個人的經驗而言的。新異性是引起無意注意的刺激物的最重要的特點之一。新奇的刺激容易吸引人的注意，而刻板的、千篇一律的、多次重複的習慣化刺激不易吸引和維持注意。如商業街上扮成灰太狼的人、動畫片中造型奇特的人物等，容易引起人們的注意。

刺激物的活動和變化。處於活動和變化狀態的刺激物常會成為人們注意的對象。如大街上的紅綠霓虹燈有規則地一亮一滅，很容易引起行人的注意。

第四章　幼兒的注意與記憶

②人本身的狀態。無意注意雖然主要是由外界刺激物引起的，但也取決於人本身的狀態。同樣一些刺激物，由於感知它們的人本身的狀態不同，可能引起有的人注意而不能引起其他人的注意。屬於人本身的狀態有以下幾個方面：

需要和興趣。凡是能滿足一個人的需要和興趣的事物，都容易成為無意注意的對象，因為這些事物對他具有重要的意義。例如，人們天天看報，所注意的消息往往有所不同，從事文教工作的人，總是更多地注意文教方面的報導；從事體育工作的人，總是更多地注意體育方面的新聞。

個體的情緒和精神狀態。凡能激起某種情緒的刺激物都容易引起人們的注意。例如，當一個人心胸開朗、心情愉快時，平常不太容易引起注意的事物，這時也很容易引起他的注意；當一個人無精打採或過於疲勞時，平常容易引起注意的事物，這時也不會引起他的注意。

過去的知識經驗。個人已有的知識經驗對保持注意有著巨大的意義。新異刺激物容易引起無意注意，但要保持這種注意則與一個人的知識經驗密切相關。因為新異刺激物固然能引起人們不由自主的注意，但如果人對它一點也不理解，即使能一時引起注意，也會很快失效。如果人對新異的刺激物有一些理解，但又不完全理解，為了求得進一步的理解，就能引起長時間的注意。

2. 有意注意

（1）有意注意的概念。有意注意是指有預定目的，也需要作意志努力的注意。我們工作和學習中的大多數心理活動都需要有意注意。學生上課、職員上班、交警指揮交通，都是有意注意在發揮作用。有意注意是一種積極主動、服從於當前活動任務需要的注意，屬於注意的高級形式。它受人的意識的調節和控制，是人類所特有的一種注意。有意注意雖然目的性明確，但在實現過程中需要有持久的意志努力，這容易使個體產生疲勞。

（2）引起和保持有意注意的條件。

①對活動目的、任務的理解。有意注意是有預定目的的注意，因而對活動目的、任務理解得越清楚、越深刻，完成任務的願望就越強烈，越有利於維持有意注意。例如，大學生對通過全國外語四、六級考試這一學習任務有了明確而深刻的認識，就能激勵他在外語學習的過程中排除各種干擾因素，保持良好的注意狀態，力爭順利通過考試。

②對事物的間接興趣。興趣有直接興趣和間接興趣兩種，直接興趣是對事物

或活動本身感興趣，間接興趣是對活動結果感興趣。直接興趣是引起無意注意的重要條件，而間接興趣則對有意注意產生巨大影響。間接興趣越穩定，就越能排除各種干擾，對活動對象保持有意注意。例如，中國人學習英語常常感覺枯燥難學、心灰意冷，但若被公派出國進修，認識到學習英語的重要意義後，對它就產生了間接興趣，就能戰勝困難，刻苦攻讀英語了。

③活動的組織。活動組織得越合理，越有利於保持有意注意。平時養成良好的工作和生活習慣的人，大腦建立起合理的「動力定型」，就能在規定時間內全神貫注地工作。把智力活動和實際操作合理組織起來，有利於有意注意的保持和集中。例如，邊閱讀邊記筆記、邊思考邊計算、繪製圖表、編寫提綱等，都可以防止分心，提高有意注意的效果。

④個人已有的經驗。知識經驗對有意注意也有重要影響。例如，聽關於一種新藥品臨床應用和治療效果的報告會，有經驗的醫生和藥劑師對報告內容往往饒有興趣，原因在於這與他們已有的經驗密切相關，他們能理解它、接受它，因此有助於維持有意注意。外行的人對報告內容往往索然無味，像聽「天書」一樣，根本不知所云，難以維持有意注意。

⑤個人的意志品質。有意注意的維持需要排除各種干擾因素，如氣味、噪聲等外部刺激，以及疲勞、疾病、情緒等機體內部狀態。意志堅強的人，能排除各種干擾因素，使注意服從活動的目的和任務；意志薄弱的人，難以抵抗各種干擾因素的影響，不利於有意注意的保持。

3. 有意后注意

(1) 有意后注意的概念。有意后注意是指有預定目的，但不需要意志努力的注意。它是在有意注意的基礎上，經過學習、訓練或培養個人對事物的直接興趣達到的。在有意注意階段，主體從事一項活動需要有意志努力，但隨著活動的深入，個體由於興趣的提高或操作的熟練，不用意志努力就能夠在這項活動上保持注意。例如，一個學習外語的人在初學階段去閱讀外文報紙，還是有意注意，很容易感到疲倦，隨著學習的深入，外語水平不斷提高，當他消除了許多單詞和語法障礙，能夠毫不費力地閱讀外文報刊，可以說達到了有意后注意的狀態。

有意后注意是一種更高級的注意。它既有一定的目的性，又因為不需要意志努力，在活動進行中不容易感到疲倦，這對完成長期性和連續性的工作有重要意義。但有意后注意的形成需要付出一定的時間和精力。

第四章　幼兒的注意與記憶

（2）形成有意后注意的條件。

①對活動濃厚的興趣。一個對數學不感興趣的人，學習數學時，需要付出艱苦的意志努力，這時的注意是有意注意。而數學家陳景潤對數學達到了痴迷的程度，走路時還在思考數學問題，他不需要意志努力就能保持自己的注意，這時的注意狀態是有意后注意。

②活動的自動化。剛開始騎自行車的人，操作不熟練，需要高度集中注意。經過練習能熟練地騎車時，很少付出意志努力，騎車已成為自動化的活動，這時的注意狀態也是有意后注意。

二、幼兒注意的發展

（一）幼兒注意發展的特徵

1. 幼兒無意注意的發展

幼兒的無意注意已高度發展，而且相當穩定。凡是鮮明、直觀、生動、具體、突然變化的刺激物都能引起幼兒的無意注意。但各年齡班幼兒由於所受教育以及生理、心理發展等方面的差異，他們的注意表現出不同的特點。

小班幼兒的無意注意占明顯優勢，新異、強烈以及活動著的刺激物很容易引起他們的注意。他們入園後經過一段時間的適應，對於喜愛的游戲或感興趣的學習等活動，也可以聚精會神地進行。但是，他們的注意很容易被其他新異刺激所吸引，也容易轉移到新的活動中去。例如，在「抱娃娃」游戲中，幼兒一開始會把自己當成娃娃的媽媽，耐心地喂飯，但當他轉身去拿「飯」時，發現其他小朋友正在沙坑裡搭起一座「小花園」，他的注意便一下轉到「小花園」，於是走到沙坑邊去玩了。小班幼兒的注意很不穩定，因此，當一個幼兒因為得不到一個玩具而哭鬧時，教師可以讓他和別的兒童玩別的游戲，以此轉移他的注意，這時，他的臉上雖然還掛著淚珠，但是很快就高興地玩起來了。

中班幼兒經過幼兒園一年的教育，無意注意進一步發展，已經比較穩定。他們對於有興趣的活動，能夠長時間地保持注意。例如，玩「小貓釣魚」游戲，幼兒一看到花貓的頭飾和漂亮的釣魚竿便興致很高，在游戲中能夠較長時間保持注意，玩個不停。在學習活動中，中班幼兒對感興趣的內容，也可以長時間保持注意。他們的注意不但持久、穩定，而且集中的程度也較高。

大班幼兒的無意注意進一步發展和穩定。他們對於有興趣的活動能比中班幼

兒更長時間地保持注意。直觀、生動的教具可以引起他們長時間的探究。中途突然中止他們的活動，往往會引起他們的反感。同樣，大班幼兒可以較長時間地聽教師講述有趣的故事，不受外界的干擾，對於影響講述的因素會明顯地表現出不滿，而且設法加以排除。大班幼兒的無意注意已高度發展，相當穩定。

2. 幼兒有意注意的發展

幼兒前期已出現有意注意的萌芽。進入幼兒期後，有意注意逐漸形成和發展。有意注意是由腦的高級部位，特別是額葉控製的。額葉的發展比腦的其他部位遲緩，幼兒期額葉的發展為有意注意的發展準備了條件。有了這個條件，幼兒的有意注意在成人的要求和教育下就逐漸發展起來。

小班幼兒的注意是無意注意占優勢，有意注意只初步形成。他們逐漸能夠依照要求，主動地調節自己的心理活動集中指向於應該注意的事物。但有意注意的穩定性很低，心理活動不能有意地持久集中於一個對象。在良好的教育條件下，一般也只能集中注意 3~5 分鐘。此外，小班幼兒注意的對象也比較少。例如，上課時，教師引導幼兒觀察圖片，他們往往只注意到圖片中心十分鮮明或者十分感興趣的部分，對於邊緣部分或背景部分常不注意。所以為小班幼兒製作圖片內容應盡量地簡單明瞭，突出中心。呈現教具時也不能一次呈現過多，教師還要具體指示幼兒應注意的對象，使幼兒明確任務，以延長幼兒注意的時間，並注意到更多的對象。

中班幼兒隨著年齡的增長，在正確教育的影響下，有意注意得到發展。在適宜條件下，注意集中的時間可達 10 分鐘左右。在短時間內，他們還可以自覺地把注意集中於一種並非十分吸引他們的活動上。例如，上圖畫課時，為了畫好圖，他們可以注意地看範圖，耐心聽教師講解，然后自己畫。又如，為了正確回答教師提出的計算問題，他們能夠集中注意默數貼在絨布上的圖形數目或者點數自己的手指或實物。

在游戲中，小班幼兒往往顧不上別的兒童，注意到別人游戲，自己便無法正常進行活動。這表明小班兒童還不能同時注意幾種對象。中班幼兒在和小朋友一起游戲時，不僅能自己注意玩好，還可以同時照顧其他小朋友。這表明中班幼兒活動時，已經能夠同時注意到幾種對象。

大班幼兒在正確教育下，有意注意迅速發展。在適宜條件下，注意集中的時間可延長到 10~15 分鐘。這樣，他們就能夠按照教師的要求去組織自己的注意。

第四章　幼兒的注意與記憶

在觀察圖片時，他們不僅可以瞭解主要內容，也可自覺地在教師提示下去注意圖片中的細節和襯托部分。又如，要求幼兒按照順序排列一組長短不等的小木棍時，中班以下的幼兒往往難以順利地完成任務，把小木棍排成如圖 4-1（甲）那樣。這說明他們在解決問題時，只能把注意集中於一個方面，而忽略了其他方面。而大班幼兒基本上能夠按順序把小木棍排好，如圖 4-1（乙）所示。[1]

（甲）　　　　（乙）

圖 4-1　幼兒按長短順序排列小木棍

大班幼兒不僅能注意外部的對象，對自己的情感、思想等內部狀態也能予以注意。聽故事時，他們可以根據自己的體驗去推測故事中人物的心理活動和內心想法。有時在下課後，還會找教師講述一些課堂上的問題以及自己的想像和推測等。這說明大班幼兒的有意注意已有相當程度的發展。

(二) 幼兒注意品質的發展

1. 注意的廣度不斷擴大

注意廣度指在同一瞬間所把握的對象的數量。成人在 0.1 秒的時間內，一般能夠注意到 4~6 個相互間無聯繫的對象。而幼兒至多只能把握 2~3 個對象。所以，幼兒的注意廣度比較狹窄。不過，隨著年齡和知識經驗的增長以及生活實踐的鍛煉，注意的廣度逐漸擴大。

教師為幼兒準備圖片等教材時，如能採取一些措施把圖像有規律地排列在一起或使之成為互有聯繫的整體，便能使幼兒同時把握更多的對象，也就是使注意的廣度擴大。

2. 注意的穩定性不斷提高

注意穩定性是指注意保持在某一對象或某一活動上時間的久暫特性。幼兒對於有趣生動的對象可以較長時間地注意，但對乏味枯燥的對象則難以持久注意。總的來說，幼兒注意的穩定性還比較差，更難持久地、穩定地進行有意注意。但在良好的教育影響下，幼兒注意的穩定性在不斷發展著。小班幼兒一般只能穩定地集中注意 3~5 分鐘，中班幼兒可達 10 分鐘，大班幼兒可延長到 10~15 分鐘。

---

[1]　丁祖蔭. 幼兒心理學 [M]. 北京：人民教育出版社，2006.

3. 注意的分配能力不斷增強

注意分配指在同一時間內把注意集中到兩種或幾種不同的對象上。幼兒還不善於同時注意幾種對象，往往顧此失彼。但在幼兒期，注意分配能力逐漸提高。例如，大班幼兒做體操時，既能注意做好自己的動作，又能注意到體操隊形的整齊。

4. 注意的轉移能力不斷發展

注意轉移是指有意識地調動注意，從一個對象轉移到另外一個對象上，這反應了注意的靈活性。幼兒還不善於調動注意，小班幼兒更不善於靈活地轉移自己的注意，以致應該注意另一對象時，卻難以從原來的對象移開。大班幼兒則能夠按照要求較為靈活地轉移自己的注意。

第二節　幼兒的記憶

一、記憶的概述

（一）記憶的概念

記憶是在頭腦中累積和保存個體經驗的心理過程。人感知過的事情、思考過的問題、體驗過的情感或從事過的活動，都會在頭腦中留下不同程度的印象，其中一些印象成為經驗能夠保留相當長的時間，在一定條件下還能恢復，這就是記憶。[1] 記憶是以識記、保持、再認和回憶的方式對經驗的反應。例如，幼兒記一首兒歌，教師先示範朗讀，然后帶領幼兒以多種形式反覆跟讀、誦讀。這就是幼兒對這首兒歌的識記和保持。以后，幼兒只要一聽到這首兒歌，就能認出是學過的那首兒歌。只要一提起這首兒歌的名稱，就能背誦出來，這就是再認和回憶。這時，也就是人們常說的他們記住了這首兒歌。

人們通過識記和保持，把外界信息在大腦中貯存、編碼，這實際上是「記」的過程。在一定的條件下，通過再認和回憶，又將貯存與編碼的信息在大腦中提取出來，這實際上是「憶」的過程。從識記到再認、回憶的整個過程就叫做記憶。「記」和「憶」是彼此緊密聯繫的完整過程。「記」是「憶」的前提，沒有「記」就不會有「憶」，「憶」是「記」的結果和驗證，「憶」不出來，也就是「記」得

---

[1] 彭聃齡. 普通心理學 [M]. 4 版. 北京：北京師範大學出版社，2012.

第四章 幼兒的注意與記憶

不好。

記憶在人對知識的掌握、經驗的累積、智慧的發展、個性心理特徵的形成上，具有極其重要的作用。沒有記憶，就沒有經驗的累積，也就沒有心理的發展。記憶聯結著人心理活動的過去和現在，是人們學習、工作和生活的基本機能，沒有記憶也就沒有人的一切心理生活。正如俄國偉大生理學家謝切諾夫所說的，一切智慧的根源都在於記憶，記憶是「整個心理生活的基本條件」。

(二) 記憶的分類

1. 根據記憶的內容分類

根據記憶內容的不同分類，可以把記憶分成形象記憶、情緒記憶、邏輯記憶和運動記憶四種類型。[1]

(1) 形象記憶。形象記憶是指以感知過的事物的形象為內容的記憶。例如，我們遊覽過北京的故宮後，對故宮形象的記憶就是形象記憶。形象記憶可以是視覺的、聽覺的、嗅覺的、味覺的、觸覺的。我們對見過的人或物、看過的畫面、聽過的音樂、嗅過的氣味、嘗過的滋味、觸摸過的物體等的記憶都屬於形象記憶。正常人的視覺記憶和聽覺記憶通常發展得較好，在生活中起主要作用。

(2) 情緒記憶。情緒記憶是指以體驗過的某種情緒和情感為內容的記憶。例如，當我們接到大學錄取通知書時，對當時興奮激動的心情的記憶就是情緒記憶。情緒記憶的印象有時比其他記憶的印象表現得更為持久、深刻，甚至終身不忘。在某種條件下，它還可以引起習慣性恐懼等異常症狀。

(3) 邏輯記憶。邏輯記憶是指以概念、判斷、推理等為內容的記憶。例如，我們對心理學概念的記憶，對數學、物理學中的公式、定理的記憶等都屬於邏輯記憶。這種記憶的內容通過語詞表達出來，因而這種記憶也稱語詞邏輯記憶。它是人類所特有的，具有高度理解性、邏輯性的記憶，對我們學習理性知識起著重要作用。

(4) 運動記憶。運動記憶是指以過去做過的動作為內容的記憶。例如，我們對游泳、舞蹈動作的一個接一個動作的記憶，就是運動記憶。運動記憶是運動、生活和勞動技能的形成及熟練的基礎，對形成各種熟練技能技巧是非常重要的。運動記憶一旦形成，保持的時間往往很長久。

在生活實踐中，上述四種記憶是相互聯繫著的，每個人都有這四種記憶。但

---

[1] 王雁. 普通心理學 [M]. 北京：人民教育出版社，2002.

由於每個人的先天素質和后來的實踐活動不同，它們在每個人身上發展程度也不一樣。例如，歌唱家、畫家、表演藝術家、建築師等人的形象記憶占主要地位，數學家、思想家的邏輯記憶占主要地位，表演藝術家的情緒記憶占主要地位，運動員的運動記憶占主要地位。

2. 根據記憶的保持時間分類

根據記憶保持時間的長短不同分類，可把記憶分成感覺記憶、短時記憶和長時記憶三種類型。

(1) 感覺記憶。感覺記憶是指客觀刺激物停止作用后，它的印象在人腦中只保留一瞬間的記憶。就是說，對於刺激停止后，感覺印象並不立即消失，仍有一個極短的感覺信息保持過程，但如果不進一步加工的話，就會消失。

感覺記憶的特點：在感覺記憶中，信息是未經任何加工的、按刺激原有的物理特徵編碼的。例如，視覺性刺激通過眼睛登記在圖像記憶中，聽覺性刺激通過耳朵被登記在音像記憶中。感覺記憶以感覺痕跡的形式保存下來，具有鮮明的形象性。感覺記憶的容量較大，它在瞬間能儲存較多的信息。感覺記憶內容保存的時間很短，據研究，視覺的感覺記憶在 1 秒鐘以下，聽覺的感覺記憶在 4~5 秒鐘之內。在感覺記憶中呈現的材料如果受到注意，就轉入記憶系統的第二階段——短時記憶；如果沒有受到注意，則很快消失。

(2) 短時記憶。短時記憶是指 1 分鐘以內的記憶，即所獲得的信息在頭腦中貯存不超過 1 分鐘，識記后立即再現，再現后就不再加以保持。例如，人們對電話號碼的記憶就是短時記憶，當我們通完電話后，一般來說就不再把號碼保持在頭腦裡。

短時記憶的廣度即貯存信息的數量是 7±2，但記憶材料的組織在記憶貯存的能量方面有重要影響，也就是說，決定短時記憶廣度的因素不是記憶項目的數量，而是記憶單位的數量。例如，有一個數字是 3662292460，雖然它的數目超過 9 個，但仍能保持在短時記憶中，這是因為記憶時將 10 個數目人為地分成四個單位的緣故：366（閏年的天數），229（閏年 2 月有 29 天），24（每天 24 小時），60（每小時 60 分鐘）。在學生的學習或數控裝置的使用活動中，都需要這種記憶。短時記憶的內容若加以復述、運用或進一步加工，就被輸入長時記憶中，否則，很快消失。

(3) 長時記憶。長時記憶是指 1 分鐘以上直到許多年，甚至保持終身的記憶。

第四章　幼兒的注意與記憶

從信息來源講，它是由短時記憶經過多次復習和運用，以意義的方式進行編碼，使信息在頭腦中停留的時間逐步延長而成。也有一些長時記憶是由於印象深刻一次形成的。人們在日常生活、工作和學習中，大量的信息都需要貯存在長時記憶中。大部分信息之所以得以長期保持在記憶中，都是靠著把信息按意義加以整理、歸類貯存與提取的結果。例如，給被試者呈現一組單詞：西蘭花、消防員、牦牛、醫生、菠菜、斑馬、舞蹈家、蘿蔔、長頸鹿，要求被試記住。被試在回憶時，往往打亂原來的順序，把西蘭花、菠菜、蘿蔔、消防員、醫生、舞蹈家、牦牛、斑馬、長頸鹿分別歸類在一起。

(三) 保持與遺忘

1. 保持

保持是對識記過的事物，進一步在頭腦中鞏固的過程。它是由識記通向再認或回憶所必經的環節。

識記材料的保持，並不像磁帶、錄像帶那樣。識記的材料會隨著時間的推移而發生量或質的變化。量的變化是指內容的減少或增加；質的變化是指內容的加工改造。量的減少是一種普遍現象，大家都有體會，所經歷的事情總要忘掉一些。量的增加則不是人人有之，后來回憶的內容比當時即時回憶的要多，這種現象稱為「記憶恢復」現象。一般來說，當識記不太充分，材料難度較大時容易發生這種現象。學齡初期兒童和幼兒容易發生這種現象。

保持的加工改造情況，各人因經驗不同而不一致。例如，有個實驗先讓被試識記一些圖形，而后要他們回憶並畫出這些圖形。把識記的原圖形與通過回憶畫出的圖形相比較，可以發現有如下特點：有的重畫的圖形比識記的圖形概括了、簡略了，有的更完整、更合理了，有的更詳細更具體了，有的誇張了，有的某些部分突出了等（如圖4-2所示）。

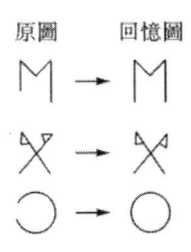

圖4-2　回憶圖形的變化

2. 遺忘

對於識記過的東西不能再認和回憶或者是錯誤的再認和回憶都稱為遺忘。

艾賓浩斯（H. Ebbinghaus）首先對遺忘現象進行了比較系統的實驗研究。他以自己為被試，用無意義音節作為記憶的材料。實驗時，先學習一組材料，計算出記住它所需的時間。隔一定時間后，重新學習，計算出重新記住它時可以節省多少時間，這方法稱作「節省法」，用以計算保持和遺忘的數量。重新學習時，節省的時間多即表示保持得多。實驗結果表明，在學習材料之后，隔20分鐘重新學習時，可節省誦讀時間58.2%；1小時后，節省誦讀時間44.2%；第1天結束時，節省誦讀時間33.7%；6天以后節省誦讀的時間已緩緩地下降到25.4%。艾賓浩斯依據這個材料繪製成著名的艾賓浩斯遺忘曲線（如圖4-3所示）。

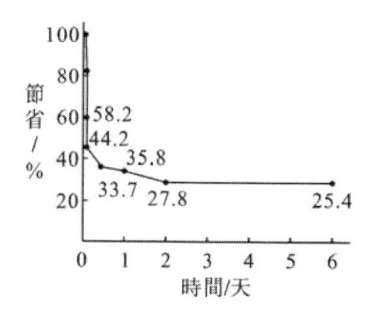

圖4-3 艾賓浩斯遺忘曲線

從遺忘曲線中可以看出，識記后在大腦中保留的經驗，隨時間的進程而逐漸衰減，即遺忘。遺忘的進程不是均衡的，在學習停止以後的短時期內，特別迅速，後來逐漸緩慢，到了相當時間，幾乎不再遺忘了，即遺忘的發展是「先快后慢」。后來的實驗研究也證明了這種趨勢。因此，在學習后及時復習是很重要的。

從遺忘的原因來看，遺忘有兩類：一類是永久遺忘，即對於已經識記過的東西，由於沒有得到反覆強化和運用，在頭腦中保留的痕跡便自動消失，不經重新學習，記憶不能再恢復；另一類是臨時遺忘，即對已識記的東西，由於其他刺激（外部刺激和內部狀態）的干擾，使頭腦中保留的痕跡受到抑制，不能立即回憶或再認，但一旦排除干擾，抑制解除，記憶便可得到恢復。例如，學生考試時，對有些試題，一時因緊張答不出來，待做了一半后，或者交卷后，緊張的心情得到緩解，便又想起來了，這種現象即臨時遺忘。始終回憶不起來的問題叫永久遺忘，對學生的學習來說，這多半是由於沒有按時復習的緣故。

第四章 幼兒的注意與記憶

心理櫥窗

嬰兒期遺忘症[1]

嬰兒期遺忘症是指嬰兒有記憶的表現，但是在以後的幼兒期和成人期，他們卻不能回憶起嬰兒期的經歷的現象。長久以來，人們認為他們完全不能回憶起這種早期經歷，弗洛伊德將這種令人困惑的記憶局限稱為嬰兒期遺忘症。儘管目前關於這一現象的原因尚不清楚，但一些新近的研究認為，它並非如以往所認為的那樣完全遺忘。弗洛伊德（1963）認為嬰兒遺忘症的原因在於：因為嬰兒和幼年期的戀母情結常常是痛苦的，所以與這些感受相關的記憶都受到了壓抑。現在很少有科學家還同意弗洛伊德的觀點。更多的科學家認為，兒童在2歲以前，不具備將短時記憶中的信息轉入到長時記憶系統中的能力。然而，這似乎也不太可能。有一些研究表明：9~16個月的嬰兒就能夠將一些簡單的經歷進行編碼並且可以保存長達1年的時間。還有一些研究表明：嬰兒在1歲期間對自己所經歷事件的記憶與3歲時的一樣多。這就清楚地表明嬰兒和幼年期的兒童具備了長時記憶。

另一類觀點認為，人類個體之所以不能記住發生在2~3歲以前的事情，是因為個體在嬰兒期對信息進行編碼的方式與在以後的各個階段中對信息的提取方式不相匹配而造成的。持這種觀點的人認為：個體對事情的記憶程度主要取決於信息在被存入與在被提取時所用的加工方式的一致程度。在記憶的重構過程中，我們使用了那些並不適合在嬰兒和幼兒期對事件編碼的成人的圖式和表徵。

二、幼兒記憶的發展

（一）幼兒記憶的特點

幼兒隨著生活經驗的豐富、口頭言語的發展以及神經系統特別是顳葉的成熟，他們的記憶較之幼兒前期兒童的記憶在量和質上都有了發展。這主要表現在以下幾方面：

1. 無意記憶占優勢，有意記憶逐漸發展

幼兒的記憶帶有很大的無意性，他們所獲得的許多知識都是通過無意記憶得來的。心理學研究表明，凡是兒童感興趣的、印象鮮明強烈的事物就容易記住。也就是說，符合兒童興趣需要的、能激起強烈情緒體驗的事物，記憶效果較好；

---

[1] 李紅. 幼兒心理學 [M]. 北京：人民教育出版社，2007.

直觀、具體、生動、形象和鮮明的事物，記憶效果較好；要記的東西能成為兒童有目的活動的對象或活動的結果，即讓兒童摸一摸、動一動等，記憶效果較好；與兒童活動的動機、任務相聯繫的對象，記憶效果較好。幼兒無意記憶的效果，是隨年齡的增長而逐步提高的。

在教育的影響下，幼兒晚期，約5歲以後，兒童的有意記憶和追憶能力逐步地發展起來。這主要是由於言語發展的結果，同時，幼兒期的教育任務，如有意識去復述故事、回想問題等，也促進了兒童有意記憶能力的發展。有意記憶的效果，主要取決於幼兒是否意識到要記住的任務，幼兒活動的動機及積極性。但幼兒期的有意記憶只是初步的，遠遠未占優勢地位。

父母與幼教工作者要積極發展幼兒期的無意記憶和有意記憶，一方面要按照影響無意記憶效果的因素，採取適當相應的措施，以提高他們的記憶能力和記憶效果；另一方面必須加強幼兒言語系統的調節機能，經常提出明確的有意記憶的要求，並且注意發展幼兒積極的活動動機，促進他們有意記憶能力的提高。

2. 機械記憶占優勢、理解記憶逐漸發展

在早期教育中，經常看到父母與幼教工作者讓孩子們死記硬背的現象，這樣做未必是合宜的。從記憶方法上，記憶可以分為機械記憶和理解記憶。前者是機械重複，硬背死記；后者是理解意義，記住內容。由於幼兒經驗少，缺乏記憶的方法，所以只能以機械記憶為主要方法。但幼兒期也是有理解記憶的，例如，兒童復述故事時，絕不是一字一句地照背，而是在理解的基礎上或多或少地經過了組織加工。在一定意義上說，幼兒的理解記憶比機械記憶效果好，也就是說，幼兒對可理解的材料的記憶要比無意義的或不理解的材料的記憶效果好得多。例如，幼兒對詞的記憶要比無意義音節的記憶效果好，記憶熟悉的詞要比記憶生疏的詞的效果好。

因此，從兒童的幼兒期開始，父母與幼教工作者就要引導他們理解所要記憶材料的意義，掌握一定的力所能及的記憶方法。然而，幼兒的機械記憶是主要的，機械記憶仍然占著優勢。等到他們入學后，隨著年齡的增加，機械記憶才逐步減弱，理解記憶逐步占優勢。正因為幼兒期機械記憶發達，因而從幼兒期，甚至更早一點兒就應該讓孩子背一點東西，如詩詞、漢語拼音、外語單詞等；利用機械記憶，從小就讓兒童打下知識的基礎，這是早期教育中一條很重要的心理學依據。

第四章　幼兒的注意與記憶

3. 形象記憶占優勢，語詞記憶逐漸發展

形象記憶是借助具體的形象來記憶某種材料。例如，到過北京頤和園之後，兒童能回憶萬壽山的形象。語詞記憶是利用詞的標誌來記憶材料的，它在兒童言語系統出現之後才產生。心理學研究表明：幼兒階段，形象記憶效果高於語詞記憶的效果，這主要是由於學齡前兒童心理發展的總趨勢，即思維的具體形象性的特點所致。隨著幼兒抽象邏輯思維與言語的發展，幼兒形象記憶和語詞記憶的能力也都隨之提高，而且語詞記憶的發展速度大於形象記憶，語詞記憶的效果逐漸接近形象記憶的效果。

因此，在早期教育中，父母與幼教工作者要充分運用直觀性原則，同時要加強語詞的解釋說明，使形象和詞在幼兒記憶中相互作用，從而提高記憶效果，促進記憶發展。

（二）幼兒記憶策略的發展

1. 復述策略

在一個研究中，給幼兒園的幼兒、小學二年級和五年級的學生呈現一系列圖片並讓他們記住。在呈現圖片後的15秒內，兒童準備復測。一個研究者觀察幼兒在這段時間內動嘴唇的次數，並認定它與幼兒要努力記住的詞有關。研究者報告顯示，隨著年齡的增長，復述的次數也有所增加。85%的五年級兒童表現出一些自發復述的證據，然而，只有10%的幼兒園兒童是這樣做的。另外，大體上，在同一個年齡水平上，那些復述得多的幼兒比那些復述得少的幼兒回憶得更多。

2. 組織策略

如果說復述策略是機械的記憶，那組織策略則是意義的記憶。人們可以通過對記憶內容的組織加工，把新材料納入已有的知識框架之中或把材料作為合併單元而組合為某個新的知識框架，從而獲得更好的記憶效果。對記憶材料可以用多種方式組織加工，下面介紹幾種加工方式。

（1）歸類加工。如果向你呈現60張圖片，它們分別屬於家具、碗碟、花、交通工具等，然後要求你進行自由回憶，你會怎麼做呢？你自然知道，要記住60張互不聯繫的圖片要比把這些圖片聚集為幾個類別再進行記憶困難得多。所以可能的做法就是將這60張圖片分門別類後再進行記憶。事實上，已有很多研究結果表明，歸類加工是促進幼兒記憶的一種良好的組織策略。你在上例中所使用的方法是類別歸類，意思是指我們在記一系列項目時總是傾向於將它們按一定的類別記

憶。還有一類歸類加工是聯想歸類。所謂聯想就是由一種經驗想起另一種經驗，或由想起的一種經驗又想起另一種經驗。人們在記憶的過程中可以根據著名的「聯想三定律」進行歸類加工。例如，根據接近律（由一種經驗而想到在空間上或時間上與之接近的另一種經驗）將桌子—椅子、男人—女人等詞彙組織在一起記憶。

（2）主觀組織。當記憶材料既不能進行類別歸類又沒有較好的聯想律可以用時，人們傾向於進行主觀的組織加工。例如，當向被試呈現一些無關聯的單詞（如帽子、照片、羊、祖父……），讓他們自由回憶時，隨著測驗次數的增加，被試的回憶量會不斷增多。同時還發現，被試在連續各次實驗中有以相同順序回憶單詞的傾向。這種現象可能是由於被試主觀地將這些無關聯的單詞放到一個故事的場景中所致。

（3）意義編碼。對那些無意義的數字、單詞等，如果把它們與原有的知識經驗聯繫起來，或者從中找出它們之間的關聯來，賦予一定的意義，就容易記住。例如，要記住149162536496481，如果看不出這些數字間的意義聯繫，就很難記。如果看出了這些數字的一種意義結構：1，4，9，16，25，36，49，64，81，即「從1到9的整數的平方」，那就容易記住了。

（4）心象化。幼兒早期的記憶特點是形象記憶占優勢，語詞記憶逐漸發展。因此，對於故事和詩歌或單詞，如果能在頭腦中形成心象來記憶，其效果遠遠優於機械地重複記憶。

3. 檢索策略

信息一旦進入了記憶系統，就要通過某些方法將它檢索出來。對於再認而言，因為呈現的刺激將有助於檢索出相應的記憶內容，所以檢索過程就要容易些。然而，對於回憶而言，檢索過程就不是那麼簡單了。

幼兒在檢索方面的缺陷明顯地與他們對恢復原先的編碼環境的需要有關。例如，在一項研究中，呈現給幼兒一組與當時的目標表徵有關的線索（如用玫瑰花和鬱金香花作為百合花的線索）。然後，在檢索過程中，又再將這些線索部分或全部呈現給幼兒，要求兒童回憶那些與線索相關的目標詞。結果發現，幼兒在適當的指導下，能夠檢索出信息，但是需要比年長兒童更多、更清楚的提示。

第四章　幼兒的注意與記憶

心理櫥窗

幼兒記憶的特殊現象[1]

偶發記憶。在幼兒記憶的發展過程中，存在著一種被稱為偶發記憶的現象。這種現象是指當要求幼兒記住某樣東西時，他往往記住的是和這件東西一起出現的其他東西。例如，在幼兒園裡，我們常看到，老師出示貼絨小鴨子，問幼兒有幾只鴨子，有的幼兒卻答成鴨子是黃顏色的。這是因為幼兒對客體選擇的注意力、目的性不明確，把沒必要的偶發記憶客體也記住了，結果使中心記憶客體完成效果不佳。幼兒教師要重視幼兒這種特有的記憶現象，注意引導幼兒朝有意記憶方向努力發展。

「說謊」問題。幼兒的記憶存在著正確性差的特點，容易受暗示，容易把現實與想像混淆，用自己虛構的內容來補充記憶中殘缺的部分，把主觀臆想的事情當成自己親身經歷過的事情來回憶。這種現象常被人們誤認為幼兒在「說謊」。假如幼兒是由於記憶失實而出現言語描述與實際情況不符，那麼教師不能將其看成是有意說謊。隨著幼兒年齡的增長，這種情況會有改變。因此，教師不能隨便指責幼兒「不誠實」，而是要耐心幫助孩子把事實弄清楚，把現實的東西和想像的事物區分開來。

第三節　幼兒注意與記憶的訓練

一、幼兒注意的培養

由於生理發展的限制以及經驗不足，幼兒還不善於控制自己的注意，如果在教育中出現疏忽失當，幼兒就容易出現注意分散現象。注意分散是指兒童不能長時間地把注意集中在應該集中的對象上。這種兒童容易受其他無關刺激的干擾，注意常常渙散。

（一）幼兒注意分散的原因

引起幼兒注意分散的原因很多，主要有下列幾種：

---

[1] 教師資格認定考試教材編寫組. 中人教育·2013年教師資格考試認定專用教材：幼兒心理學[M]. 北京：現代教育出版社，2012.

1. 無關刺激過多

幼兒的注意是無意注意占優勢。他們容易被新異的、多變的或強烈的刺激物所吸引，加之他們注意的穩定性較低，容易受無關刺激的影響。例如，活動室的布置過於繁雜，環境過於喧鬧，甚至教師的服飾過於奇異，都可能影響幼兒的注意，使他們不能把注意集中於應該注意的對象上。實驗表明，讓幼兒自己選擇游戲時，一般以提供4~5種不同的游戲為宜。提供太多的游戲，幼兒既難選擇，也難集中注意玩好。

2. 疲勞

幼兒神經系統的機能還未充分發展，長時間處於緊張狀態或從事單調活動，便會發生疲勞，出現「保護性抑制」，起初表現為沒精打採，隨之注意力開始渙散。所以，幼兒的教學活動要注意動靜搭配，時間不能過長，內容與方法要力求生動多變，能引起兒童興趣，從而防止疲勞和注意渙散。

造成疲勞的另一重要原因是缺乏嚴格的生活制度。有的家長不重視幼兒的作息制度，晚上讓幼兒花費很長時間看電視，或讓孩子和成人一樣遲睡，於是幼兒睡眠不足。許多幼兒星期天回家後，父母為他安排過多的活動，如上公園、逛商店、訪親友等，破壞了原來的生活制度，幼兒得不到充分休息，而且過分興奮。有調查表明，幼兒在星期一情緒最難穩定，注意常常渙散，這對學習和活動是非常不利的。

3. 目的要求不明確

有時教師對幼兒提出的要求不具體，或者活動的目的不能為幼兒理解，也是引起幼兒注意渙散的原因。幼兒在活動中常常因為不明確應該幹什麼而左顧右盼，注意力分散，從而不能積極地從事活動。

4. 注意不善於轉移

幼兒注意的轉移品質還沒有充分發展，因而不善於按照要求主動地調動自己的注意。例如，幼兒聽完一個有趣的故事，可能長久地受到某些生動的內容的影響，注意難以迅速地轉移到新的活動上去，因而從事新的活動時，往往還在想前一個活動從而出現注意分散現象。

5. 無意注意和有意注意沒有並用

教師只組織幼兒一種注意形式，也能引起注意分散。例如，只用新異刺激來引起幼兒的無意注意，當新異刺激失去新異性時，幼兒便不再注意。如果只調動

有意注意，讓兒童長時間地主動集中注意，也容易引起疲勞，結果注意更易分散。

(二) 幼兒注意分散的防止

教師要針對幼兒注意分散的原因，採用適當措施防止注意分散。

1. 防止無關刺激的干擾

游戲時不要一次呈現過多的刺激物；上課前應先把玩具、圖畫書等收起放好；上課時運用的掛圖等教具不要過早呈現，用過應立即收起；對年幼的幼兒更不要出示過多的教具。教師本身的衣飾要整潔大方，不要有過多的裝飾，以免分散幼兒的注意。

2. 制定合理的作息制度

家長應制定合理的起居生活制度，使幼兒有充分的睡眠和休息，晚間不要讓幼兒多看電視，或看得太晚；星期天不要讓幼兒外出玩得太久。要使幼兒的生活有規律，保證他們有充沛的精力從事學習等活動，防止注意分散。

3. 培養良好的注意習慣

成人應培養幼兒「集中注意學習」、「集中注意工作」的良好習慣。幼兒在學習或參加其他活動時成人不要隨便行動或漫不經心，也不要隨便使喚他做事或打擾他，使幼兒在實踐活動中養成集中注意的習慣。

4. 靈活交互運用無意注意和有意注意

教師可以運用新穎、多變、強烈的刺激，激發幼兒的無意注意。但無意注意不能持久，而且學習等活動也不是專靠無意注意所能完成的，因此還要培養和激發幼兒的有意注意。教師可向幼兒講明學習和活動的意義和重要性，說明必須集中注意的道理，使幼兒逐漸能主動地集中注意，即使對不十分感興趣的事物也能努力注意，自覺地防止分心。教師應機智地運用兩種注意形式，交替運用，使幼兒能持久地集中注意。

5. 提高教學質量

教師要積極提高教學質量，這是防止幼兒注意分散的重要保證。教師要多方面改善教學內容、改進教學方法。所用的教具要色彩鮮明，能吸引幼兒的注意；所用掛圖或圖片要突出中心；所用的語詞要形象生動，為幼兒所能理解。這樣做容易引起幼兒注意。此外，教師要積極引起幼兒的興趣，激發旺盛的求知欲、好奇心以及良好的情感態度，以促進幼兒持久集中注意，防止注意受到干擾而渙散。

(三) 審慎處理幼兒多動現象

有些幼兒特別好動，注意力容易分散，結果不僅影響自己的學習，其至還破

幼兒心理發展

壞全班的秩序。多動的幼兒常常因為周圍細小的動靜而注意分散。他們在玩積木、畫圖、聽故事時，即使感到有興趣，也只能在短時間內集中注意。他們參加規則游戲時，往往不注意聽教師講解游戲規則，所以游戲一開始，便不知道怎樣玩，有時甚至妨礙游戲的進行。而在語言課、計算課等學習活動中，注意分散的現象就更加明顯，他們往往不能按照要求專心參加各種活動，專心聽講的時間很短暫，難以維持自己的注意。他們有時兩眼盯著教師，貌似注意，實際上是在開小差，根本沒有聽。當大家舉手回答問題時，他們也會舉起手來，但教師讓他回答時，便茫然不知所答。只有教師嚴格要求和不斷督促，這種兒童才能把注意集中得稍久。研究表明，這些多動的幼兒智力水平往往並不低下，只是由於注意分散、集中困難，以致嚴重影響了學習成績和以後的發展。

部分父母和教師對於這種「多動」的兒童十分擔心，甚至輕率地斷定是多動症患者，這是非常不恰當的。多動症是一種行為障礙，主要特徵是活動過多，注意力不集中，容易激動，行為衝動，情緒不穩定。注意力不集中是多動症的一種明顯表現，但多動症的表現很複雜，不能僅憑注意分散即下結論。引起注意分散的因素也很複雜，不能完全歸因於「多動症」。一個兒童是否患多動症，僅憑經驗是難以正確斷定的。對於一個「多動」的幼兒，必須根據生活史、臨床觀察、神經系統檢查、心理測驗等進行綜合分析，才能確定。

作為一個教師，首先要從自己的教育和教學工作檢查來確定兒童注意分散的原因，切不可把注意力容易分散的兒童輕率地視作多動症患者，而加以指斥和推卸責任。這樣不僅不能使幼兒改正其行為的缺點，而且使兒童從小貼上「精神疾病患者」的標籤而影響他們心理的健康發展。教師要審慎處理「多動」的幼兒，更要重視幼兒注意分散現象，分析和確定其原因，積極改善自己的教育和教學工作。同時要積極培養幼兒良好的注意習慣，促進幼兒注意的發展。

心理櫥窗

注意缺陷多動障礙（ADHD）與正常兒童的「多動」[1]

注意缺陷多動障礙（Attention Deficit Hyperactivity Disorder，以下使用縮寫ADHD），是指與同齡兒童相比，有明顯的注意力集中困難、注意力持續時間短暫、活動過度或衝動的一組綜合徵，俗稱「多動症」。ADHD是兒童時期最常見的

---

[1] 注意缺陷多動障礙 [EB/OL]. http://baike.soso.com/v25324622.htm.

第四章 幼兒的注意與記憶

行為障礙，學齡兒童患病率為2%～10%，ADHD通常於6歲前起病，70%患兒症狀可持續到青春期，1/3可延續至成年。

活潑好動是兒童的天性。正常兒童也常有貪玩、好奇心、好動、調皮、注意力分散等情況。所以容易與ADHD混淆，需仔細觀察其行為特徵進行鑑別。

第一，ADHD兒童的多動程度遠超過其年齡發育的水平而被稱為「活動過度」。有的患兒除了睡眠時間外，幾乎無安靜的時刻。而正常兒童的多動程度與其年齡發育一致或略顯活動過多。

第二，ADHD兒童的多動行為常無明確的目的性，行為動作常有始無終、雜亂無章。而正常兒童的多動常出於某種動機，欲達到某個目的，故其行為是完整系統的、有始有終的。如課堂上向同學借用文具后能及時歸還，還會低聲說「謝謝」；為了表現自己的能力常不舉手就搶先回答老師的提問等。

第三，正常兒童的多動症狀在一定的環境條件下能自我約束和控制，如經家長老師的批評教育能及時改正自己的缺點，並要相隔很長一段時間才會重犯。而ADHD兒童對批評教育常置若罔聞、屢教屢犯、收效甚微。又如當有外校老師觀摩聽課時，正常兒童能安靜守紀律，而ADHD兒童即使被安排到「特殊的座位」上，也還會不停地扭動身體。

第四，正常兒童除多動症狀外，一般不伴有或少有衝動任性、情感和其他行為異常。ADHD兒童則多有咬指甲、遺尿、說謊甚至打架鬥毆等異常行為。

(四) 促進幼兒注意發展的活動設計

1. 釣魚比賽

活動目的：通過用魚竿鈎住旋轉小魚，鍛煉幼兒的手眼協調能力，提高幼兒對事物注意的穩定性。

活動用具：電動旋轉魚、小糖果。

活動過程：

（1）組織好幼兒，告訴他們比賽規則。每3人分為1個小組，在組內實行淘汰賽，獲勝者得到2塊糖果，並參加下一階段的比賽。在下一階段中，兩兩對戰，其他幼兒旁觀，獲勝者再次獲得1塊糖果。最后的勝利者就是這次比賽的冠軍。

（2）把電動旋轉魚分發到各個小組中。

（3）第一輪結束，對獲勝者發放糖果，並對他們進行分組。組織好其他幼兒加油。

(4) 多輪比賽后，決出最后的獲勝者。

給教師的建議：在比賽過程中，教師一定要做好裁判和保安的工作，防止幼兒在比賽中亂跑。可以在釣魚之前，給幼兒講授一些技巧，用自己的行動來指導幼兒怎麼能快速、準確把魚釣上來。

活動總結：「小朋友們，今天我們的冠軍是某某。他為什麼能獲勝呢？讓他告訴我們大家他的經驗，好不好？（不論那個小朋友說什麼，我們要把大家的注意力引到手眼並用、專心致志等內容上）在我們的生活中，影響我們的東西很多，我們怎麼才能做好呢？就是要一心一意做事情。」

2. 按要求找積木

活動目的：提出 2 個以上的要求，要求幼兒從積木堆中選出合乎要求的積木塊，看誰選得又對又快，從而訓練幼兒對物體多維度的注意，提高注意的廣度。

活動用具：各種形狀、顏色的積木若干，小糖果。

活動過程：把小朋友分成若干小組，每組 3 個小朋友，小組每次選出 1 名代表完成老師交代的任務。又快又正確完成任務的小組獲得糖果一塊。對積木的要求從 1 個條件開始，慢慢增加到 3 個條件。若干輪以後，對小組獲得的糖果進行統計，選出優秀小組。

給教師的建議：3 歲左右的幼兒很難同時從不同方面描述一件事物，要求應該簡單一些。同時可以教會他們復述的策略。

活動總結：「小朋友們，是不是常常在老師告訴你們要求之后只記住了一個？我們可以在嘴裡不斷重複老師的那些要求，然后走到積木堆裡進行比較。這樣我們就不容易犯錯了，對不對？」

二、幼兒記憶的培養

（一）幼兒記憶品質的培養

1. 記憶敏捷性的培養

識記的敏捷性是指形成聯繫的速度。幼兒在識記的敏捷性方面個體差異很大。對同一材料，有的幼兒可以很快就記住，有的幼兒卻需要花費很長時間的努力才能記住，這主要是和幼兒注意力的發展水平有關。

要提高幼兒識記的敏捷性，就必須培養幼兒注意的集中性，要求幼兒在識記時要集中注意，因為注意是記憶的前提。注意集中，才能在幼兒的大腦皮層上形

第四章　幼兒的注意與記憶

成優勢的興奮中心，形成暫時的神經聯繫，才能記得快、記得牢。幼兒記不住，不是幼兒的記憶力不好，而是他們不注意，沒有集中注意力或者注意的目標轉移了。

例如，外面有一群小孩子在做遊戲，你班上的孩子也想出去和他們一起玩，但你卻要他先把一首兒歌背下來后再出去玩。由於他一心想著出去玩，為了早點出去而很快地背下了兒歌。但由於他大腦皮質的興奮中心不在兒歌上，雖然當時是背出來了，但在大腦裡留下的印記很淺，很快就會忘記。孩子沒有把注意力放在合適的目標上，他們沒有看清楚，沒有聽清楚，當然就不會記住知識，更談不上記得快、記得牢了。

2. 記憶持久性的培養

記憶的持久性是指記憶連續保持時間的長短。有些幼兒對記的東西保持得久一些，有的則忘得快一些，還有的看起來記得很快，但往往忘得也快，所謂學得快忘得也快，實際上也是沒有記住。這些都反應了記憶的持久性問題。

記憶的持久性和記憶的敏捷性有密切的關係。一般來說，識記敏捷的人，往往也記得比較長久。要加強記憶的持久性，必須對識記的材料進行及時不斷地復習。幼兒記憶的持久性與他們對識記材料的理解程度、印象是否深刻，以及他們的興趣、情緒均有關係。眾多研究表明：積極的情緒體驗和鮮明的具體形象對記憶的數量、速度和持久性有巨大的影響。對於4~5歲的幼兒來說，他們的記憶大多受外界事物特點的支配，受他們情緒和興趣的支配，這就是為什麼幼兒在遊戲活動中記憶效果特別好，對於一些有關的童話、故事、兒歌能夠終身不忘的原因。

3. 記憶準確性的培養

記憶的準確性是指對於所識記的材料在再認或再現時，沒有歪曲、遺漏或增補。這是記憶的一種主要品質。如果記憶缺乏正確性，記得再快也沒有用。

培養幼兒記憶的準確性，首先要教會幼兒正確地認識事物，引導幼兒對事物進行仔細的觀察，找出事物的共同點和不同點，讓幼兒比較、分析，從而正確地記住。例如，雞和鴨都是家禽，但兩者有明顯的不同：雞的嘴和爪都是尖尖的，便於在地上刨食和捉小蟲子吃；而鴨的腳上有蹼，便於在水中戲水，鴨子的嘴是扁扁的，便於在水中覓食。

在教幼兒認字時也要注意引導幼兒進行認真仔細的識記，特別是對相似的字要進行分析、比較，防止混淆，例如「人」和「入」、「團」和「閉」、「太」和

「犬」等，只有找出其共同點，指出其不同點，讓幼兒經過比較、分析，他們才能夠正確的記住。

4. 記憶準備性的培養

記憶的準備性是指記憶恢復的速度，在必要時能夠把記憶中所存儲的信息迅速地提取出來，用於分析問題和解決問題。

要培養幼兒記憶的準備性，必須理解所識記的材料，使之具有系統性、連貫性。培養記憶的準備性，就是要引導幼兒全面地觀察事物，對事物有全面的瞭解，不僅從外表瞭解，而且還要明白事物的內部聯繫，以及一種事物和其他事物的區別。所以，豐富幼兒的生活經驗和知識，發展幼兒的理解記憶能力、邏輯記憶能力，這些都可以提高幼兒記憶的準備性。

出謀劃策

記憶歌[1]

目的明確興趣高，形象理解記得牢。
集中注意強記憶，意義機械結合好。
五官協同齊動作，聯想復習遺忘少。
記憶方法要靈活，勞逸結合巧用腦。

(二) 促進幼兒記憶發展的策略

1. 注重活動的組織

幼兒只有在活動（游戲、學習等活動）中，記憶才得以發展。例如，訓練小班幼兒記住午睡常規時，可用有活動眼睛的娃娃示範如何脫衣服、脫鞋子，睡覺時如何把眼睛閉起來，這樣，他們對午睡常規便記得比較牢。教數的組成時，可以用一個特製的玻璃箱，箱上面有一個小口正好放進一個乒乓球，箱中有一個玻璃板。在教「3」時，就給幼兒3個乒乓球，讓幼兒一個一個地放進玻璃箱的小口中。當乒乓球放進箱裡落到玻璃板上時，它還會左右跳動，這不僅使幼兒很感興趣，而且可以清楚直觀地使他們看到數的組成。這樣，幼兒對「3」這個數的記憶

---

[1] 如何提高學生的記憶效率 [EB/OL]. http://www.pep.com.cn/xgjy/xlyj/xskj/fzyjy/201008/t20100827_798237.htm.

第四章 幼兒的注意與記憶

也比較牢固。

有這樣一個例子,一個幼兒在 3 次閱讀一首詩以後,記住了其中的 3 行;在參加這首詩編成的話劇游戲以後,記住了其中的 23 行;在重複游戲和演示圖片以後,便記住了 38 行。為什麼呢?因為越是直觀、形象的東西,幼兒越容易記住,形象的東西具有直觀、鮮明的特點,容易引起幼兒的形象記憶。因此,教師在幼兒的日常生活和教學活動中,應注意活動的特點,充分運用直觀性原則,並在活動中適當配合語詞的說明,這樣會提高記憶效果。

2. 培養幼兒的有意記憶

有意記憶可以在教學活動中培養,也可以在游戲、課外活動中培養。例如,教一首新的兒歌,如果在教之前向幼兒說明,學會這首兒歌後要去參加演出,要到弟弟妹妹那裡去表演,要在家長會時唱給爸爸媽媽聽,或者還要錄音、灌唱片等,便可以調動他們學習與記歌詞的積極性,認真地去學與記。再如,教幼兒某一詞,可以有意識地布置他們在課前或課后作調查。例如,教家具這一詞,可以要求幼兒在課前或課后在家中找找,家裡有些什麼家具,之后告訴老師;也可要求幼兒把當天幼兒園上課的內容告訴爸爸媽媽。這樣,幼兒的積極性便很高,也發展了幼兒的有意記憶。也可以通過主題談話的形式培養幼兒的有意記憶。例如,以「快樂的星期天」為主題的談話,可以要求幼兒回憶星期天是怎麼過的,講一件快樂的事。但老師一定在星期六以前就交代清楚,小朋友星期一要向大家講一講星期天經歷的快樂的事情。事實表明,如果在記憶某一事物或單詞之前,教師用語言向幼兒提出記憶的目的、任務、重要性,就能調動他們的積極性,記憶的效果就好。

3. 培養幼兒在理解基礎上的記憶

幼兒對他們理解的事物,記憶效果就比較好。幼兒的機械記憶多於意義記憶,這是和他們的知識經驗缺乏、理解力低有關。所以,教師在組織幼兒的教學活動時,應力求使他們懂得所教的東西,要用幼兒易懂的語言,在理解的基礎上,教他們記住,從而發展他們的記憶。例如,教幼兒復述故事時,應當讓幼兒熟悉故事內容,掌握故事人物,理解詞義,著重練習有關主題的重要詞語。

出謀劃策

嬰幼兒記憶力的開發[1]

嬰幼兒記憶活動的開展應該有一定的前提。以下幾位家長的做法不妨一試。

家長A：以嬰幼兒自身的真切體驗為基礎，讓孩子進行記憶。為了讓孩子學會「蒲公英，開黃花，小白傘，長把把，飄呀飄、灑呀灑，年年開花滿山崖」這首兒歌，家長特意在草木蔥蘢的春天，帶孩子到野外親眼觀察蒲公英的生長狀況。如今的都市兒童，滿眼見到的都是鋼筋水泥鑄成的世界，一旦投身到大自然的懷抱，拿起一把蒲公英，吹起它們身上的小白傘，體味這些小生靈在空中飄飄灑灑、漫天飛舞的獨特韻味，其欣喜之情、歡悅之態是各種人工的玩具所不可比擬的。在全身心擁抱大自然的過程中，孩子興奮地把這首優美的兒歌留在了童年的美好記憶裡。

家長B：針對嬰幼兒以形象思維為主的原則，配圖講解古體詩。例如《詠鵝》這首詩，家長首先為孩子提供一幅色彩鮮明的畫面：綠水蕩漾之中，一只只白鵝歡暢地嬉戲於水中，紅紅的頭頂，彎彎的長脖，白白的鵝毛，來回遊動的撲閃著的紅掌以及濺起的一串串清清的水波。這樣一幅整體的畫面映入孩子的眼簾之後，家長進一步幫助孩子進行分解：如頭頂是什麼顏色的、脖子是什麼形狀的，腳掌在怎樣運動等。孩子在進行了一番細緻入微的觀察分析、歸納總結以後，自己開動大腦得出了結論。這個記憶過程符合嬰幼兒的學習心理規律。在記憶的同時，還發展了孩子的想像能力。

家長C：從嬰幼兒感興趣的內容入手，誘導孩子記憶。嬰幼兒大都喜歡聽情節曲折、跌宕起伏的童話、寓言和故事。豐富多彩、引人入勝的人物和事件會使孩子全身心傾註於此，在不知不覺中掌握其主要故事梗概。例如，給孩子講世界著名童話《木偶奇遇記》，家長一邊照書講解，一邊巧妙地設問、提問，誘導孩子深入到故事情節之中去。孩子的整個記憶過程環環相扣，饒有趣味。相反，如果童話的內容平庸乏味或說理性較強，則不適合孩子記憶。

家長D：誘發孩子的好奇心，通過實物遊戲直觀施教，把抽象的識記內容變為形象的場景。嬰幼兒的記憶雖然帶有很大的無意性，但在遊戲或實驗的條件下，他們識記的積極性和有意性便能得到顯著的提高。為了讓孩子識記三角形、正方

---

[1] 慎用嬰幼兒的記憶力 [EB/OL]. http://www.pep.com.cn/xgjy/xlyj/xskj/fzyjy/201008/t20100827_797960.htm.

第四章 幼兒的注意與記憶

形、圓形、長方形、圓柱體、長方體、正方體等幾何圖形，家長在一張大紙殼上剪出三角形、正方形、長方形、圓形的空洞，制成一個式樣板，再把剪下的圖形塗上各種醒目的顏色，然後引導孩子找出對應的圖形，放回原處。此外，還用紙殼制成大小、高低不同的圓柱體、正方體、長方體的盒子，教孩子把這些幾何體套在一起，摞在一起或依次擺放，對於2歲左右的孩子而言，這是個充滿新鮮感的游戲。孩子在動手動腦的過程中自然地展開了記憶活動。然後，家長還用這些幾何圖形擺出小帆船、小飛機、小房子等，以進一步強化孩子對這些幾何圖形的記憶。

(三) 促進幼兒記憶發展的活動設計

1. 促進幼兒有意記憶發展的活動設計

活動目的：促進幼兒有意記憶的發展

活動形式：教師在日常生活和各種活動中，有意識地、經常地向幼兒提出具體、明確的記憶任務，並對記憶任務完成情況給予正確評價，激發幼兒記憶的積極性。

活動設計舉例：散步。

目的：幼兒在散步過程中，積極地觀察和記憶散步時見到的一切，從而促進幼兒有意記憶的發展。

方法：帶幼兒散步時，向幼兒布置任務：「回來後比一比，看誰看到的東西最多。」

2. 促進幼兒記憶策略發展的活動設計

(1) 訓練復述策略的活動設計。

活動目的：讓幼兒感覺到復述對記憶的好處，並有效地運用復述策略。

活動形式：教師在教學過程中有意識地讓幼兒比較有復述的和沒有復述的材料的記憶效果。這種策略的運用難度較小，因為較小的幼兒就能有意或無意地運用復述策略來達到記憶目的。

活動設計舉例1：聽音敲擊

目的：比較幼兒在有復述的情況下和沒有復述的情況下的記憶效果。

方法：在有復述的情況下，要求幼兒認真聽並在心裡默念幾遍，教師敲擊完后，幼兒應正確地敲擊出來；在沒有復述的情況下，讓幼兒在沒有復述的情況下立即敲擊出來。

第一組，啪—啪—啪啪—啪啪；

第二組，啪—啪啪—啪啪—啪；

第三組，啪啪—啪啪—啪啪啪；

第四組，啪啪—啪—啪啪—啪；

第五組，啪啪啪—啪—啪；

第六組，啪—啪啪啪—啪—啪啪。

說明：這個例子主要用於較年幼的幼兒，3 歲左右的幼兒基本上能正確地敲擊出來了。教師拍手的速度應不急不緩，要適中。教師可以按照上面的節奏來拍手，也可以自編節奏拍手，需要注意連線上的內容不宜超過幼兒工作記憶的量，幼兒的工作記憶容量小於成人的 7±2 個組塊。

活動設計舉例 2：嗅覺辨別

目的：比較復述對幼兒記憶的影響。

方法：教師準備下列物品，依次讓幼兒嗅一嗅，並告訴幼兒該物品的名稱，過 2~3 分鐘后，再讓幼兒嗅一嗅，要求幼兒說出物品的名稱。物品有白醋、陳醋、醬油、辣椒醬、芝麻醬等。教師只能讓幼兒聞到味道，不能讓幼兒看到物品。

說明：一開始該任務對於幼兒來說可能會有些難度，這就需要教師運用復述策略使幼兒能夠辨別不同物品的氣味。同樣，教師也可以根據幼兒的具體情況，適當地增減難度。嗅覺辨別的記憶難度主要由記憶物品的多少和記憶物品之間的相似程度決定。記憶物品越多，相似程度越高，難度越大。

（2）訓練組織策略的活動設計。

活動目的：幼兒能夠有意識地運用組織策略，該策略更為主動，是基於意義將項目組織成範疇的策略。

活動設計舉例：你能記住多少？

方法：教師向幼兒呈現一張卡片，上面有 12 個詞語，詞語安排如下：香蕉、自行車、房子、貓、蛋糕、狗、公寓、豬、胡蘿蔔、轎車、旅館、公共汽車。幼兒的任務是在卡片拿走之前能夠不按順序地把它們完全回憶出來。

說明：如果幼兒已經掌握組織策略，則或許已經注意到有些是動物，有些是食物，並且按範疇對其加以復述。在回憶時將其進行歸類，將動物放在一起回憶，將食物放在一起回憶等。對於幼兒來說，可以說歸類可能是某種有意識的策略，但也可能僅僅反應了詞語之間的聯想，是這種聯想使它們形成類別。

第四章　幼兒的注意與記憶

要點回顧

1. 注意是指心理活動對一定對象的指向和集中。根據注意過程中有無預定目的和是否需要意志努力的參與，可以把注意分為無意注意、有意注意和有意後注意。

2. 幼兒的無意注意已高度發展，而且相當穩定；有意注意正在逐漸形成和發展。

3. 幼兒注意品質的發展體現在注意的廣度不斷擴大、注意的穩定性不斷提高、注意的分配能力不斷增強和注意的轉移能力不斷發展等方面。

4. 記憶是在頭腦中累積和保存個體經驗的心理過程。根據記憶的內容，可以把記憶分成形象記憶、情緒記憶、邏輯記憶和運動記憶；根據記憶保持時間長短的不同，可把記憶分成感覺記憶、短時記憶和長時記憶。

5. 幼兒的無意記憶占優勢，有意記憶逐漸發展；機械記憶占優勢，理解記憶逐漸發展；形象記憶占優勢，語詞記憶逐漸發展。

6. 幼兒在復述、組織和檢索等記憶策略上有不同程度的發展。

7. 引起幼兒注意分散的因素包括無關刺激過多、疲勞、目的要求不明確、注意不善於轉移、無意注意和有意注意沒有並用等。

8. 教師可以採取適當措施防止幼兒注意分散，如防止無關刺激的干擾、制定合理的作息制度、培養良好的注意習慣、靈活交互運用無意注意和有意注意、提高教學質量等。

9. 多動症是一種行為障礙，主要特徵是活動過多，注意力不集中，容易激動，行為衝動，情緒不穩定等。要學會區別多動症與正常兒童的「多動」。

10. 教師可以從記憶敏捷性、持久性、準確性和準備性等方面培養幼兒的記憶品質，同時在教學中注重活動的組織、培養幼兒的有意記憶以及培養幼兒在理解基礎上的記憶。

● 問題討論

1. 請論述幼兒注意容易出現的問題以及如何採取相應的教育措施。

2. 案例分析：某幼兒園大班正在教室內組織語言教育活動，正當大家聚精會神地聽老師講故事時，一群別班的孩子出去玩耍，喧鬧的聲音馬上將孩子們的注意吸引了過去，大家開始相互交談。老師大聲提醒保持安靜，也沒有吸引孩子們的注意，這時老師突然停止說話，孩子們就安靜了下來，繼續聽老師講故事。試分析這一案例中所反應的幼兒有意注意和無意注意的特點。

3. 簡述幼兒記憶發展的特點及如何促進幼兒記憶的發展。

4. 案例分析：我們經常發現這樣一種現象，即幼兒教師花大力氣教幼兒記住某首兒歌，有時候孩子們不能完全記牢，但他們偶爾聽到的某個童謠、看到的某個電視廣告，只需一兩次就能熟記心中。結合幼兒記憶的這一現象，請分析幼兒無意記憶的特點及影響因素。

● 老師推薦

書籍推薦：

朵羅斯・昆娜-尊，等. 學習小蜜蜂2：集中注意力 [M].《學習小蜜蜂》編寫組，譯. 北京：新星出版社，2012.

劉湘梅. 現代媽媽：3~6歲幼兒記憶力訓練 [M]. 長沙：湖南少年兒童出版社，2011.

● 網絡資源

「寶寶樹」育兒網（http://www.babytree.com/）是國內最大、最專業的育兒網站社區，提供育兒博客、10G超大空間免費電子相冊、在線交流育兒論壇等服務，為準備懷孕、懷孕期以及0~6歲的嬰幼兒父母提供育兒百科、育兒寶典、育兒常識、育兒心得分享、兒童早期教育、兒童疾病查詢及寶寶營養餵養等科學育兒知識大全。

第五章
幼兒的思維與想像

本章要點

第一節　幼兒的思維
- ✓ 思維概述
- ✓ 幼兒思維的發展

第二節　幼兒的想像
- ✓ 想像概述
- ✓ 幼兒想像的發展

第三節　幼兒思維與想像的培養
- ✓ 幼兒思維能力的培養
- ✓ 幼兒想像的培養

一天，4歲的珂珂側躺在沙發上，把眼睛睜得大大的，一動不動。媽媽看見後嚇了一跳，以為她生病了，趕緊摸摸她的腦門，沒發燒呀，再仔細看看她，也沒有其他症狀。問了半天，珂珂終於氣鼓鼓地說：「媽媽，你別打擾我。我是一條死魚。」媽媽哭笑不得，忽然想起昨天帶珂珂去了菜市場看見殺魚，原來珂珂正扮死魚呢！

3歲以后，幼兒的記憶力增強，動作內化，可以在大腦裡進行演示、分析，具體形象思維成為幼兒思維的主要形式。他們會模仿他們看到的事物或發生過的事件，有時模仿后自己還不知道，但是他們對這些形象的加工能力還比較低，他們的模仿是一板一眼的，情節也比較簡單。

嬰兒時期只有對事物的感知、對事物之間聯繫的最初認識，基本上沒有思維。到了幼兒期，思維的發展開始萌芽，這種思維總是與對事物的感知和自身的行動分不開的。幼兒思維的形成是在幼兒不斷與外界相互交往中進行的。當幼兒不斷與外界交往時，他們的思維操作能力不斷得到發展；當感知覺、表象、語言相互作用時，幼兒的思維活動就逐步產生和發展起來。幼兒思維活躍，他們喜歡思考，幼兒期是想像力培養的關鍵期。愛因斯坦說過「想像力比知識更重要，因為知識是有限的，而想像力概括著世界上的一切，推動著進步，並且是知識進化的源泉」。瞭解幼兒思維和想像的發展規律，有利於促進幼兒思維的發展，培養幼兒的想像力和創造力。

第一節　幼兒的思維

一、思維概述

（一）思維的概念及過程

1. 思維的概念

思維是借助語言、表象或動作實現的對客觀事物概括的和間接的認識，它能揭示事物的本質特徵和內部聯繫。[1] 日常生活中人們所說的思考、考慮、沉思等都屬於思維的範疇。概括性和間接性是思維最重要的特徵。

思維的概括性是指在大量感性材料的基礎上，把一類事物共同的特徵和規律抽取出來，加以概括。例如，我們可以把有羽毛、兩條腿的動物概括為鳥，把有毛、四條腿的動物概括為獸等。

思維的間接性是指人們借助一定的媒介和一定的知識經驗對客觀事物進行間接的認識。思維的間接性可以使人擺脫感覺和知覺的限制。通過思維，我們可以推測過去、預測將來。例如，早晨起床，推開窗戶，看到地面潮濕，便推想「昨天晚上下過雨了」。這時，人們並沒有直接感知到下雨，而是通過地面潮濕這個媒介，間接推斷出來的。又如，見到房裡磚地潮濕而預見天將下雨，這種預見也是一種間接反應。

對於兒童來說，儘管他們所學習的是人類已知的東西，但對他們而言都是未

---

[1] 彭聃齡. 普通心理學 [M]. 北京：北京師範大學出版社，2012.

第五章　幼兒的思維與想像

知的新東西。兒童要認識這些事物，必須依靠自身積極的思維活動。

2. 思維的過程

（1）分析與綜合。分析是在頭腦中把事物的整體分解成各個部分、方面或個別特徵的思維過程。例如，把植物分解為根、莖、葉、花、果實、種子；把幾何圖形分解成點、線、面、角、體；一個句子由哪些語言成分構成等，都屬於分析過程。綜合是在頭腦裡把事物的各個部分、方面、各種特徵結合起來進行考慮的思維過程。例如，把單詞組成句子；把文學作品的各個情節聯成完整的場面；把一個學生的思想品德、智力水平、學業成績、健康狀況等方面聯繫起來，加以評價，得出結論等都屬於綜合過程。[1]

（2）比較與分類。比較是在頭腦中把各種事物或現象加以對比，確定它們之間異同點的思維過程。例如，教師引導學生比較菱形和矩形的異同點，使學生掌握菱形和矩形的概念。分類是在頭腦中根據事物或現象的共同點和差異點，把它們區分為不同種類的思維過程。分類是在比較的基礎上進行的，如通過比較圖形之間的異同，把四邊相等的四邊形歸為一類，把四角相等的四邊形歸為一類。[2]

（3）抽象與概括。抽象是在頭腦中把同類事物或現象的共同的、本質的特徵抽取出來，並捨棄個別的、非本質特徵的思維過程。例如，抽取人類具有的共同的、本質的屬性，即能說話、能思維、能製造工具等，捨棄能吃飯、睡覺、喝水、活動等其他動物也有的非本質屬性。概括是在頭腦中把抽象出來的事物的共同的、本質的特徵綜合起來並推廣到同類事物中去，使之普遍化的思維過程。例如，把「人」的本質屬性——能言語、能思維、能製造工具綜合起來，推廣到古今中外一切人身上，指出：「凡是能言語、能思維、能製造和使用工具的動物都是人。」

（4）具體化與系統化。具體化是指在頭腦裡把抽象、概括出來的一般概念、原理與理論同具體事物聯繫起來的思維過程。系統化是指在頭腦裡把學到的知識分門別類地按一定程序組成層次分明的整體系統的過程。

（二）思維的種類

1. 根據思維任務的性質、內容，思維可以分為動作思維、形象思維和抽象思維

（1）動作思維。動作思維又稱為直觀動作思維、實踐思維，是以實際操作解

---

[1] 王雁. 普通心理學 [M]. 北京：人民教育出版社，2002.
[2] 劉新學，唐雪梅. 學前心理學 [M]. 北京：北京師範大學出版社，2011.

決直觀、具體的問題。例如，3歲以前的嬰兒只能在動作中思考，他們將玩具拆開、又重新組合起來。當動作停止時，思維也就停止了。

(2) 形象思維。形象思維是利用物體在頭腦中的具體形象來解決問題。例如，在設計房間的布置時，先在頭腦中想像、桌子放在哪兒，椅子放在哪兒等，這種任務需要的就是形象思維。形象思維在幼兒期和小學低年級兒童身上表現得非常突出。如兒童計算 3+4＝7，不是對抽象數字的分析、綜合，而是在頭腦中用 3 根手指加上 4 根手指，或 3 個蘋果加上 4 個蘋果等實物表象相加而計算出來的。

(3) 抽象思維。抽象思維是運用抽象概念進行判斷、推理等形式來解決問題。例如，人類思考為什麼太陽會東升西落，為什麼一年會有春夏秋冬四季等就需要運用抽象思維能力。小學高年級學生的抽象邏輯思維得到了迅速發展，初中生的抽象思維已開始占主導地位。

兒童思維的發展，一般都經歷直觀動作思維、具體形象思維和抽象邏輯思維三個階段。成人在解決問題時，這三種思維往往是相互聯繫、相互補充，共同參與思維活動。

2. 根據思維探索答案的方向，思維可以分為輻合思維和發散思維

(1) 輻合思維。輻合思維又稱求同思維，是把問題提供的所有信息聚合起來得出一個正確或最好的解決方案。例如，在解決一個問題時先將眾人的意見綜合起來，然後形成一個最佳的解決方案。

(2) 發散思維。發散思維又稱求異思維，是沿著不同方向去思考、探索新的問題、追求問題的多種解決方法。例如，在解數學題時對同一個問題採用多種解題方法。

輻合思維與發散思維都是智力活動不可缺少的思維，都帶有創造的成分，而發散思維最能代表創造性的特徵。

3. 根據思維的獨創性，思維可以分為常規思維和創造性思維

(1) 常規思維。常規思維是指運用已獲得的知識經驗，按現成的方案直接解決問題。例如，教會學生解一類數學題後，學生按照已有的方法解題。

(2) 創造性思維。創造性思維是指重新組織已有的知識經驗，提出新的方案或程序，並創造出新的思維成果，具有獨創性。例如，科學家進行發明創造。

第五章 幼兒的思維與想像

二、幼兒思維的發展

（一）幼兒思維發展的一般規律

根據幼兒思維發展的階段或方式，幼兒的思維發展表現出三種不同的方式：直覺行動思維、具體形象思維和抽象邏輯思維的萌芽。幼兒早期的思維以直覺行動思維為主，幼兒中期的思維以具體形象思維為主，幼兒末期抽象邏輯思維開始萌芽。

1. 直覺行動思維

直覺行動思維是最低水平的思維，是幼兒早期出現的萌芽狀態的思維。在3歲前兒童的思維活動中，它居於主導地位。例如，兒童拿到一個布娃娃，就可能想到哄布娃娃睡覺，如果這時能在她面前擺放一張玩具小床，並讓她玩耍，她就可能想到讓娃娃躺在床上睡覺；如果不給她小床，而給她小匙、食品之類的東西，則她可能想到餵娃娃吃飯。這時兒童還不能離開實物，僅憑已有的實物表象進行思維。

皮亞杰認為這個階段幼兒思維的發展有兩個明顯的標誌：一個是幼兒有時不用明顯的外部嘗試動作就能解決問題；另一個是產生了延遲模仿能力。所謂延遲模仿是指模仿的對象或動作在眼前消失一段時間后對行為或動作的模仿。總體上說，幼兒大致獲得了以下能力：幼兒通過伸手和抓握等動作，開始注意到物體的空間關係，這使幼兒逐漸超越了直接的感知和運動，開始理解周圍的世界；幼兒突破了直接經驗的限制，發展出具有先后的時間維度的概念，出現了對因果關係的初步理解；幼兒開始逐步理解目標和手段的關係；幼兒可以模仿不在眼前的行為並表現出明顯的目的性等。在皮亞杰看來，這一階段幼兒思維發展的最大成就之一就是獲得了「客體永久性」（Object Permanence）的概念，即幼兒明白了消失在眼前的物體仍將繼續存在。皮亞杰認為，幼兒在沒有直接感知物體時卻相信物體仍然存在是一個逐步學習的過程，其典型表現就是幼兒出現「藏貓貓」的游戲行為。

直覺行動思維是貫穿人的一生的思維方式。幼兒的直覺行動思維離不開幼兒對實際物體的感知和動作，因而缺乏行動的計劃性和對行為結果的預見性，思維具有明顯的狹隘性。

2. 具體形象思維

具體形象思維是幼兒期典型的思維方式。這一階段的幼兒雖然擺脫了對動作同步性的依賴，但仍受到具體事物的形象和動作的影響。皮亞杰將這一階段幼兒

的思維稱為前運算階段。該階段幼兒思維發展主要有以下特點：

（1）泛靈論。幼兒的泛靈論是指幼兒將一切物體都賦予生命的色彩。例如，幼兒認為在採摘植物時植物會感到疼痛；幼兒常把玩具當成夥伴，與玩具游戲、交談。在以下一段皮亞傑和一位前運算階段幼兒的對話中，可以看到幼兒明顯的賦予太陽以生命的色彩。[1]

皮亞傑：「太陽會動嗎？」

幼兒：「會動，你走它也走，你轉它也轉。太陽是不是也跟過你？」

皮亞傑：「它為什麼會動呢？」

幼兒：「因為人走動的時候它也走。」

皮亞傑：「它為什麼要走呢？」

幼兒：「聽我們在說什麼。」

皮亞傑：「太陽活著嗎？」

幼兒：「當然了，要不然它不會跟著我們，也不會發光。」

（2）自我中心主義。幼兒的自我中心主義是指幼兒完全以自己的身體和動作為中心，從自己的立場和觀點去認識事物，不能認識到自己的思想可能與別人的思想不同，因而不能從客觀的、他人的立場去認識事物。皮亞傑在「三山實驗」（如圖5-1所示）中，讓兒童繞著山的模型走，以瞭解從不同角度看山是什麼樣子，然后要求兒童面對模型而坐（如圖5-1左圖）。實驗者把一個玩具娃娃分別放在桌子的不同角度（如B處），要求兒童從幾張圖片中選出一張代表玩具娃娃所看到的山（如圖5-1右圖）。處於前運算階段的幼兒通常都挑出那張代表自己所看到的山的圖片，而不是玩具娃娃所看到的山的圖片。因為他們是基於自己的立場，不能想像出他們自己以外的任何立場。

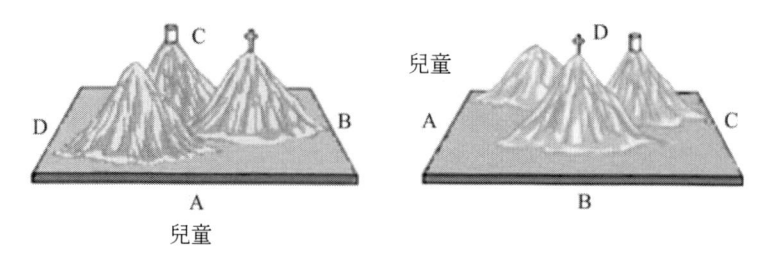

圖 5-1 「三山實驗」圖

---

[1] 周宗奎. 現代兒童發展心理學 [M]. 合肥：安徽人民出版社，1999.

第五章 幼兒的思維與想像

（3）不可逆性。在整個前運算階段，幼兒思維的一個最重要的特點是不可逆性，幼兒不理解邏輯運算的可逆性。例如，4歲的幼兒不能理解當 A>B 時，則 B<A。如問一個幼兒：「你有哥哥嗎？」幼兒回答說：「有。」「他叫什麼名字？」「多多。」「多多有沒有弟弟？」「沒有。」此外，這一階段的幼兒在事物發生轉變時只注意知覺變化的最終狀態而不注意變化或轉化的過程；這一階段的幼兒也不能理解「如果 A 的某種屬性等於 B，B 等於 C，那麼 A 等於 C」這種類型的問題。

幼兒思維的不可逆性還集中體現在「守恒」問題上。守恒是指個體能認識到當物體的外形或形狀發生改變時物體固有的本質屬性不隨其外在形態的變化而發生改變。皮亞杰在著名的「守恒」（Conservation）實驗中，給兒童看兩個一樣的燒杯 A 和 B，裝著相同高度的液體。旁邊放著第三個細而高的燒杯 C。把 B 中的液體倒入 C（見圖 5-2），然后問兒童 A 和 C 裡面的液體是否一樣。4 歲的孩子總是認為那個細而高的燒杯（C）裡的液體比那個矮而寬的燒杯（A）裡的液體多，因為他無法將傾倒的動作可逆化，也就是說他還無法想像容器 C 裡的液體回到容器 B 裡的情形。此外，皮亞杰還設計了數量守恒、重量守恒、長度守恒等實驗，一系列的守恒實驗均表明，處於前運算階段的幼兒還不能理解不變性原則，還沒有獲得思維的可逆性。[1]

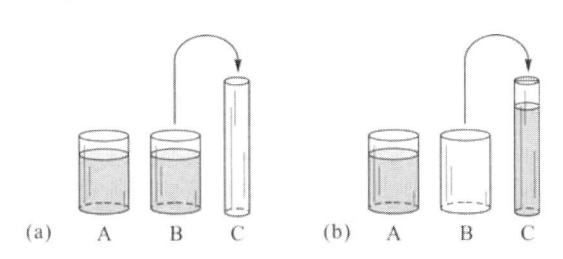

圖 5-2 液體守恒實驗

3. 抽象邏輯思維的萌芽

抽象邏輯思維是思維發展的高級階段，幼兒還不具備這種思維，但在幼兒末期，幼兒開始出現了抽象思維的萌芽。主要表現在以下方面：

（1）幼兒開始獲得可逆性思維。例如，幼兒開始認識到如果在一堆珠子中減去幾個，然后增加相同數目的珠子，這堆珠子的總數將保持不變。

（2）幼兒的思維開始能夠去自我中心化，即幼兒認識到他人的觀點可能與自

---

[1] 劉志軍，等. 學校心理學 [M]. 北京：教育科學出版社，2011.

己的有所不同，幼兒能站在他人的立場和角度考慮問題。例如，幼兒開始能夠解決皮亞傑的「三山問題」。

（3）幼兒開始能夠同時將注意集中於某一物體的幾個屬性上，並開始認識到這些屬性之間的關係。例如，幼兒開始認識到一個物體可以有重量和大小等幾個屬性，並且認識到這些屬性是可分離的。

（4）幼兒開始使用邏輯原則。幼兒獲得的一個重要邏輯原則是不變性原則，即一個客體的基本屬性不變。另一個原則是等價原則，即如果 A 的某種屬性等於 B，B 等於 C，則 A 必然等於 C。

綜上所述，幼兒的思維發展經歷了直覺行動思維階段、具體形象思維階段和抽象邏輯思維的萌芽階段，其中幼兒的思維以具體形象思維為主要形式。

（二）幼兒思維具體領域的發展

1. 幼兒表徵能力、分類能力的發展及概念形成

（1）幼兒的表徵能力。表徵是信息或知識在心理活動中的表現和記載方式，是應用語詞、藝術形式或其他物體作為某一事物的象徵或代替物。例如，「氣球」這一詞語代表真實世界的氣球，是氣球這一真實物體的表徵。能夠在心理上表徵客體和事件是幼兒思維的最大成就之一。

皮亞傑認為，幼兒在 18~24 個月開始利用自己創造的符號代表真實世界的客體和事件。在整個學前階段，幼兒表徵能力呈現出的特徵包括：[1] ①3~4 歲幼兒的表徵特點是「模仿再現」，這時其表徵活動極具個體性，有時很難理解，如幼兒會用柔軟的毛巾代表媽媽、用黑臉代表悲傷等。在表徵過程中，幼兒對形象的加工還會受到情緒的影響。②4~5 歲幼兒的表徵特點是「關注細節」，這時幼兒的大腦中已經儲存了大量的形象，他們對形象的識別、記憶、概括和運用能力都得到增強。4~5 歲幼兒最喜歡玩過家家等象徵性的遊戲，在遊戲過程中，他們對代表物能達成一致意見，如用紙條代表麵條，他們還能進行角色分配和合作。在表徵過程中，幼兒能關注形象的細節和形象之間的聯繫，如他們能說出看到過的一件漂亮衣服有幾顆紐扣、印有什麼圖案，他們還會用語言來輔助形象表徵。③5~6 歲幼兒的表徵逐步「走向合理」。他們對世界具有強烈的好奇心，希望在表徵過程中展現他們對世界的認識力，希望表徵更合理，哪怕在角色扮演遊戲中他們也會考慮其真實性，讓角色的語言、動作、場景布置更加合理。在表徵過程

---

[1] 歐陽春玲. 玩轉形象——幼兒表徵能力的發展 [J]. 家庭教育：幼兒版，2011 (1).

第五章　幼兒的思維與想像

中，幼兒對表象的加工能力越來越強，能把不同的表象聯繫在一起，更加自由地創設情景。他們也能更好地抓住表象的特徵和聯繫，還可以進行初步分類、整合等工作，同時幼兒所用的代表物也更加具有符號化的特點，比如他們可以用三角形代表樹、用圓點代表花等。

（2）幼兒的分類能力。分類是根據某一特徵將物體組織起來，是人們在整體上對組織起來的物體的共同的反應而不是對個體的反應。幼兒常用分類形式包括：按物體的名稱分類，按物體的外部特徵分類，按物體量的差異分類，按物體的用途分類，按物體的材料分類，按事物之間的關係分類（如把小兔子和胡蘿卜歸在一起）。[1]

幼兒分類能力的發展經歷了以下階段：[2]

第一階段，習性分類或隨機分類。這是大多數2歲孩子和部分3歲孩子的典型表現。這時幼兒通常成對組織物體，他們既不能提供分類理由，也不能說出物體的某一個具體特徵。例如，幼兒可能會把一只狗和一只蘋果分在一起。當問幼兒為什麼要將這兩者分在一起時，幼兒可能回答道：「因為狗叫，並且你可以吃蘋果。」幼兒也可能僅僅宣稱：「我喜歡狗，我也喜歡蘋果。」后一種回答表明幼兒在此階段僅根據自己喜歡與不喜歡進行分類。

第二階段，知覺分類，即幼兒根據知覺特徵分類。大多數3~4歲幼兒都處於這一階段。例如，桌子和椅子分在一起是因為它們都有4條腿；大象和卡車分在一起是因為它們都很大；青蛙和樹分在一起是因為它們都是綠色的等。

第三階段，功能性分類或主題分類，即根據在時間和空間上共同發生或相互作用的人、物、事件以及實體之間的關係分類。例如，5~6歲幼兒能夠將生日蛋糕和生日蠟燭分為一類。這時幼兒認識到在一個類別內的物體雖然不同，但它們之間共享某種內部的相互關係。例如，幼兒將狗和骨頭分在一起是因為狗能吃骨頭，人和卡車分在一起是因為人能開卡車等。

第四階段，基於概念的分類。這主要為6~9歲兒童所採用，這時兒童的分類比較符合成人的分類標準，具有邏輯性，在一定程度上與科學的分類相似，能產生諸如動物、家具、衣服等類別；能夠將燕子、麻雀和飛機分在一起是因為它們都能飛。雖然幼兒時期也能出現基於概念的分類，但兒童在6~9歲這種分類才會

---

[1] 袁貴仁. 中國教師新百科——幼兒教育卷[M]. 北京：中國大百科全書出版社，2003.
[2] 李紅. 幼兒心理學[M]. 北京：人民教育出版社，2007.

得到快速發展。

(3) 幼兒的概念形成。概念是反應事物本質屬性的一種思維形式。幼兒時期的概念掌握大多數是從日常生活中所接觸到的具體事物而來。由於幼兒對概念的掌握帶有明顯的具體形象性，對事物本質屬性還缺乏概括的能力，因此他們經常會把事物的表面特徵與本質特徵混為一談。例如，對「鳥」這一概念，幼兒可能會認為所有會飛的動物都是鳥，鳥就是會飛的動物，而誤將蜜蜂、蝴蝶、蜻蜓都說成是鳥。另外，幼兒還無法清楚地掌握幾個同類概念之上更高一級的概念。例如，幼兒也可能不知道在「鳥」和「昆蟲」概念之上還有更高一級的概念，那就是「動物」。

幼兒的概念是在其感性經驗的基礎上形成的。這些感性經驗，通常來源於幼兒的生活環境，除家庭和幼兒園以外，還包括其平日耳聽、目視、手觸、鼻嗅到的具體事物和行為特徵。在日常生活中，幼兒還會聽到或見到人們用某一個詞或詞組來稱呼某些事物。單以「水果」一詞為例，一開始幼兒往往會認為「水果」是某一客觀存在的具體物體，但在反覆多次地吃過或接觸過蘋果、雪梨、香蕉、橙子以後，才會在大腦裡逐漸形成「水果」的概念，並由此懂得這些東西雖是能食用的果實，但並不是「水果」本身，「水果」一詞實際上是蘋果、雪梨、香蕉、橙子等果類的總稱。

幼兒最初掌握的大多是一些具體的實物概念。幼兒究竟先掌握哪些實物概念與幼兒是否經常接觸這些實物有關。幼兒可以先掌握貓、狗等概念，然後掌握動物等更抽象的概念，也可以先掌握花等較抽象的概念，然後掌握桃花、菊花、荷花等較具體的概念。研究者認為，幼兒概念的發展經歷了從強調特徵到強調限定性的轉變。例如，幼兒先認為叔叔是給禮物的某個人，后來認識到叔叔是爸爸的弟弟。然而這種轉化是不完全的，概念的發展依賴於具體知識內容的發展。

從總體上看，幼兒概念的內容還很貧乏，多是物體非本質的外部的屬性，掌握的概念以實物概念為主，抽象的概念很少，概念的內涵也不精確。幼兒概念包含的範圍有時過大，如認為桌子、椅子、蘿蔔都是能被使用的物體；有時幼兒概念包含的範圍又過小，如認為只有小孩才能稱為兒子等。

2. 幼兒的問題解決能力與思維策略的發展

問題解決能力在幼兒期經歷了重要的變化。研究者要求15~35個月的幼兒搭積木仿造一個成人的積木房子。平均年齡為17個月的幼兒沒有明顯的指向目標的

第五章 幼兒的思維與想像

行為,他們僅在那裡玩積木;大部分2歲的幼兒能夠確認目標並在那兒建造房子,這些幼兒也能根據他們建造的結果評價自己房子的好壞,85%的2歲幼兒至少需要重試一次才能完成任務。顯然,幼兒問題解決能力的發展依賴於幼兒的短時記憶的容量,需要幼兒記住目標,有時是幾個子目標,也需要記住達成目標的方法並選擇一個或幾個達成目標的方法,以監控問題解決的過程。

幼兒問題解決能力的發展很大程度上依賴於幼兒思維策略的發展,因為策略能使幼兒解決更複雜的問題。例如,有種簡單的策略叫爬山法,該策略只要求問題解決者從目前的狀態開始朝向預定目標進行推理,這種推理類似盤山小道,「登山者」的目標是每走一步都在山上爬得高一點,就算他或她不知道怎麼才能完全爬上山。有了爬山策略,所有的潛在目標及其解決方法不用在解題之初就必須確定下來。研究者發現4~6歲的幼兒能夠用爬山法來解決難題。幼兒更喜歡那些能把他們帶向目標的步驟,而拒絕那些看起來使他們遠離目標的步驟。

雖然大部分重要的思維策略是在學齡期獲得的,但幼兒也能自發產生一些策略。幼兒最早獲得的數學運算是加法,他們會用許多方式去執行這種簡單的計算。例如,讓幼兒計算「5+3=?」,幼兒通常有三種策略:數數,「1、2、3、4、5,停頓,6、7、8」;一種較有效的數數策略,「5,停頓,6、7、8」;更有效的策略是直接在記憶中提取,結果是「8」。幼兒在解決這一問題時,可以使用以上部分或全部策略。

幼兒思維策略的運用通常受到具體任務情景的限制。例如,年幼的幼兒只能將他們的數的知識應用於項目數較少(如2~4個)的集合,年長的幼兒則能將其應用到較大的集合。幼兒思維策略的發展也表現在幼兒最初在不適當的情景中使用某種策略,以后則能在恰當的情景使用這種策略。

幼兒思維策略發展的另一重要方面是幼兒制訂計劃能力的發展。計劃是指在行動之前預先擬訂具體行動的內容和步驟。幼兒在某些情況下也能在解決問題之前做計劃。研究者要求幼兒計劃到一個模型雜貨店裡找幾個特定的物品,實驗發現,大部分5歲的幼兒逐一在模型店中尋找,而年齡更大的明顯表現出計劃:幼兒先掃描整個模型店,估計要找的物品在什麼地方,然后直接到他們認為物品應在的地方尋找。

3. 幼兒推理能力的發展

推理是從一個或幾個已知判斷中得出一個新判斷的思維過程。人們在日常生

活中經常使用各種類型的推理來解決問題。

（1）轉導推理。兒童最初的推理是轉導推理，轉導推理是從一些特殊的事例到另一些特殊事例的推理。這種推理還不是邏輯推理，而屬於前概念的推理。例如，媽媽告訴孩子喝涼水肚子痛，於是孩子便往魚缸裡倒開水，並且說：「小魚喝涼水會肚子痛的。」轉導推理是從個別到個別的推理，其中沒有類的包涵，沒有類的層次關係，沒有可逆性。這一類型的推理在3~4歲幼兒身上是常見的。例如，一個小孩在動物園裡看到梅花鹿時問媽媽：「如果天天往它頭頂上澆水，那樹枝一定能長出樹葉來的，是吧？」4~5歲幼兒也還會出現這種推理，如一個孩子對爸爸說：「爸爸，我很喜歡天上的白雲，你摘一朵給我吧。」爸爸說：「天那麼高，叫我怎麼摘呀？」孩子說：「你站在梯子上摘呀。」爸爸說：「站在梯子上，也不行。」孩子嘟囔著說：「哼，還是爸爸呢，我長大當了爸爸，什麼都摘得到。」

（2）類比推理。類比推理是從特殊到特殊的推理，其通常的形式是：$A/B = C/D$。例如，狗/小狗＝貓/？，答案是小貓。類比推理通常需要應用前提之間的關係（小狗是狗的嬰兒）完成推理項目（小貓是貓的嬰兒）。

兒童類比推理能力的發展經歷了一個從簡單到複雜、從低級到高級、從膚淺到深刻的發展變化過程。1歲左右時，兒童的類比能力開始萌芽，10個月大的嬰兒已經可以參照父母解決問題的方式解決類似的后續問題。學齡前期，幼兒的類比推理能力漸趨複雜，但他們往往需要明顯的暗示才能引出類比。從年齡特點看，3歲幼兒還不會進行類比推理。4歲幼兒類比推理開始發展，但水平很低。他們會根據兩種事物之間外部的功用的或部分的特徵來進行初級形式的類比推理。例如，對「水果/蘋果，文具/？」的類比項目，多數4歲幼兒能夠正確選擇「鉛筆」來回答，但他的理由是看見文具圖片中也有一支鉛筆，認為「鉛筆跟鉛筆（文具中的）是一塊兒的」或「鉛筆也是寫字用的」，而不是基於對水果/蘋果是種屬關係的理解去類比鉛筆是文具的一種。因此4歲幼兒的類比推理還不能算是真正的類比推理，只能說是萌芽狀態。5~6歲幼兒大體上能理解兩種事物之間的關係，但仍然沒有達到較高水平。

（3）歸納推理。歸納推理是從特殊到一般，從少數到多數的推理。一般認為，幼兒的歸納推理是基於知覺相似性的。也有一些研究表明，幼兒通常是根據事物的名稱進行歸納推理。例如，在一項研究中，先向4歲的幼兒呈現一幅畫有一條熱帶魚的圖片，告訴幼兒這條魚在水底下呼吸，但海豚跳出水面呼吸。然後向幼

第五章　幼兒的思維與想像

兒呈現的第二幅圖是鯊魚，鯊魚在知覺特徵上像海豚但名稱為一條魚。實驗者問幼兒，鯊魚是在水下呼吸還是跳到水上呼吸。實驗結果顯示幼兒能根據事物的名稱進行推論。后來的實驗發現在3歲幼兒身上也發現了類似的結論。

（4）演繹推理。演繹推理是從一般到特殊的推理。三段論推理是一種典型的演繹推理，是從兩個前提推論出一個符合邏輯的結論的推理。例如，「魚是用鰓呼吸的，鯨魚不是用鰓呼吸，所以鯨魚不是魚。」

烏利彥柯娃（1958）的實驗證明，學前晚期（5~7歲）經過專門教學，能夠正確運用三段論式的邏輯推理。該研究結果指出，3~7歲兒童演繹推理的發展，大致要經過五個階段：第一階段，幼兒還不會運用任何一般規則，對於自己的結論不提供任何論據或僅提供一些偶然的論據；第二階段，幼兒運用了一般規則，並試圖論證自己的答案；第三階段，幼兒運用了一般原理，這種原理已能在某種程度上反應對象的本質特徵，但還不能完全做出正確的結論；第四階段，幼兒不說明一般原則，但能正確解決問題；第五階段，幼兒能正確解決問題，並對結論進行有效的說明。[1]

第二節　幼兒的想像

一、想像概述

（一）想像的概念

想像是人腦對已儲存的表象加工改造形成新形象的心理過程。想像的生理基礎是大腦皮質上已經形成的暫時聯繫進行新的結合。2歲左右大腦神經系統趨於成熟，這使得兒童在頭腦中可能會儲存較多的信息材料，所以，想像在1~2歲開始萌芽，主要是通過動作和語言表現出來，如兒童將凳子當成火車、汽車，邊「開車」，嘴裡還「滴滴……叭叭……」說個不停，非常投入地扮演司機的角色。

任何想像都不是憑空產生的，它是在人的實踐活動中，在已有形象的基礎上形成的。我們的大腦借助於綜合、誇張、擬人化、典型化等方式實現想像。例如，胡曉舟的繪畫作品（圖5-3《在月亮上蕩秋千》，1979年6歲作，在「我在2000年的生活」世界兒童繪畫比賽中獲一等獎）等，就是通過綜合、誇張、擬人等方

---

[1] 李紅. 幼兒心理學［M］. 北京：人民教育出版社，2007.

式創造出來的。無論想像如何新奇，都離不開人的思維活動。

圖 5-3 《在月亮上蕩秋千》

想像在人們的生活實踐中具有巨大的作用。首先，想像對認識具有補充作用。例如，當我們感知一幅墨跡圖，覺得模棱兩可時，想像可以填補感知內容的空白，我們通過想像將其看成各種不同的形象。其次，想像具有超前認識的作用。在日常生活中想像的超前認識作用屢見不鮮，如科學家關於火星的假說、史學家的預言等都具有超前認識的作用。最後，想像具有滿足需要的作用，如兒童的想像游戲、夢等，都可以滿足現實中不能獲得滿足的需要。凡屬人類的創造性勞動，無一不是想像的結晶，沒有想像，便沒有科學預見，沒有創造發明，沒有我們今天五彩斑斕的生活。

（二）想像的種類

根據產生想像時有無目的意圖，可將想像劃分為無意想像和有意想像。

1. 無意想像

無意想像指沒有特定目的、不自覺的想像，是最簡單的、初級的想像。例如，幼兒看見玩具聽診器，就想像自己是醫生，給洋娃娃看病。無意想像實際上是一種自由聯想，不要求意志努力，意識水平低，是幼兒想像的典型形式。而夢是無意想像的一種極端的表現，夢完全不受意識的支配，是人在睡眠狀態下的一種漫無目的、不由自主的奇異想像。

2. 有意想像

有意想像是帶有目的性、自覺性的想像。有意想像是需要培養的，在教育的影響下逐漸發展。有意想像分為再造想像、創造想像和幻想。

第五章 幼兒的思維與想像

（1）再造想像是根據言語的描述和圖樣的示意，在人腦中形成相應新形象的過程。再造想像對理解別人的經驗是十分必要的。幼兒期主要以再造想像為主，如幾個小朋友在一起拿著玩具鍋、鏟、勺子等「過家家」，用筆給娃娃「打針」等，整個遊戲過程就是以再造想像為線索。

（2）創造想像指的是在開創性活動中，人腦創造新形象的過程。創造想像的主要特點是它的形象不僅新穎而且是開創性的，如幼兒想像自己能夠播種太陽，這樣全世界就沒有寒冷的地方了。幼兒的再造想像和創造想像是密切相關的，再造想像的發展使幼兒累積了大量的形象，在此基礎上，逐漸出現創造想像的成分。

（3）幻想屬於創造想像的特殊形式，是一種指向未來並與個人願望相聯繫的想像，如兒童幻想將來成為一名航天員、航海家、醫生、科學家等。

二、幼兒想像的發展

幼兒期是想像最為活躍的時期，想像幾乎貫穿幼兒的各種活動，幼兒的思維、遊戲、繪畫、音樂、行動等都離不開想像，想像是幼兒行動的推動力，創造想像是幼兒創造性思維的典型表現。與嬰兒期相比，幼兒知識經驗累積得多，又掌握了數量較多的詞彙，分析與綜合能力也比之前發展了。他們在遊戲、學習等活動中，想像活動活躍地表現出來。但幼兒期兒童畢竟生活經驗較少，記憶表象不夠豐富，又受到思維水平限制，因而想像的內容和過程都有一定的局限性。具體表現為以下三個方面：

（一）無意想像占重要地位，有意想像初步發展

幼兒期兒童無意想像占重要地位，有意想像是在教育的影響下逐漸發展起來的。幼兒的無意想像主要有以下特點：

1. 想像的目的性不明確

幼兒想像的產生常是由外界刺激物直接引起，想像不指向於一定目的，僅以想像的過程為滿足。如3~4歲的幼兒看見小汽車或者是小凳子，就開著「車」當司機，嘴裡還「嘀嘀……車來了……下車了」說個不停。幼兒畫畫也是如此，如看見糖果就要畫糖果，其他的小朋友也跟著畫。

小班兒童事先無一定的想像目的，他們以想像過程為滿足。對有興趣的內容願意反覆進行想像。例如，畫圖畫時，在一張畫紙上，可以重複地畫著一個個物體的圖形，直到所有空白的地方都給畫上了才滿足。在聽故事時，有趣形象的情

節在腦中引起生動的想像，感到極大的愉快，於是儘管教師已經將故事講完，還要求再講，哪怕是重複地講同一內容也樂意聽。

2. 想像的主題不穩定

在正確的教育下，幼兒可以在想像之前先提出一定的目的，但他們往往不能為達到預定的目的而堅持行動，常常受外界因素的影響而改變主題。如在游戲中，幼兒正在當「老師」，忽然看見別的小朋友在給娃娃打針，他就跑去當「醫生」，加入打針的行列。在繪畫活動中表現得更明顯，一會兒畫人、一會兒畫樹、一會兒又去畫小蟲、小花等，當說他畫得不像樹時，他立刻說「這是火箭」，顯現出一串無系統的自由聯想。

3. 想像過程常常受情緒和興趣的影響

幼兒的情緒常常能夠引起某種想像過程或者改變想像的方向。例如，一個小朋友畫了一道彩虹，很高興，要求教師來看，恰好教師在指導別的小朋友作畫，沒有及時去看。這時，小朋友洋洋得意的情緒就受到了影響，很不高興。過了一會兒，等教師走到他跟前時，只見畫紙上五顏六色的彩虹已經被塗滿了黑色。當教師問他時，他冷冷地說：「彩虹不見了。」

有意想像在幼兒期開始萌芽，幼兒晚期有了比較明顯的表現。在大班幼兒的活動中出現了更多有目的、有主題的想像，但這種有意想像的水平還很低，並且受條件的左右。如在游戲狀態下，4歲左右的幼兒有意想像的水平較高，而在實驗條件下，想像的有意水平就很低。在教育的作用下，有意想像逐漸發展起來，並且逐漸占主導地位。

(二) 再造想像占主要地位，創造想像開始發展

在幼兒期，再造想像占主要地位，表現為想像在很大程度上具有複製性和模仿性。想像的內容基本上是重現一些生活中的經驗或作品中所描述的情節。例如，幼兒在「幼兒園游戲」中扮演的教師，常常是重現他班上教師的模樣。在「家庭游戲」中扮演父母，就是重現自己父母的舉止。小班兒童甚至在玩具和游戲材料的使用上都缺乏靈活性。例如，喂娃娃吃飯，必須有玩具小匙子；「洗手」得跑到自來水龍頭下，否則就認為不像。

到了中班、大班，儘管兒童仍以再造想像為主，但較之小班兒童想像的靈活性有所增加，他們可以不受具體實物的限制。例如，喂娃娃吃飯，有玩具小匙子固然可以使用，沒有小匙子時，他們會用冰棒棍、筆、長形積木，甚至徒手做喂

第五章　幼兒的思維與想像

飯的動作。「洗手」也不需要在水龍頭下，只要在洗手動作的前后假裝開關龍頭即可。

隨著幼兒言語的發展和抽象概括能力的提高，在幼兒的再造想像中，出現了一些創造性的因素。例如，教師要求兒童學畫一個人，他們往往還會在人的旁邊畫房子、花草、小狗等。

在幼兒期，創造想像開始出現。在游戲中，兒童想像的創造性成分表現得更加充分，不僅內容日益豐富，而且他們還能預見活動的進程。例如，游戲之前根據想像出來的情節商定游戲規則，分配角色；游戲中用想像來代替缺少的材料。幼兒晚期，兒童想像的創造性有更顯著的發展。此時，在正確教育引導下，幼兒不僅能夠想像離生活較遠的事物，對更遙遠的將來也很感興趣。這一點在幼兒的繪畫中有明顯反應。例如，幼兒能夠畫出「機器人種田」、「騎太陽能自行車上學」、「坐水、陸、空三用汽車旅遊」等繪畫作品。

(三) 想像容易同現實混淆

幼兒初期，兒童常常會把想像中的事物與現實中的事物混淆，不能清楚地把它們區分開來，因而會把童話故事當成真的，也會把自己臆想的事情、渴望的內容當成真的。這些就是想像同現實混淆的表現。此外，幼兒在參加游戲或欣賞文藝作品時，往往和扮演的角色一樣，身臨其境，或與劇中人物同興奮、共憂愁，產生同樣的情緒反應。這也是由於想像和現實混淆的緣故。這種現象在小班、中班兒童常常明顯表現出來。例如，小班兒童在做「喜羊羊與灰太狼」游戲時，當自己扮演的小羊被灰太狼抓住之后，會害怕得哇哇大哭起來。

大班兒童已累積了一定的經驗，認識能力也漸漸提高，能夠分清「真的」和「假的」、「想像的」和「真實的」。如「六一」兒童節，教師指導兒童演出童話故事，當「黑熊」一出場，小班兒童就神情緊張，有的甚至害怕得想離開座位；而大班兒童都很高興，知道這是假的，還會勸慰小班兒童：「這熊不是真的，是老師扮的。」

教師常常利用幼兒的這一特點，在組織小班幼兒的學習活動時，一方面使幼兒在想像中如同故事或游戲中的角色一樣活動，分享角色的樂趣，在輕松愉快的氣氛中來接受教育；另一方面盡量避免引起恐怖、害怕等情緒。尤其對年幼膽小的兒童，在有關的活動中，更要多加說明，使他們知道這些不是真實的，不要害怕。

● 幼兒心理發展

　　幼兒想像活躍，富於幻想，而且很大膽。有人從而推斷幼兒期是想像發展最快的時期，幼兒比成人更富於想像力，這是不確切的。因為想像的水平直接取決於表象的數量和質量以及分析與綜合能力的發展程度。幼兒的知識經驗和語言發展水平不及成人，他們表象的豐富性、準確性都較差，思維發展水平也遠不如成人，因此，幼兒想像的有意性、廣闊性、豐富性和創造性都不會超過成人。

心理櫥窗

奧地利的「想像幼兒園」[1]

　　在奧地利首都維也納，有所別具一格的幼兒園——「想像幼兒園」。顧名思義，這是一所以培養幼兒豐富的想像力為「特色」的幼兒園。

　　在「童話世界」教室裡，孩子們在教師的指導下，盡情張開想像的翅膀，把自己裝扮成美麗的白雪公主、可愛的灰姑娘、可憐的醜小鴨或凶惡的大灰狼……當然，僅僅當演員是不夠的，孩子們還需要常常「想像」出更有趣的童話故事、更多的童話人物或更美好的童話世界，努力使自己成為「小小安徒生」。

　　在「太空世界」教室裡，孩子們可駕駛模擬太空船遨遊浩瀚的宇宙，而在進行太空旅遊時，孩子們最重要的使命仍是想像：想像在地球以外的星球一定還有或可愛或凶殘的生命，然后再想像一下他們的外表、他們的語言、他們的嗜好，接著想像一下最好通過什麼方式與外星人溝通。

　　在另一些教室裡，家具和裝潢都十分樸素，一架老式的織布機，幾把鐮刀、鋤頭和鏟子立在一角，這些城市裡長大的孩子在此可以想像出農夫勞作的艱辛；破舊的搖籃裡，躺著幾只或斷腿缺臂、或表情呆板、或衣衫襤褸的布娃娃，正等待著孩子們為她們穿上新衣……當然，這同樣需要想像。在教師的啓發下，孩子們想像著200年前的人如何耕作、收穫、生活，繼而能理性地比較出現代生活方式的優點和缺點。

　　讓孩子們自己動手也是發展其想像力的好課堂。在手工間，孩子們使用特製的小型刨子、鋸子，切割著不同形狀的小木塊，並塗上顏料，最終制成一套積木；在縫紉間裡，孩子們（包括男童）也學著穿針引線，為玩具熊或洋娃娃縫製自行設計的新衣；在烹飪間裡，孩子們試著用最普通的瓜菜，做出美味的家常菜，並從中體會到一種勞動和為他人服務的快樂。與此同時，他們還想像自己已成了大

---

[1] 關燕. 奧地利的想像幼兒園 [J]. 課堂內外，2002 (2).

第五章 幼兒的思維與想像

人，在為自己的孩子或自己年邁的家長甚至需要幫助的陌生人操勞著⋯⋯於是，這些最簡單原始的勞作都被賦予了積極的社會意義，在孩子們幼小的心靈中注入了無私和奉獻的思想。

引人注目的是，這所幼兒園並不開設電腦課，甚至也不鼓勵孩子多看電視。幼兒園園長解釋說，電腦當然要學，但不是在幼兒期，而是學齡後，因為技術雖給人類帶來了方便，也容易使人產生惰性。他們希望通過種種努力使孩子獲取一種「平衡」或至少讓他們明白：動手動腦其樂無窮，科學技術無論如何發展，人們總需要從事許多極原始、極平凡的工作。

第三節　幼兒思維與想像的培養

一、幼兒思維能力的培養

（一）促進幼兒思維能力發展的原則

1. 瞭解幼兒的心理需要和發展水平

在被動的情況下，幼兒的思維可能是不活躍的。如果能瞭解幼兒的需要，就能更好地激發幼兒的學習熱情，培養幼兒愛學習的習慣，這對於幼兒的發展是相當重要的。此外，不同的幼兒在思維發展水平上存在一定差異，教師要充分注意幼兒思維水平的差異，設計適合幼兒不同思維水平的活動。

2. 在活動、操作中培養幼兒的思維

幼兒思維的最初表現是動作思維。例如，幼兒為了聽到一種新的聲音就要用一種玩具去撞擊另一種玩具。在3歲以前，幼兒的思維都帶有直觀動作性（行動），在這個年齡的幼兒特別渴望用直接動作解決他們面臨的問題。在此階段，可以利用幼兒的這一特點教幼兒學會如何利用工具，如勺子、叉子、剪刀等。幼兒在運用這些工具的同時，也逐漸學會利用工具解決問題。此外，幼兒利用工具還可以瞭解周圍許多東西的不同性能。例如，利用勺子，幼兒能瞭解不同液體的特性；利用剪刀，幼兒能瞭解不同材料的硬度和結實程度。

3. 充分利用語言和非語言方式培養幼兒的思維

幼兒的思維與語言的發展具有密切的關係。為了發展思維，重要的是讓幼兒自己找出解決問題的方法。但在解決問題之后，可以要求幼兒說一說解決問題的

方法。語言可以幫助幼兒表達解決問題的方法，使這種方法能夠被幼兒應用到許多類似的情景中。

採用圖形、圖畫等非語言方式也能促進幼兒思維的發展。物體的形象有兩個基本特徵。一個是同一物體可以有不同的形象。讓幼兒認識同一個人的不同站立姿勢、同一只鳥的不同飛行狀態等都能幫助幼兒認識同一物體的不同形象。另一個是結構的整體性。這一特徵要求幼兒既能將物體的重要特徵分離出來，也能將物體的重要特徵聯繫起來。例如，為了順利建造一個玩具小車的車庫，幼兒應在心中區分該項工程的主要特徵，即小車的長度、高度、寬度，然后選擇所需要的部件，設想工程的略圖等才能順利完成任務，否則就會犯許多錯誤。

4. 尊重幼兒的求知欲

在學前期，幼兒通常表現出強烈的求知欲。3~4歲的幼兒的問題通常是關於新鮮事物、現象及特點的名稱問題，如「這是什麼」、「這是誰」、「他在哪裡」、「叫什麼名字」等。求知欲會從某些事物的名稱、特點轉移到各種現象的關係和聯繫上來。4~5歲的幼兒不僅對某些物體發生興趣，而且對利用這些物體的動作、人與物的相互作用、原因和后果也開始發生興趣，幼兒的問題也由「是什麼」變成「為什麼」。在幼兒晚期，幼兒開始對周圍物體的綜合性能發生興趣。為了讓幼兒熟悉不同的實際領域，可以從幼兒熟悉的領域入手，提醒幼兒在思維中特別注意某些新的、他們還不熟悉的現象。例如，問幼兒：「花園裡有哪些花？」幼兒回答出一些，然后可以告訴幼兒一些他們不熟悉的花。

5. 尊重幼兒的探索和創造性

尊重幼兒的探索和創造性就是在探索過程和創造過程中不過分強調給幼兒一個唯一正確的標準答案。幼兒的經驗多是自己的生活體驗，每個幼兒的體驗不同、經驗不同，因而幼兒的探索活動和創造性活動會不同。過分強調單一的標準會抑制和束縛幼兒思維的發展。因此可以設計一些具有多種答案或方案的問題。例如，在玩沙、玩泥、玩水游戲中，可以讓幼兒自己進行探索和創造，也可以對同樣的玩具玩出多種形式，賦予它們多種內涵，讓幼兒得到更多的探索和創造的機會。

6. 組織多樣化的活動

幼兒的思維能力是在與客觀事物的相互作用過程中發展的，這一相互作用過程就是「活動」，活動是培養幼兒思維能力，特別是創造性思維的有效途徑。①表

第五章 幼兒的思維與想像

現活動。如聽音樂，根據曲調或節奏自然地翩翩起舞，表現自己對音樂的理解。②想像活動。如讓幼兒聽各種音響錄音，然后想像：「仿佛聽到了什麼」、「仿佛看到了什麼」，讓幼兒觀察雲、雨、雪、風等進行描述和想像。③構造活動。如給幼兒1個圓形、2個三角形，讓他們組成各種各樣有完整意義的畫面。④實驗活動。如設置自然角、科學桌、科學發現室，讓幼兒動手操作，探索事物間聯繫。⑤創編活動。如編謎語、編兒歌、編歌曲等。

(二) 促進幼兒思維能力發展的活動設計舉例

1. 按圖尋物游戲

活動目的：培養幼兒的表徵能力。

活動內容：先給幼兒看一件玩具，再將玩具藏起來。然后給兒童分發預先準備的卡片，上面用線條標出找玩具時必經的道路或必經的路標，如預先布置的積木、帽子等，讓幼兒按照圖片的指示來尋找隱藏的物體。在該游戲中，可以使任務的難度不同，以便適合不同思維水平的幼兒。

活動小結：對幼兒表徵能力的培養應遵循從具體到抽象、從簡單到複雜、由近及遠的原則。可以提供機會讓幼兒把模型、照片、圖片與真實的場景及事物聯繫起來。這種經驗將增加幼兒對日常生活表徵物的認識，並為以后學習更複雜的表徵物打下基礎。

2. 按要求取放物體

活動目的：幫助幼兒從多個角度認識物體，促進幼兒分類能力的發展。

活動內容：在幼兒活動區把相同或相似的物品集中擺放，擺放物品的地方可以貼上用圖片、照片或輪廓圖等制成的標籤，標籤最好代表一大類，如餐具、玩具、家具等。在幼兒的活動區既提供成對或成套的相同材料，如成對、成雙的卡車、橡皮人等，也提供成對或成套在某方面不同、其餘均相似的材料，如僅顏色不同的卡車、僅重量不同的積木等，還應提供某幾個方面不同、其餘幾個方面相同的物品，如大小、形狀相同，重量、顏色不同的積木，形狀、顏色相同而孔數、大小不同的紐扣等。活動是讓幼兒自己根據標籤取出和放回物品。在日常的整理打掃時間，教師可以注意幼兒是怎樣擺放物品的。如果幼兒兩次用同一種方式擺放物品，教師可以問幼兒是否還有別的擺放方式。如果不同，教師可以指出並支持這種區別。

活動小結：為了培養幼兒的分類能力，教師首先讓幼兒充分瞭解物體的特徵。例如，可以要求幼兒回答「這個物體有哪幾個部分」、「你可以在什麼地方找到另一個」等問題。在活動中，教師要注意引導幼兒描述他們所操作的物體什麼地方相同，什麼地方不同。例如，可以讓幼兒描述給定的兩幅圖的相同點和不同點，可以給幼兒提供相同或相似的材料讓幼兒進行區分。由於大多數幼兒難以同時注意物體一個以上的特徵。教師在與幼兒的交談中要注意用不同的方式描述和使用物品。

3. 折疊游戲

活動目的：促進幼兒數概念的發展。

活動內容：折疊游戲可以在慶祝幼兒生日的時候進行，這將給幼兒提供確認自己年齡的具體經驗。拿一張普通的紙，在它的上面畫幾個相同的蛋糕，蛋糕在紙上可以任意排列。每個蛋糕上畫的蠟燭和圓點是不同的，蛋糕上圓點的數目與蠟燭的數目是一樣的，每個蛋糕上寫著與蠟燭數相匹配的數字。然后用卡片畫出單個蛋糕，分別與大紙片的圖案相對應。在游戲時讓幼兒將卡片上的圖案與大紙片上的圖案相匹配。

活動小結：幼兒獲得的基本數學概念之一是一一對應。給幼兒4個硬幣，讓他分別往4個杯子各放一個硬幣，這表明了一一對應。在幼兒園，值日生為每一個小朋友發1個杯子、1塊餅干，這類活動將會有助於形成一一對應的概念，教師應幫助和鼓勵幼兒從事這種活動。在幼兒的活動區，要給幼兒提供可數的東西，如珠子、積木、紐扣等，也可以提供一些連續的材料，如沙子、水等，讓幼兒有機會比較不可數的材料和可數的材料。當然，還可以組織其他的培養幼兒數學能力的活動，例如，讓幼兒說出爸媽的電話號碼，測量他們的身高，讓幼兒數一數班上小朋友的數量，讓幼兒拿東西（如拿5枝彩筆、3瓶膠水等）。

4. 建造游戲

活動目的：培養幼兒制訂計劃的能力。

活動內容：建造游戲的材料很豐富，例如，可以讓幼兒玩沙子、玩泥、搭積木等。在游戲之前，教師可以問幼兒：「小朋友，你今天準備幹什麼？」「小朋友，你準備用積木搭什麼？」教師幫助幼兒制訂計劃並不是干涉幼兒的選擇，而且幫助幼兒學會確定自己的選擇。在活動中，幼兒可以自由建造。幼兒建造好了之後，

第五章 幼兒的思維與想像

教師可以誇獎小朋友的產品很漂亮或很堅固。

活動小結：制訂並執行計劃能使教師和幼兒都能發揮主動性和創造性。教師需要弄清並尊重幼兒的計劃。幼兒表達計劃有多種方式。有的幼兒用手指出他們想從事的活動，這時需要教師用語言支持幼兒的活動。當幼兒的計劃不可能完成時，教師應在不改變幼兒的總體計劃的前提下僅修改計劃中不能實現的部分。為了培養幼兒制訂計劃的能力，教師可以把制訂計劃的過程分解成具體的步驟來幫助幼兒逐步掌握。對幼兒選擇的尊重和接受是幫助幼兒制訂計劃的關鍵。

5. 玩水

活動目的：培養幼兒解決問題的能力和探索精神。

活動內容：在戶內或戶外放一大盆水，讓幼兒在水中添加材料，如小船、軟木塞、海綿、石塊、鑰匙等，讓幼兒觀察哪些材料會浮在水上，哪些材料會沉入水中。問幼兒為什麼他們會認為一些東西會浮在水上，其他的東西會沉到水底？當向水中加入糖、鹽或沙子時，那些原來沉在水底的或浮在水上的物體有哪些變化？

活動小結：幼兒的問題解決能力受幼兒已有知識的影響，增加幼兒的知識能提高幼兒解決問題能力。為了培養幼兒的學習興趣，可以鼓勵幼兒提出「如果……那麼將會發生什麼」這類問題。當然，幼兒並不總是能進行分析、形成假設以及進行推論和演繹，教師需要圍繞幼兒目前的思維方式設計問題，給幼兒提供經驗以促進幼兒思維的發展。

二、幼兒想像的培養

（一）幼兒有意想像的培養

幼兒的想像常常沒有預定的目的，主要是無意想像。在無意想像發展過程中，經老師不斷指導、培養，幼兒想像的有意性才逐漸增長，有意想像才逐漸發展起來。為發展幼兒的有意想像，教師應該做到：

1. 為幼兒準備有關某個主題的各種玩具和材料，使幼兒想像的方向逐漸能穩定在一定主題上

幼兒在做「醫院游戲」時，為幼兒提供「醫院」的各種玩具和材料，他們可能一會兒拿起「聽診器」當醫生，給人看病；一會兒又拿起「針管」當護士，給

人打針；一會兒又放下針管，去「掛號室」給人掛號，想像的具體對象時有變化，但其想像的總方向卻是固定的，都圍繞著「醫院」而進行。這樣，經過反覆練習，幼兒逐漸就能懂得想像應該圍繞一定的主題進行，並且在熟悉的主題範圍內，自己能夠主動地按主題開展想像，使想像方向逐漸得到穩定。

2. 直接向幼兒提出一定的想像主題，要求他們圍繞主題進行有意想像

一開始，要求幼兒想像的主題應該簡單一些，例如，在黑板上畫一個圓形，讓幼兒想像它像什麼；讓幼兒聽一個簡短的曲子，讓他們說說聽到了些什麼。以後，要求可逐漸提高，如要求幼兒按主題畫畫，按主題建築，按主題編故事或編故事結尾等，使幼兒逐漸習慣於在想像之前有一個明確的預定目的，然後根據這個預定目的去開展想像。

3. 培養幼兒自己確定想像主題的能力，進一步促進其有意想像的發展

在小班後期，老師就可以要求和鼓勵幼兒開始嘗試在某些活動中獨立地為自己確定想像主題。例如，在繪畫時，要求幼兒想好了主題再開始畫畫等。當幼兒到了中、大班後，可以進一步要求幼兒不僅要明確提出想像主題，而且要計劃好想像的步驟和方法。在遊戲前，引導幼兒先商議玩什麼主題，再研究設哪些角色、定哪些規則等，經常這樣做，就會促使幼兒的想像越來越服從於一定的目的，形成初步的、主動自覺的想像能力。

出謀劃策

父母如何培養幼兒的想像力[1]

1. 打電話

父母帶小孩坐車外出時，可以假裝互相打電話，發出電話鈴聲，當他應答時，問他窗外看到了什麼、目的地是哪裡，如「你在商店裡幹什麼？你喜歡去商店嗎？」

2. 捏橡皮泥

父母可以給孩子提供足夠的橡皮泥，教孩子揉、壓、卷、捏等動作，接著塑造各種人和物的形象，家長可適當給予指導。孩子剛開始學時，可先做些簡單的

---

[1] 怎樣培養幼兒的想像力［EB/OL］. http://jingyan.baidu.com/article/37bce2becc0de61003f3a266.html.

第五章　幼兒的思維與想像

造型，如麵條、筷子、皮球、餅干等，等孩子再大些，可教他們學做胡蘿卜、麻花、餃子、茶碗、糖葫蘆、小兔子、小鴨子、蘋果、柿子、飛機、坦克等複雜的造型。

3. 堆雪人

在冬季寒冷的北方地區，雪天可玩雪塑，讓孩子用雪堆塑成各種形象，如雪人、雪山、雪屋、雪船等。雪塑的形象既可以是模擬的現實事物，也可以是想像的未來事物或童話世界中的人和物。

4. 折紙

折紙是一種很富有創造性的活動，可以鍛煉手的技能。折紙需要的材料極其簡單：廢舊紙張和剪刀。教會孩子對邊折、對角折、四角向中心折、連續幾次向中心折、雙正方形折、雙三角形折等，並在此基礎上折成各種玩意兒。小一些的孩子可折錢包、房子、船、飛機，再大一些可學折青蛙、鴨子、金魚、手槍、褲子、書包等。

5. 拼貼畫

讓孩子把一些零散的東西，如細繩、毛線、小塑料片、彩紙片、煙盒紙、包裝紙、羽毛、樹葉、貝殼等粘在紙上，不能用糨糊粘的也可用膠帶粘。任孩子按自己的想像去創造，怎麼擺都行，最后構成一幅圖畫。

6. 想像字母

在紙上寫下一些字母並運用字母的外形創造其他事物。將大寫的「M」當成駱駝，將大寫的「B」當成蝴蝶的半邊翅膀。讓孩子自由地想像和創造。這個游戲鍛煉字母辨認與記憶技能，激發幼兒的想像。

7. 木偶

根據孩子最喜歡的書中角色做一個彩色木偶。先在木棍上畫出臉蛋，加些纖維當成頭髮和衣服。下一次與孩子一起閱讀時，讓孩子利用木偶扮演其中一個角色。游戲結束后，將木偶放在孩子夠不到的地方。

8. 蘋果裡的星星

吃蘋果時，切開果芯，看一下裡面的種子是如何排列的。問孩子這像什麼形狀？一朵花？一顆星星？然后，將所有的種子從果芯中拿出，數一下共幾個。畫一個蘋果，讓孩子將種子粘到蘋果中心。

9. 製作玩具

游戲離不開玩具，給孩子的玩具並不在於它價格是否昂貴，重要的是看它能否滿足孩子想像力發展的需要。所以有時利用廢舊物品和孩子一塊製作玩具，往往收到意想不到的好效果，製作過程就是激發孩子想像的絕佳時機。

(二) 培養幼兒想像的創造性

幼兒想像中的創造性較少，主要是再造想像。從兒童心理的發展來看，再造想像是較低級的想像，創造想像才是較高級的想像，並與創造性思維有密切的聯繫，是進行創造性活動所必需的。那麼，老師應該怎樣培養幼兒的想像力，使其更具有創造性呢？

1. 激發幼兒的好奇心，使想像始終保持活躍狀態

好奇心是對新異事物進行探究的一種心理傾向。幼兒剛接觸社會，世界對他們來講都是新鮮有趣、具有吸引力的，好奇是幼兒心理的一個特點。他們什麼都要看看，什麼都要摸摸，什麼都要問問，什麼都想跟著學。教師和家長對此要加以重視。

首先，教師和家長必須保護幼兒這一積極的探索願望，支持他們因好奇而提出問題。對他們提的問題不能置之不理，更不能因嫌麻煩而責怪孩子嘮唆。要耐心、滿腔熱情地給予回答，而且應根據幼兒的接受能力，給予恰當的、正確的回答。切忌把幼兒可貴的求知欲扼殺在萌芽狀態。此外，對他們觀看和操作物體的舉動，不要怕礙事，不要怕弄壞東西或受傷而粗暴地制止，要盡量提供方便，使其求知欲得到滿足。

其次，幼兒的好奇心往往缺乏明確的目的性，成人要善於對幼兒的好奇心進行引導，把孩子的好奇心引向應該注意的對象上去，如自然界的變化、動植物的生長、物體的構造等。

最後，為幼兒提供能引起觀察和探求行為的情景，並引導他們自己去發現問題、尋求答案。如在活動室內布置自然角，園內開闢生物園地或帶領幼兒到戶外散步，組織參觀訪問活動等，並經常向孩子提出些難度適中而具有啟發性的問題，使幼兒不僅保持對周圍世界的好奇心和探索願望，而且培養和訓練幼兒探求知識的態度和方法。

第五章　幼兒的思維與想像

2. 充分給予幼兒想像的自由，培養他們敢想、多想的創新精神

觀察和實驗都表明，一個唯唯諾諾、頭腦呆板、不敢想、不敢干，只會機械模仿，在一定框框內思想行動的孩子是很難有所創造，有所作為的。只有那些敢想、多想、敢別出心裁、敢與人不同的孩子，長大后才能有所創造，有所成就。因此，我們在日常生活，各科教學和各項活動當中，都必須注意給予幼兒充分想像的自由，鼓勵幼兒積極動腦，自由暢想，並且當幼兒的想像一旦表現出了新穎性、獨創性時，就給予鼓勵、表揚。例如，教小朋友畫一只鴨子在水池裡游泳的畫，有一個幼兒卻畫了兩只鴨子在池邊草地上游玩。他天真地說：「一只小鴨子不好玩，兩只小鴨子在一塊玩，才有勁。它們遊完了，要在草地上做游戲了。」這說明幼兒有創造性，應該受到稱讚。如若我們能這樣隨時給幼兒以想像的充分自由，鼓勵他們想像得不同尋常、別出心裁，那麼就能逐漸培養出幼兒敢想、多想的創新精神，這對於發展幼兒想像的創造性是極有好處的。

3. 為幼兒提供馳騁想像的具體機會、條件，實際鍛煉幼兒的創造性想像能力

在上圖畫課時，老師可以只示範物體（如狗、魚）的基本外形和基本畫法，至於狗、魚的外形變化，各種活動，姿態，則留給幼兒自己去想、去畫；在上語言課時，講故事講到關鍵、曲折之處，可以戛然而止，讓幼兒去想像故事將如何發展；在游戲時，可以由幼兒自己商議主題，選擇角色，確定使用的玩具等。通過上述種種做法，會使幼兒的創造想像能力得到鍛煉，使其想像的創造性得到發展。

4. 教給幼兒表達想像形象的技能技巧

幼兒有了豐富的想像，但如果不具有相應的表達想像形象的技能技巧，新形象只能停留在頭腦中，而不能轉化為實實在在的東西，這勢必會影響到幼兒的自由想像，妨礙幼兒想像力、創造力的發展。因此，讓幼兒掌握一定的技能技巧，也是發展幼兒想像力所不可缺少的。幼兒表達形象的技能技巧是多方面的，包括繪畫技能、音樂表演技能、建築結構技能、進行創造性游戲的技能等，這些都應教給幼兒，並讓幼兒掌握，以使幼兒的想像不至於受表現能力的限制。

（三）豐富幼兒想像的內容

知識、經驗是想像的源泉和基礎。幼兒的想像內容是否豐富，決定於幼兒的知識經驗的豐富程度。有人曾對城區和郊區兩個幼兒園的幼兒進行過想像力測查，

結果發現：在繪畫內容上，家住市區的幼兒，畫的多是高樓大廈、汽車；家住郊區的幼兒，畫的多是小河流水、養雞場。

要想使幼兒想像豐富，老師就必須想方設法，通過各種途徑，努力擴展，充實幼兒的知識，使幼兒大腦中貯存更豐富的表象。例如，帶幼兒參觀遊覽當地名勝古跡、公園、動物園、博物館，並講述與之有關的傳說、故事、人物等；給幼兒看適宜的電視、電影、畫冊等；假期帶幼兒遠足旅行，讓幼兒認識祖國的名山大川、城市農村，接觸大自然和社會生活；讓幼兒多看、多聽一些童話、神話、科學幻想故事等。此外，讓幼兒多做游戲，多畫寫生畫，也是豐富幼兒想像的途徑。總之，要讓幼兒多看、多聽、多走、多想、多接觸周圍世界，擴大視野，豐富表象儲備，為幼兒想像力的豐富和發展，提供厚實的基礎。

◉ 要點回顧

1. 思維是借助語言、表象或動作實現的、對客觀事物概括的和間接的認識，它能揭示事物的本質特徵和內部聯繫。概括性和間接性是思維最重要的特徵。

2. 幼兒早期的思維以直覺行動思維為主，幼兒中期的思維以具體形象思維為主，幼兒末期抽象邏輯思維開始萌芽。具體形象思維是幼兒期典型的思維方式。幼兒思維發展的特點包括泛靈論、自我中心主義、思維的不可逆性等。

3. 表徵是應用語詞、藝術形式或其他物體作為某一事物的象徵或代替物。3~4歲幼兒的表徵主要是「模仿再現」，4~5歲幼兒的表徵開始「關注細節」，5~6歲幼兒的表徵逐步「走向合理」。

4. 3~4歲幼兒大多能根據知覺特徵進行物體分類，5~6歲幼兒能夠根據在時間和空間上共同發生或相互作用的人、物、事件以及實體之間的關係分類。

5. 幼兒概念的內容還很貧乏，多是物體非本質的外部的屬性，掌握的概念以實物概念為主，抽象的概念很少，概念的內涵也不精確。

6. 兒童最初的推理是轉導推理，也能進行簡單的類比推理、歸納推理和演繹推理。

7. 想像是人腦對已儲存的表象加工改造形成新形象的心理過程，包括無意想像和有意想像。

第五章 幼兒的思維與想像

8. 幼兒的無意想像占重要地位,有意想像初步發展;再造想像占主要地位,創造想像開始發展;想像容易同現實混淆。

9. 要培養幼兒的思維能力,需要瞭解幼兒的心理需要和發展水平,在活動、操作中培養幼兒的思維,充分利用語言和非語言方式培養幼兒的思維,尊重幼兒的求知欲、幼兒的探索和創造性,並組織多樣化的活動。

10. 培養幼兒的想像力,可以從培養幼兒的有意想像、培養幼兒想像的創造性、豐富幼兒想像的內容等方面著手。

● 問題討論

1. 案例分析:小明3歲3個月了,十分活潑可愛,父母很喜歡他。可令父母不解的是:小明無論做什麼事情之前都不愛多思考。例如,玩插塑時,讓他想好了再去插,而他卻是拿起插塑就開始隨便地插,插出什麼樣,就說插的是什麼。在繪畫或要解決別的問題時也是這樣。父母認為這樣不好,便總是要求孩子想好了再去行動,可小明卻常常做不到。小明父母時常為此而煩惱。試問小明父母的態度和行動對嗎?請從兒童思維發展的角度分析小明的這一類行為,並為小明的父母提出科學的教育建議。

2. 試舉例說明幼兒想像的特點,以及如何提高幼兒的想像力?

● 老師推薦

書籍推薦:

納特布朗. 讀懂幼兒的思維——幼兒的學習及幼兒教育的作用 [M]. 劉焱,劉麗湘,譯. 北京:北京師範大學出版社,2010

江萍. 幼兒園想像畫教學實例 [M]. 上海:華東師範大學出版社,2012.

幼兒心理發展

● 網絡資源

「東方之星思維訓練館」網站（http://www.o-star.com.cn/）由北京東方之星幼兒教育科技有限公司創辦。北京東方之星幼兒教育科技有限公司是中國最早也是目前規模最大的兒童思維教育機構，1995年至今，該公司始終專注於中國兒童思維教育的研究和實踐。其研發團隊在兒童思維發展和教育領域進行持續深入的研究，並在思維游戲開發、幼兒園思維游戲課程開發等領域取得了重要研究成果。該公司所開發的「東方之星幼兒園思維游戲課程」是一個專項培養幼兒思維能力的課程，它既可以作為幼兒園本課程體系中的一個組成部分，也可以成為幼兒園教育特色的亮點。

// # 第六章
幼兒的言語

● 本章要點

第一節　幼兒的言語
- ✓ 言語概述
- ✓ 幼兒言語的發展
- ✓ 幼兒言語獲得的理論

第二節　幼兒言語的訓練
- ✓ 培養幼兒言語能力的原則
- ✓ 傾聽能力的培養
- ✓ 對話能力的培養
- ✓ 講述能力的培養
- ✓ 初步的閱讀能力的培養

　　點點今年3歲了，最近媽媽發現點點經常「自言自語」。比如點點每天刷牙時，他一邊刷牙一邊念兒歌：「手拿花花杯，喝口清清水，咕嚕咕嚕吐出水。」點點在畫畫、做游戲時，也常常自說自話，如「先畫個太陽，再畫一朵花，再畫兩只蝴蝶……」，「不對，這裡畫錯了，把它擦掉……對了，好看了……」媽媽覺得很奇怪，點點到底在跟誰說話呢？媽媽也很困惑，當點點自言自語時，自己要不要打斷他呢？其實，這是幼兒在進行「出聲的思考」，最好不要打擾。成人大多數時候是借助不出聲的內部語言進行思考的，但在面對複雜而困難的任務時，往往

也會像幼兒那樣自言自語。幼兒喜歡自言自語，也是通過反饋，達到自我練習語言的目的。

語言是人類最重要的交際工具，幼兒期正處於言語能力發展的最佳時期。幼兒言語早期獲得的狀況不僅是幼兒早期思維發展的一個重要標誌，也是社會性適應能力及交往能力發展程度的重要體現，而且對其一生的心理發展有著深遠而重大的影響。瞭解幼兒言語發展的特點，培養幼兒言語能力，有利於幼兒思維能力及問題解決能力的提高，對幼兒未來的心理發展具有重要作用。

第一節　幼兒的言語

一、言語概述

（一）言語及分類

1. 語言和言語

皮亞杰認為語言是我們最靈活的心理表徵方式，它幫助我們交流思想、表達情感，也是我們進行思維的重要工具。因為有了語言，這個世界才變得文明又多彩。語言存在於人們的言語活動中。人們使用語言進行交際的過程就是言語。使用著一定語言的人，他說話、聽話、閱讀、寫作等活動，就是作為交際過程的言語。[1]

語言和言語是有區別的。語言是工具（交際、思維的工具），言語則是對這種工具的運用。語言是社會現象，具有較大的穩定性；言語是心理物理現象，具有個體性和多邊性。研究語言的科學是語言學，而言語活動則是心理學的研究對象，但它們又是密切聯繫的。離開語言這種工具，人就無法表達自己的思想或意見，也就無法進行交際活動；語言也離不開言語，因為任何一種語言都必須通過人們的言語活動才能發揮其交際工具的作用。

2. 幼兒言語的分類

（1）外部言語。外部言語包括對話言語、獨白言語、初步的書面言語。

①對話言語。3歲以前的幼兒與成人的交際主要是對話形式。他們的對話言

---

[1] 李紅. 幼兒心理學 [M]. 北京：人民教育出版社，2007.

第六章 幼兒的言語

語僅限於向成人打招呼、請求或簡單地回答成人的問題。往往是成人逐句引導，他們逐句回答，有時他們也向成人提出為什麼。

②獨白言語。到了學前期，隨著獨立性的發展，幼兒在離開成人進行各種活動（如各種游戲）中獲得了自己的經驗和體會，在與成人的交際過程中也逐步運用報導、陳述等獨白言語。幼兒期獨白言語的發展還是很初步的，最初由於詞彙不夠豐富，表達會顯得不夠流暢，敘述時常會用「這個……這個……」或「后來……后來……」。在正確教育下，一般到6~7歲時，幼兒就能較清楚地、有聲有色地描述看過或聽過的事件或故事了。

③初步的書面言語。幼兒的書面言語指讀和寫，基本單位是字，由字組成詞、句及文章。書面言語包括認字、寫字、閱讀、寫作。其中認字和閱讀屬於接受性的，寫字和寫作屬於表達性的。幼兒書面言語的產生如同口頭言語一樣，是從接受性的語言開始，即先會認字，后會寫字；先會閱讀，后會寫作。

（2）過渡言語。在外部言語向內部言語的發展中，有一種介乎外部言語和內部言語之間的言語形式，我們稱之為過渡言語，即出聲的自言自語。它體現了幼兒言語的發展所經歷的由外到內的過程。皮亞杰把它稱之為「自我中心語」。幼兒的自我中心語是其自我中心思維的表現。維果斯基則認為，兒童的自言自語是朝向自己的言語，應該稱為「私人言語」，而不是「自我中心語」。這種言語形式是形式上的外部言語和功能上的內部言語的結合，是從社會化言語向個人的內部言語過渡的必要階段和中心環節。

（3）內部言語。內部言語是一種特殊的言語形式。

①內部言語是對自己的言語。外部言語是為了和別人交往而發生的，內部言語則不執行交際功能，它是為自己用的言語，因而一般來說，它比外部言語簡略，常常是不完整的。

②內部言語突出了自覺的分析綜合和自我調節功能，與思維具有不可分的聯繫。人們不出聲的思考往往就是利用內部言語來進行的。

（二）言語的發生

從呱呱墜地的那一刻起，嬰兒便開始了對語言的準備，直到1歲左右，他們產生第一個能被理解的詞，這一準備期即前言語期。處於前言語期的嬰兒主要進行兩方面的準備。

1. 語音發生的準備

(1) 從反射性發聲到咿呀學語。在最初的 6 星期內，嬰兒通過哭叫、打噴嚏和咳嗽等展示著自己的發音天分。這一階段的嬰兒處於反射發音階段。2~4 個月時，他們開始「嘰嘰咕咕」地發音了，並且出現了持久的笑聲和咯咯的笑聲，這些聲音反應了他們的舒適狀態。4 個月左右時，嬰兒的發音系統的形狀和結構已經成熟，在隨後的 2 個月裡，嬰兒開始了咿呀學語，他們會把輔音和元音結合起來並連續發出，比如把輔音 b 和元音 a 結合起來，形成 ba-ba-ba、ma-ma-ma 的重複多音節的發音，類似於「爸」、「媽」等單音節語音。他們還會使用變化的咿呀語。起初，重複的咿呀語占優勢，到 12 個月左右，變化的咿呀語出現得更多。到了 10 個月以上，嬰兒的咿呀語逐漸與有意義言語的早期階段重疊，他們發出的聲音和音節串帶有豐富的重音變化和音調模式。

(2) 語音的敏感性。許多人或許會認為嬰兒完全生活在自己的世界裡，他們只忙著自己如何吃飽、如何睡好，對外面的世界沒有感覺，其實不然。有研究表明，嬰兒對言語刺激具有敏感性。不到 10 天的新生兒就能區別語音和其他聲音，並有不同的反應。例如，原先已停止吸奶的嬰兒，在聽到一段語音後又開始用力吸，並且吸吮速率大大增加，而對非言語的樂音則增加不多。他們對母親的聲音特別偏愛，尤其對語速緩慢、語調高度誇張的話語形式感興趣，如媽媽語。事實上，成人在與嬰兒交流時，他們也刻意放慢速度，盡量講得「簡單」些，不然「交流」是無法進行的。

嬰兒對言語的敏感性還表現在他們具有語音的範疇知覺能力，即對屬於不同音位還是同一音位範疇的兩個聲音具有辨別能力。有研究表明，1 個月的嬰兒能夠在吸吮速率上表現出對 b、p 兩個輔音的辨別能力。這是一種對嬰兒言語理解有重要作用的能力。

2. 前言語的交流

嬰兒在開口說話之前，已經習得了一些交流的技能。他們能夠通過哭叫、用手指向或僅僅注視某個感興趣的對象等引起並引導他人的注意，以此來傳遞信息，其中手勢是一種重要的交流方式。如果說嬰兒早期的手勢只是為了引起成人的注意或表達某些願望或請求的話，那麼 11 個月左右的嬰兒的手勢開始具有了特定的交流含義。他們會舉起某個物體，讓成人觀看，或把物體給成人，以獲得成人的讚同或評論；他們還會用手勢將成人的注意力引向某一對象，同時產生某種發音，

第六章 幼兒的言語

並交替註視成人和對象。

父母在嬰兒前言語交流經驗的累積中扮演著重要的角色。在最初的5~6個月裡，父母常常用孩子氣的話語與嬰兒進行「對話」，對他們的反應（如微笑、發出咕咕聲）進行回應。6個月以后，父母提高了要求，他們把自己的話語變得更為複雜，更接近於成人語言，對嬰兒的反應也有了更高的要求，曾經只需要打一個嗝或發出咕咕聲就足夠，現在則可能要求咿呀語或甚至一個詞。這時候，成人與嬰兒的互動開始關注周邊的環境，成人的言語也更多地提到了周邊的客體。

二、幼兒言語的發展

（一）語音的發展

隨著發音器官的成熟、言語知覺（言語聽覺、言語動覺）的精確化，幼兒的發音能力迅速發展，特別是3~4歲期間發展最為迅速。由於他們已能分辨外界差別微小的語音，已能支配自己的發音器官，一般來說，他們已能初步掌握本民族、本地區語言的全部語音，甚至可以掌握任何民族語言的語音。但在實際說話時，幼兒對於有些語音往往不能正確發出。[1] 中國心理學研究者劉兆吉和史慧中曾先后對中國3~6歲幼兒聲母和韻母的發音進行了研究，得出結論，即幼兒語音發展有以下特點：

1. 幼兒發音的正確率與年齡的增長成正比

有兩種原因可以解釋這一特點。一種原因是生理因素。隨著幼兒發音器官的進一步成熟，語音聽覺系統以及大腦機能的發展，幼兒的發音能力迅速增強。另一種原因是詞彙的累積。現在不少心理學家認為，在語言發展的早期，幼兒是通過學習詞彙而不是個別、孤立的單音來學習語音的，他們必須掌握相當數量的主動詞彙后才建立他的語音系統。如果這一觀點成立的話，那麼幼兒期急速增加的大量詞彙對其語音的發展是大有幫助的。

此外，幼兒語音的正確率與所處的社會環境有關。在跟隨成人及時發音時幼兒對不少音素的發音是正確的，然而當他們獨自背誦學會的材料時，不少原來能正確發音的音卻又變得不正確了。在同一方言地區，城鄉幼兒發音的正確率有較大差異，這說明環境中的其他因素如教育條件、家庭環境等也會影響幼兒正確發音。

---

[1] 丁祖蔭. 幼兒心理學 [M]. 北京：人民教育出版社，2006.

2. 語音發展的飛躍期為3~4歲

幼兒的發音水平在3~4歲時進步最為明顯，在正確教育條件下，他們幾乎可以學會世界各民族語言的任何發音。此后發音就趨於穩定，趨向於方言話，在學習其他方言或外國語時，常會受到方言的影響而產生發音困難。

心理櫥窗

語言關鍵期

一位19歲的墨西哥男孩，由於先天的疾病，生來喪失聽力。他在家裡與語言正常的父母用手勢語進行交流，15歲那年安裝了助聽器，使得他能夠聽到他人的談話。之後他在家裡開始學習西班牙語。科學家對這位男孩進行了語言產生和語言理解兩方面的測試。結果發現，在使用助聽器的34個月後，他口語發音仍有很大的困難。當要求他描繪一個熟悉的卡通片時，他只能說出一個詞——Cat（貓），能寫出一些簡單的詞彙。在使用助聽器的48個月后，他的交流仍然主要依靠手勢語，不能單獨使用口語，而且說出口語的平均長度少於2個詞。在語言理解方面，科學家對他使用助聽器8個月、12個月、16個月、20個月、24個月、34個月後分別進行閱讀理解的測驗。結果發現，在使用助聽器34個月後，他在連詞理解、動詞時態運用、理解Before/After句型中的時間關係、理解Some/One/All的含義以及理解簡單否定句含義等方面都存在很大的困難，而且這些測驗成績與使用助聽器8個月時的測驗成績相比，無顯著性差異。這說明經過兩年的學習，他並沒有在上述測驗內容的成績上有任何提高。這個男孩平時通過手勢語與父母交流，也受到父母很好的情感關懷，這說明他認知和情感發展的環境是正常的，然而，他在聽力恢復後，在青春期之後語言的學習仍存在很大的困難，這就說明他是由於錯過了語言習得的關鍵期造成的，而不是由其他認知、情感缺陷等方面的原因造成的。

3. 幼兒對聲母、韻母的掌握程度不同

4歲以后，城鄉的絕大部分幼兒都能基本發清普通話中的韻母，而對聲母的發音正確率稍低。大多數3歲的幼兒可以發清聲母，一部分幼兒發聲母的錯誤主要集中在zh、ch、sh、z、c、s等輔音上。研究者認為3歲的幼兒發輔音錯誤較多，主要是因為其生理上發育不夠成熟，不善於掌握發音部位與方法，故發輔音時分化不明顯，常介於兩個語音之間，如混淆zh和z、ch和c、sh和s等。

第六章 幼兒的言語

4. 語音意識逐漸發展

幼兒語音意識明顯發展主要表現在他們對別人的發音很感興趣，喜歡糾正、評價別人的發音，還表現在很注意自己的發音。他們積極努力地練習不會發的音，倘若別人指出其發音的錯誤，他們會很不高興，對難發的音常常故意迴避或歪曲發音，甚至為自己申辯理由。

(二) 詞彙的發展

詞彙是言語的基本構成單位，詞彙量越豐富就越容易表達思想，掌握的詞彙越多，對事物的認識就會越深。因此，詞彙的發展是言語發展的重要標誌之一。幼兒詞彙的發展有如下特點：

1. 詞彙數量逐漸增加

幼兒期是人的一生中詞彙量增加最快的時期。國內外有關研究材料表明，3~6歲幼兒的詞彙量是以逐年大幅度增長的趨勢發展的；詞彙的增長率呈逐年遞減趨勢；幼兒期是詞彙量飛躍發展的時期。史慧中等人（1986）在對幼兒詞彙的研究中發現，3歲的幼兒能掌握1,000個左右的詞彙，到了6歲時，他們的詞彙量增長到了3,500多個。

2. 詞類範圍不斷擴大

隨著詞彙數量的增加，幼兒詞類範圍也在不斷擴大，這主要體現在詞的類型和詞的內容兩方面。幼兒一般先掌握實詞，即意義比較具體的詞，包括名詞、動詞、形容詞、數量詞、代詞、副詞等，實詞中最先掌握名詞，其次是動詞，再次是形容詞和其他實詞；后掌握虛詞，即意義比較抽象的詞，一般不能單獨作為句子成分，包括介詞、連詞、助詞、嘆詞等，幼兒掌握虛詞不僅時間較晚，而且比例也很小，只占詞彙總量的10%~20%。

伴隨年齡的增長，幼兒掌握同一類詞的內容也在不斷地擴大。他們先掌握與日常生活直接相關的詞，再過渡到與日常生活距離稍遠的詞，詞的抽象性和概括性也進一步提高。以名詞的發展為例，幼兒使用頻率最高和掌握最多的名詞，都是與他們日常生活內容密切相關的詞彙，如「日常生活環境類」、「日常生活用品類」、「人稱類」、「動物類」等，而像「政治、軍事類」、「社交、個性類」等離日常生活距離較遠的抽象詞彙隨著年齡的增長才逐漸發展起來。

3. 對詞義的理解逐漸加深

幼兒不斷增加的詞彙量促使其對所掌握的每一個單詞本身的含義理解也逐漸

加深。在這一過程中，幼兒對詞義的理解出現了一種有趣的現象，即詞義理解的擴張和縮小。

詞義理解的擴張指幼兒最初使用一個詞時，容易傾向於過分擴張詞義，無意中使其包含了比成人更多的含義。他們可能用「狗狗」一詞稱一只貓或是一只兔子，一切全身長毛、四腳有尾巴的動物。這種過度擴張的傾向在 1~2 歲時最為明顯，大約有 1/3 的詞彙被擴大運用，到了 3~4 歲時逐漸有所克服。有兩種原因可能解釋這一現象。一種原因是幼兒理解力低弱，他們還不能理解界定一個概念的核心特徵，另一種原因是幼兒缺乏相應的詞彙。如果幼兒不知道單詞「蘋果」，則他可能僅僅是為了達到談論「蘋果」的目的，而使用某種相似客體的名稱（如「球球」）。幼兒除了用某一熟悉的客體的名稱來指代不熟悉的客體外，還會為不熟悉的客體杜撰一個新詞以達到指代其的目的，這一頗具創造性色彩的現象即「造詞」現象，它會隨著幼兒詞彙量的進一步增加而減少。

在詞義理解擴張的同時，幼兒還有詞義理解縮小的傾向，即把他初步掌握的詞僅僅理解為最初與詞結合的那個具體事物。例如，「桌子」一詞僅僅指他家裡的某張桌子。這種縮小傾向與擴張一樣，都表明幼兒最初對詞義的理解是混沌、未分化的。只有經過進一步發展，幼兒才能從具體到抽象地逐步理解詞義。

（三）句子的發展

人類所有的言語都具有複雜的語法結構，幼兒要學會某種語言就必須掌握該語言的語法結構。語法是組詞成句的規則，通過句子的發展狀況可以反應對基本語法結構的掌握。根據中國心理學研究者已有的研究，幼兒句子的發展可以從以下幾方面進行分析：

1. 句子結構的發展

（1）句子從簡單到複雜，從不完整到完整。幼兒在句子的習得過程中，最初出現的是主謂不分的單詞句（用一個詞代表的句子），如「狗狗」，可能指的是所有的四腳動物。后發展為雙詞句（有兩個詞組成的不完整句，有時也有三個詞組成，又稱為電報句），如「媽媽，飯飯」，它可能表示「飯是媽媽的」，也可能是指「媽媽在吃飯」。而后又發展到簡單句（語法結構完整的單句），如「我叫小明，我愛畫畫」。最后出現結構完整、層次分明的複合句（由兩個或兩個以上意思關聯比較密切的單句合起來而構成的句子），如希望別人對自己作評價時，會說：「我是個好孩子，是吧，媽媽。」

第六章 幼兒的言語

　　幼兒最初的句子不僅簡單，而且常常不完整，漏缺句子成分或者句子排列不當。例如，幼兒表達情感時的句子往往有省略主語和賓語提前的傾向。幼兒可能向家長這樣轉述他所看到某一情景：「摔了一跤，在滑梯上，她哭了」，目的是告訴父母有個小朋友在滑梯上摔倒了，哭了。造成主語省略的原因可能與幼兒思維中的自我中心有關，他們誤以為自己明白的事別人也明白。幼兒說話時帶有很強烈的感情色彩，他們往往把容易激起興趣和情緒的事物當做重點，急於搶先表達出來，因而在說話時往往把賓語提前了。一般到6歲左右，幼兒的句子才會比較完整，如說因果複合句時，能說出關聯詞「因為」等。

　　(2) 句子從無修飾語到有修飾語，長度由短到長。朱曼殊等人的研究（1979）表明，2歲幼兒在運用句子時，有修飾語的情況極少，僅占20%左右，3歲時使用修飾語的能力就顯著增強，達到50%左右，6歲時可達到90%以上。隨著幼兒詞彙量的增加，使用修飾語能力的增強，幼兒句子的長度也在增長。華東師範大學的研究人員分析了2~6歲幼兒簡單陳述句的平均長度的發展，發現2歲時幼兒句子的平均長度為2.9個詞，3.5歲時為5.2個詞，到了6歲時增長到了8.4個詞。句子長度的增長表明了幼兒言語表達能力的進一步提高。

　2. 句子功能的發展

　　幼兒句子功能的發展表現在從混沌一體到逐步分化。幼兒早期語言的功能中表達情感（如表示「高興」與「不高興」）、意動（語言和動作結合表示願望）和指物（叫出某一物體的名稱）三方面是緊密結合、沒有分化的，表現為同一句話在不同場合可以表達不同的內容。例如，兒童說出單詞句「餅餅」，既可能是指物的功能，表達出「這是餅」、「我看到了餅」的意思，也可能是意動的功能，表達出「我要吃餅」、「給我餅」的含義，還可能是情感的功能，表達出「我看見餅很高興」的意思等。幼兒還喜歡邊說邊做，尤其是當他們難以用語言表達清楚自己的意思時，就急著借用動作來解釋，因為只有這樣才不影響他們交流的進行。3歲以後，這種不分化的現象就會越來越少。

　　幼兒語句功能的逐步分化還表現在詞性和句子結構的逐步分化上。幼兒早期的詞語不分詞性，他們往往把名詞和動詞混用，還把名詞詞組當成一個詞來使用，如「嘭嘭嘭」，即可表示名詞「槍」，也可表示動詞「開槍」。他們最初使用沒有主謂之分的單詞句，以后才發展到層次分明的複合句。幼兒這種句子功能混沌不分的現象反應了其認知水平的低下。

135

3. 句子的理解

幼兒對句子的理解總是先於句子的產生，他們在會講正確的句子之前，已經能夠聽懂這種句子的意思。早在前言語階段，他們已開始表現出能聽懂成人的一些話，並有相應的反應。如果母親抱著嬰兒問「爸爸在哪裡」時，幼兒就會把頭轉向父親。對他說「拍拍手」、「搖搖頭」，他就會有相應的動作。為什麼對語言的理解會先於產生呢？有人（Kuczaj，1986）認為，理解僅僅需要幼兒認出詞語的意思，而說話則要求他們回想或者從他們的記憶、詞語以及詞語所代表的概念中積極地回憶。說話是一項困難的工作，不能說出話和句子並不意味著幼兒不能理解它。

影響幼兒理解句子的因素是多方面的。朱曼殊等人的研究發現，同一句型中主語、賓語名詞的性質以及組合方式都會影響幼兒對句子的理解。4～5歲的幼兒雖已能與成人自由交談，但對一些結構複雜的句子如被動語態和雙重否定句還理解不好，例如，玲玲被紅紅撞倒在地上，老師把玲玲扶起來，問：「誰撞倒了誰？老師扶誰？」他們往往不能正確回答。到了6歲時才能較好地理解常見的被動語態句型。

（四）言語表達能力的發展

1. 口語表達能力的發展

（1）從外部言語到內部言語。幼兒口語表達能力的發展體現了一個從外到內的過程，即從對話言語發展到獨白言語，后又從獨白言語經過渡言語產生內部言語。

講述能力的發展是幼兒獨白言語能力發展的重要體現。華東師範大學武進之等人利用看圖說話研究了幼兒口語表達能力的特點及發展趨勢。研究表明：隨著年齡的增加，幼兒講述圖畫所表達的故事基本內容的量逐漸增加；看圖說話中，幼兒語法結構發展的趨勢與自發語言一致，但由於圖畫內容對幼兒語言的限制，使幼兒在各年齡階段上對各種句子結構的使用率稍稍落后於自發言語的水平；幼兒看圖說話的主動性有一個發展的過程。2～2.5歲的幼兒只能對主試提出的問題進行簡單的回答，不會進行主動敘述。3歲的幼兒開始出現部分的主動敘述，4歲的幼兒能主動敘述的已達78%，6歲的幼兒能全部主動敘述。幼兒的復述能力（即幼兒在看圖說話后能不再看圖而講述故事的內容）也在逐漸發展。3歲前的幼兒不會復述，4歲以后大多數幼兒才會復述。

第六章　幼兒的言語

　　大約4歲左右，幼兒開始出現過渡言語。過渡言語的進一步發展便產生了內部言語。內部言語與思維聯繫密切，主要執行自覺分析、綜合和自我調節的機能，同人的意識的產生有著直接的聯繫。

　　（2）從情景性言語到連貫性言語的發展。情景性言語往往與特定的場景相關，說話者事先不會有意識地進行計劃，往往想到什麼就說什麼。3歲以前的幼兒說話常常是情景性的，表現為說話斷斷續續的，缺乏連貫性、條理性和邏輯性。到了6~7歲時，幼兒才能比較連貫地進行敘述，但敘述能力的發展還是不完善的。言語連貫性的發展往往是思維邏輯性的一個重要標誌。幼兒口語表達的邏輯性較差，表明其抽象邏輯思維的發展狀況較低。

　　2. 言語表達技能的發展

　　要想成為一名出色的溝通者，既能打動聽眾，又能從對方那裡獲得有效的信息，就必須掌握一定的語用技能。語用技能是指個人根據交談雙方的語言意圖和所處的語言環境有效地使用語言工具達到溝通目的的一系列技能，主要包括聽和說兩方面的技能。

　　（1）說話技能的發展。幼兒在前言語階段，就已經能用手勢進行交流。到了2歲末，幼兒的溝通技能已達到了相當的水平。國外有研究表明（Wellman 等，1985），2歲嬰兒對有效溝通的情境已十分敏感。在簡單的情境中，他們多使用較短的言語表達，而在複雜情境中卻增加了溝通活動。這一時期的幼兒對同伴的反饋易於產生積極反應。如當傳達者未接受到聽者的反饋信息時，有54%的人以某種形式重複自己說過的話；而在接受到正確反饋信息後又重複的只有3%。4歲的幼兒已初步學會了根據聽者的情況確定言語的內容和形式。夏茲和格兒曼（Shatz & Gelman, 1973）發現，當4歲幼兒分別向2歲幼兒和成人介紹一種新玩具時，所用語言的長度、結構和語態都是不同的。對於2歲幼兒，他們話語簡短，多用引起和維持對方注意的語詞，如「注意」、「看著」，談話時也顯得自信、大膽。對於成人，則話語較長，結構複雜，也更為禮貌和謹慎。5歲以后的幼兒已經能根據事物所處的具體情境而調節自己的言語。華紅琴（1990）曾對5~7歲幼兒的語用技能作過調查，發現同一塊黃色圓形積木，5~6歲的幼兒就能根據其背景而改變對它的稱呼，但還不夠完善；7歲幼兒在比較複雜的條件下能對自己表達方式進行調節，有時稱這塊積木為黃積木，有時稱為圓積木，有時稱之為黃的圓積木，甚至大的黃色圓積木。

幼兒心理發展

(2) 聽話技能的發展。幼兒在幼兒期所獲得的聽話技能是十分有限的，他們對話語中諷刺意圖的理解力，以及對誠實話和諷刺話、嘻嘻話和侮辱性話的辨別能力要相當遲才會出現。這表現在他們常把成人的反話當成正面話理解。例如，幼兒擅自過馬路時，媽媽說「你再往前走走看」，他就真的往前走，並沒意識到此種情形中他是不應該再往前走的。4歲幼兒對聽者困惑的眼光或「我不懂」等形式的反饋不像7歲時那樣敏感。儘管如此，幼兒還是具備了一定的聽話能力。有人發現（Eson & Shapiro, 1980），4~4.5歲的幼兒，即使在說話者話語的字面意義提供線索很少的情況下，也能推測出說話者的意圖。如在一張紙上呈現一個空心圓圈，另有紅藍兩張紙，告訴幼兒不要將圓圈填成紅的，4.5歲的幼兒已能領會到是要求他們將圓圈填成藍色的。幼兒傾聽能力的培養是一項重大的工程，詳細內容請見第三節。

經典案例[1]

2011年奧斯卡最佳電影獎被頒給了《國王的演講》。該片布景華麗，配樂精湛，其中最吸引人的是片中主人公英王喬治六世與口吃進行鬥爭的故事。從影片中我們就知道了，兩個口吃者領導著第二次世界大戰中的英國：喬治六世和溫斯頓·丘吉爾。丘吉爾自己打趣說：「有時候輕微地不會讓人不快的結巴一下對保持聽眾的注意力還是有些幫助的。」有口吃的歷史名人可以列出一大串，比如春秋時的管仲、戰國時的韓非子、三國時的鄧艾、古羅馬皇帝克勞蒂亞斯、法國的拿破崙……

電影對口吃的描述，還是有不少「偽科學」的。美國「生活科學」網站上的一篇文章講解了《國王的演講》中關於口吃的科學和神話，事實上，造成口吃的原因還沒有科學的定論，喬治六世痛苦的童年經歷絕不是他口吃的原因，但是父親的斥責和哥哥的打趣無疑沒有好作用。

馬里蘭大學的心理語言學家南·拉特納說，研究者目前仍然無法解釋在童年時期口吃是怎麼發生的。在全世界，口吃影響著1%的人群，而4%的人在童年時期有過口吃的歷史。目前沒有有效的治療方法。「我們沒有任何有力的證據來證明它們是真實的，倒是有不少反證。」拉特納解釋說：「幾乎每一對父母都會告訴我

---

[1] 評電影《國王的演講》：自信和表達的力量 [EB/OL]. http://www.chinanews.com/cul/2011/03-01/2876079.shtml.

第六章 幼兒的言語

們他們做錯了什麼，因為大眾相信這樣的對口吃的說法。」當然，父母肯定會有一些對口吃的孩子更不利的做法，拉特納提醒說。她強調父母應該盡可能早地幫助他們的孩子。盡早地治療會大不一樣，因為80%的口吃兒童能夠在2~5歲期間完全康復。安德魯斯和哈恩斯（Andrews & Harns, 1964）估計在幼兒學話階段，約有5%的孩子會經歷口吃現象。在2~5歲發生率最高，而后逐漸降低，到12歲就很少發生了。幼兒口吃是因為此時期正在發展內在語言及說話技巧，但其發音或表達意思的詞彙不夠成熟，所以無法流暢的說話。

（3）元溝通技能的發展。在交際的過程中，幼兒是否知道什麼時候他們自己的講話內容是清晰的，以及什麼時候他人給他們的信息是模糊和不適當的。這涉及元溝通技能，即幼兒對自己溝通技能的認識。元溝通技能發展得比較晚，幼兒尚不能明白別人所傳達的消息。馬克曼（Markman, 1977）在實驗中教給小學一、三年級兒童一個游戲，把關鍵性的信息省略，一年級兒童對此重要缺漏無所察覺而是急於開始游戲，而三年級兒童則較快地發覺信息的缺漏。元溝通技能會隨著兒童年齡的增長而逐步得到提高。

（五）書面言語的發展

書面言語的掌握要比口頭言語的掌握困難。第一，書面言語不僅需要形成動覺刺激、聽覺刺激和詞的意義之間的聯繫，還要加上字形的視覺刺激的聯繫。第二，書面言語比口頭的獨白言語必須更早開展。書寫者無法從閱讀者的及時反饋中對發出的信息進行適當的修正和補充，要求在寫作時就盡量把要說明的問題闡述得一清二楚。第三，書面言語是最隨意的言語形式，寫作時要考慮用何種最適宜的言語手段來表達問題。總之，書面言語比口頭言語在表達上和結構上要複雜得多，有一定的難度，需要專門組織教學。

口頭言語的選詞造句或感知理解都是一次性完成的；而在書面言語中，作者可以反覆修改，仔細琢磨，讀者可以反覆閱讀，細緻推敲。因而學習書面言語有助於提高言語活動的水平。

幼兒期兒童已有學習書面言語的可能性。幼兒期兒童的口頭言語已有相當程度的發展，它是學習書面言語的基礎。幼兒形象知覺的發展，又提供了辨認字形的可能性。有人認為，字母、數字、字詞，特別是方塊漢字，說到底，只不過是圖形。識字只不過是一種特殊的圖形知覺。當兒童能識別圖形時，就能分辨字形。

人們還發現，4歲左右兒童是形象知覺發展的敏感期，因此，幼兒期可以進行識字教學，或許還是認字的最佳年齡。

此外，書面言語的學習，還需要視覺記憶、手眼協調活動能力，以及手指小肌肉活動的發展，這些是握筆書寫的條件。有人研究，兒童2.5歲時，就可憑記憶書寫阿拉伯數字和不太複雜的漢字，達到讓別人可認的程度。

同時，在實際生活中，又可發現幼兒自身已有認字、讀書、寫字的需要。當成人經常拿著書給他們講故事或看到成人寫字等，他們就逐漸產生了學習書面言語的積極性。例如，有的孩子主動向成人問字，要求認字；有的孩子拿了看圖識字的書，指著字說著畫上的內容；有的孩子要筆、紙，趴在桌上塗寫等。此時，如因勢利導指導幼兒學習書面言語，常常能引起他們的學習興趣。

三、幼兒言語獲得的理論

兒童出生後短短的3~4年中，就掌握了本族語言的全部語音、大量詞彙和語法的基本體系。這個進步是很大的，甚至是驚人的。關於兒童的言語是如何獲得的問題，心理學家和語言學家曾提出各種理論，歸納起來，后天論、先天論以及交互論最具影響力。

（一）后天論

后天論者強調后天的環境和學習對言語獲得的決定作用。以強化說和模仿說最具代表性。

1. 強化說

強化說的代表人物是斯金納。強化說認為兒童的言語是通過操作性條件反射，特別是選擇性強化而獲得的。語言的操作條件反射建立在由環境引起的、聲音和聲音聯結的選擇性強化的基礎上。例如，兒童在咿呀學語時，會自發地、無目的地發出各種聲音，一旦有些聲音近似於成人的說話聲，於是父母就對這些聲音加以強化，使這些聲音逐漸鞏固下來，在兒童的發聲中占了優勢。這裡最重要的是「選擇性強化」，即對接近於成人說話的聲音給以正強化，反之則給以負強化，這樣就學到了正確的發音。

同時，兒童學習說話還必須學會適合各種語言反應的情境，使言語活動受到環境刺激的控制。例如，兒童最初說「爸爸」一詞，不論其父親是否在場都會得

第六章 幼兒的言語

到強化。以后，兒童只有當父親在場時叫「爸爸」才得到正強化，否則就得不到強化或得到負強化。這樣，使兒童的言語逐漸獲得了意義，逐漸變得有效。

2. 社會學習理論

社會學習理論也稱模仿理論，以班杜拉（A.Bandura）為代表。社會學習理論者認為兒童言語大部分是在沒有強化的條件下通過觀察和模仿而獲得的，強調社會語言模式和模仿的作用，認為如果沒有社會語言範型，兒童就不可能獲得詞彙和語法結構。

有人進一步研究兒童與成人在對話時相互模仿的情況，發現有這種傾向：兒童模仿成人的語言傾向於壓縮，例如，母親說「吵架會叫人不高興」，兒童則說「吵架不高興」；成人模仿兒童的語言傾向於擴充，例如，兒童說「撿手套」，母親則說「把手套撿起來」。兒童就是在這種反覆模仿中學會社會的語言模式。

后天論強調社會環境刺激、強化、模仿對兒童言語獲得的作用，這對兒童的語言教學有一定的啟示，但它無法解釋下面的問題：

（1）兒童言語發展十分迅速，在短短的幾年內學會那麼多的詞彙，掌握驚人數目的句子，完全憑藉操作性條件反射方式、通過「強化」來獲得，這是不可能的。假定兒童的言語完全由模仿而獲得，那麼兒童在學會說話之前，必須聽過大量的句子，並把它們像錄音機一樣地貯存起來，而兒童掌握的詞彙、語句數目如此龐大，即使花上幾倍於生命的時間，也很難聽完，很難設想可以在幾年內學會全部語言。

（2）強化並不能使兒童瞭解句子結構正確與否。在兒童言語發展的進程中，成人通常很少注意兒童言語的語法是否正確，甚至對有明顯語法錯誤的句子也不會及時指出；成人一般只注重言語表達的內容是否正確。如當兒童指羊為馬，說話內容有錯誤時，成人會給予糾正，至於內容上是正確敘說羊的活動，而語法上有錯誤時，往往不加理會。可見，兒童並非全憑強化掌握正確的語法結構。

（3）據研究，兒童在 28~35 個月之間，模仿成人的語言占 10%，到了 3.5 歲以后，下降到 2%~3%。可見，在兒童獲得語法結構之前，模仿已大大減少。兒童說出的句子要比他聽過的更多。在兒童說出的句子中，有些是按兒童自己的語法結構而構成的，在成人的語句中是找不到的。此外，兒童也只能模仿他已掌握了的語法結構，不能模仿新的未掌握的語法結構。因此，僅用模仿理論是解釋不

了兒童言語的獲得的。

(二) 先天論

先天論是不滿意后天論者強調環境和學習在言語獲得中的決定地位而被提出的。先天論者顧名思義強調先天禀賦的作用。

與語言的先天論者最有關聯的理論家當數美國的心理語言學家喬姆斯基（N. Chomsky）。他的「先天語言能力說」提出於20世紀60年代，儘管在余下的20餘年內，他致力於對其理論進行修正，但其關於語言習得的一般論點沒有變，即決定人類幼兒說話的因素不是經驗和學習，而是先天遺傳的語言能力。喬姆斯基在其研究中發現，人類的各種語言，即使在時空上相去甚遠，各語言之間也存在著很大的相似性，即「言語的共同性」。不管哪國的幼兒，學習語言都經過相同的階段，如從單詞句發展到雙詞句，再由簡單句發展到複雜句。並且，正常的幼兒學習語言都非常輕鬆，與成人相比，他們更容易在一定的時期內，習得一種或多種語言，其習得的速度令人驚訝。因而，喬姆斯基認為：在人腦中，有一種先天語言獲得裝置（Language Acquisition Device，LAD），這是人類頭腦中固有的、內在的語法規則或「普遍語法」，幼兒就是運用這種普遍語法，通過自己的親身經驗，學得周圍人們語言的語法知識，並學會這種語言的。為了論證其理論，他進一步提出句子的雙層結構論：在言語習得過程中，幼兒能發現語言的深層結構（能顯示基本的句法關係，並決定句子含義）以及把深層結構轉換為表層結構（表示用於交際中句子的形式，決定句子的語音）的規則，因而幼兒所聽到的雖然是極為有限的句子，卻可以產生無限多的語句，從而創造性地使用語言。這一觀點恰好回答了模仿論和強化論者不能回答的幼兒為何能創造性地使用語言這一問題。

喬的先天語言能力說似乎能幫助我們解釋嬰幼兒語言學習的驚人潛能。但這個先驗、唯理論的學說因為無法檢驗和證明，多少帶有神秘的色彩，讓人無法信服。

先天論的另一種理論「自然成熟說」的某些觀點得到了一些相關學科的證實，有一定的科學性。但它過分強調先天和自然成熟，而否認環境和學習在幼兒言語獲得中的重要作用，是不合理的。

(三) 交互論

以皮亞杰為代表的認知相互作用論認為，語言產生於人類認知的成熟，是一

第六章　幼兒的言語

般認知組織的組成部分。來源於維果斯基的「社會—歷史文化理論」的社會性相互作用理論強調環境特別是社會相互作用系統對語言結構的獲得所起的重要作用，認為幼兒不是語言訓練的被動受益者，而是一個有著自己意圖和目的、積極主動的語言加工者。這兩種目前頗有影響力的語言學習理論又稱為語言學習的相互作用理論，其主要觀點如下：

1. 幼兒是一個主動建構語言的交流者

在日常生活中，幼兒經常需要將接收到的信息（如視覺、聽覺、動覺信息）以及主觀感受、願望或要求轉換成語言表達給別人，或者根據別人的意圖進行言語的反應。這樣一來，語言結構的調整和重新組織不斷發生，語義、句法、語用和主體認知水平之間的矛盾和不平衡經常產生，促使幼兒不斷進行嘗試和調整。這就是一個主動的意義建構過程。

2. 語言學習的過程是個體語言與社會規範語言辯證統一的過程

人類語言既是個人發明的結果又受社會規範的影響。在幼兒內部有一種交流的強烈需要，使得語言生長和發展的方向朝向家庭和社會的語言。語言由幼兒個體產生，但在與他們的交流中，通過對方的反應情況而發生改變。因此，父母、照看者、兄弟姐妹、同伴等在幼兒語言發展中起著重要作用。他們是幼兒重要的交流夥伴、言語反應者和理解者。

3. 語言學習和通過語言進行學習有機統一

幼兒語言的學習是一個從不會到會的過程，這個過程與幼兒的生理發展、認知發展以及社會性發展都有密切的聯繫。幼兒在獲得母語的同時也學會了用社會所公認的方式表達情感、意念和願望。哈利迪（M. Halliday，1975）對幼兒的語言發展進行了研究，他發現當學習者經驗了語言的各種功能和形式時，他們也在內化著社會運用語言來表徵事物的方式，所以他們用語言來學習的同時也在學習語言。這兩種類型的學習同時進行，認為語言形式的學習先於語言運用的觀點是錯誤的。

4. 幼兒在運用語言的過程中學習完整的語言

只有在自然交流中幼兒才能真正理解語音、語法、語義和語用等各因素是怎樣工作的。家長在教孩子說話時，並沒有限定孩子學習語言系統的某一方面，他們總是在有意義的情景中，伴隨一定的社會性刺激來呈現完整的語言。

交互論反對語言獲得的欲成說、先驗論，同時又不排斥遺傳機制、社會環境以及幼兒自身活動的作用，是相對比較全面的一門理論。但它過分強調認知或環境是語言發展的基礎，不能充分說明認知、環境和語言發展之間的關係。目前研究者更為讚同均衡論的觀點，即不再追究「遺傳與環境哪個更重要」這個問題，但要瞭解先天因素和后天因素是如何共同影響著兒童的特質和能力的。先天與后天的因素在幼兒語言獲得中的作用並不矛盾，幼兒的語言能力在某種程度上是一種遺傳的潛能，其發展是按照某種生物發展的時間表趨向成熟的，但這只提供了語言發展的可能性。離開了一定的語言環境和教育條件，離開了幼兒個體與社會環境的相互作用，這種可能性是無法轉變為現實性的。

第二節　幼兒言語的訓練

一、培養幼兒言語能力的原則

言語能力是人類的一種潛遺傳能力，這種能力如果在產生和發展的一定時期得不到教育和訓練的話，就會逐漸喪失。然而，發展幼兒的言語能力絕不僅僅是教幼兒認識多少個字、背誦多少首詩詞或者閱讀幾篇文章，而是要對其進行綜合培養。綜合培養幼兒的言語能力時，應注意遵循以下幾個原則：

（一）有的放矢，因材施教

不同年齡的幼兒其培養內容是不同。小班幼兒（小於4歲）的思維特點正從直觀行動思維向具體形象思維過渡，應著重培養他們感知語言的能力，進行聽力訓練，從而獲得良好的傾聽能力。中班幼兒（4~5歲）處於形象思維時期，其教育的重點應放在感知和理解詞義的基礎上，有意識培養其積極問話、答話、對話、講話（獨白）等說話的能力。大班幼兒（5~6歲）的形象思維更加完善，並開始萌發抽象性。教育的重點應是培養講述能力（如看圖講述、觀察講述、構圖以及續編講述等）及初步的閱讀能力。

（二）不拘一格，形式多樣

促進幼兒言語能力發展的途徑是多種多樣的，有效利用幼兒日常生活中一切可以利用的機會，開展多種形式的言語活動。可以讓幼兒報告他們日常活動的內

第六章　幼兒的言語

容，如介紹游戲的過程、家庭生活、假日生活等；引導他們看圖講話、復述兒歌、編故事；幫助他們把熟悉的故事和兒歌編成小劇目並表演等。

（三）以身作則，富有愛心

良好的語言環境能夠在潛移默化中促進幼兒言語能力的提高。教育者要以身作則，時刻提供正確、規範、清楚的語言；為幼兒提供豐富的言語刺激，確保每個幼兒都有交流的機會；面對幼兒語言學習中的錯誤，應以溫和、寬容的態度來對待，不僅允許出錯，還要教導幼兒之間不要相互嘲笑，使幼兒敢於說話、樂於說話，從而在一個寬松、溫馨的氣氛中有效促進幼兒言語表達能力的發展。

心理櫥窗

隨機滲透的幼兒語言學習[1]

隨機滲透在日常生活中的語言學習，主要是指教師充分利用各種生活環節，給幼兒提供的自由寬松的環境，鼓勵幼兒積極進行語言交流，增加練習聽、說和讀的基本技能，養成對語言和文字的學習興趣，得到語言和文學的熏陶。

隨機滲透的語言學習通常包括以下幾種形式：

（1）在飯前飯后、午睡前后以及離園前等生活環節，讓幼兒傾聽優美的兒歌、散文、故事等文學作品。這樣的文學作品通常是幼兒能夠理解的或者是他們已經學習過的。

（2）在幼兒午睡起床或其他等待環節，讓幼兒按照一定的規則進行語言操作游戲。幼兒邊玩邊說，能夠充分體驗游戲的樂趣，並在玩的過程中充分練習、鞏固和擴展已經獲得的語言經驗。這類活動包括猜謎語，根據他人所提供的信息猜人物、動物、聲音等，接話、傳話、組詞，玩拍手游戲等多種形式。

（3）利用一日生活中的各種等待或過渡環節提供幼兒表述的機會，讓幼兒根據自己的經驗大膽地講述自己的想法，有時可以圍繞一個主題，有時也可以沒有主題。

（4）利用幼兒離園前、自由游戲等時間，鼓勵幼兒以集體、小組或個別的形式，自由閱讀圖書。圖書可以是自己帶來的書，也可以是幼兒園閱讀角中的書。同時也鼓勵幼兒自己組織看錄像或影碟等。這種活動的目的在於幫助幼兒逐步養

---

[1]　黃曦，易進，楊丹華. 幼兒語言教育 [M]. 海口：南海出版公司，2009.

成喜歡閱讀的良好習慣。

二、傾聽能力的培養

就幼兒的語言學習和發展來說，傾聽是一種必備的能力。幼兒的傾聽能力是在教育過程中逐漸發展起來的，教育的重點應放在對語音、語調的感知和對語意的理解上，在這一過程中，他們應該獲得以下四種傾聽技能：有意識傾聽、辨析性傾聽、理解性傾聽和欣賞性傾聽。

（一）有意識傾聽

幼兒有意識傾聽是指全神貫注聽和有目的聽。培養這一傾聽能力的關鍵在於抓住幼兒的興趣，捕獲他們的注意力。這就要求說話者的表達方式和說的內容要有強的誘惑力，能在開始就能「牽」住幼兒好奇的耳朵。明白了這一點，就不難進行相應的活動設計。

活動1：建立幼兒圖書欄

初看起來，這一活動與我們的設計目標似乎有些風馬牛不相及，其實不然，沒有頗具吸引力的讀物，哪會有幼兒有意識地傾聽呢？老師和幼兒共同勞動，建立一個屬於他們自己的圖書欄。圖書欄上擺放各種各樣圖文並茂的圖畫書，書中有幼兒所喜愛的兒歌、童話、詩歌等。在建立的過程中，老師可以不失時機地告訴他們書中有可愛的白雪公主和小矮人，有海綿寶寶和朋友們。一旦抓住了幼兒的好奇心，再要求他們有意識地傾聽可就容易多了。況且，在活動的過程中，孩子們付出了自己的汗水，與圖書多少建立了一定的感情。

活動2：繪聲繪色地講述

這一活動的主角是老師。老師在講述故事之前，要充分調動幼兒聽的「胃口」，比如講《小美人魚》的童話時，老師可以把童話的部分內容提示地告訴幼兒，「小美人魚本來生活在海裡，怎麼會到陸地上來呢？到底發生了什麼事，現在我們來一起聽一聽」。講述過程中，老師可以邊講邊做動作，用豐富的表情、抑揚頓挫的聲調來吸引幼兒的注意力，還可以不時地插入小問題，引起下文，調動起幼兒的積極性。

（二）辨析性傾聽

辨析性傾聽要求幼兒能分辨不同的內容，理解不同的語音、語調，對所聽的

第六章 幼兒的言語

內容進行歸納、推理和評價。對幼兒來說，這似乎是一項高難度的任務，它對幼兒的理解、分析能力提出了更高的要求，但是通過恰當的活動訓練，他們是可以完成這一目標的。活動設計以改錯句活動為例。

改錯句是一項頗具幽默感的活動。老師和平時一樣組織活動，故意在與幼兒的交流中說錯一句話，讓幼兒聽著好笑時，緊接著提出「改錯」的游戲。然后和幼兒共同討論，學習改錯的方法。例如，對於錯句「春天來了，大地一片金黃」，「小鴨在天上飛來飛去」，「公雞媽媽和小雞在草地上玩」，既可以改句子的前半部分或后半部分，也可以改掉不合適、不恰當的詞。

另外，老師可以鼓勵幼兒參加對傾聽內容的討論，作評價性的思考。例如，講完了一個故事時，老師問幼兒：「故事裡的小朋友做了什麼？」「你認為他做得對嗎？」「為什麼會這樣說？」這樣的分析建立在有意識傾聽的基礎上，要求高於一般的「注意聽講」，幼兒對傾聽的內容容易進行分析和評價。

(三) 理解性傾聽

幼兒理解性傾聽指能掌握傾聽的主要內容，根據上下文進行合理的推測。幼兒的理解性傾聽能力在訓練中可以得到很大的提高，部分幼兒的傾聽能力甚至比學齡幼兒要強。

活動1：理解句子的言外之意

這是一個操作簡單的活動，但對幼兒的理解力要求較高，需要家長或老師耐心指導。方法是家長或老師把下列例句念給幼兒聽，每念完一句，讓幼兒回答句子的意思。

(1) 我還以為今天會下雨呢。(今天下雨沒有？)
(2) 小剛總算把作業做完了。(小剛做作業很容易、輕鬆嗎？)
(3) 這只猴子竟然比王軍想的要聰明。(王軍以為這只猴子很笨嗎？)
(4) 「趙敏，誰讓你去玩火的！」(有人讓趙敏玩火嗎？)
(5) 「張偉，這道題你不應該不會做！」(張偉會做這道題嗎？)

活動2：給故事接「尾巴」

讓幼兒對未講完的故事接上一個完整的結局，這是對他們理解力的一個大考驗，因為聽不懂，就不會給故事接「尾巴」。

以寓言故事《知了過冬》為例。把知了過冬的故事念給幼兒聽。故事大意是：

知了整個夏天都在不停地唱歌，其他的小動物們只玩了一小會兒，就忙著做事去了。因為它們得為過冬做準備。小松鼠在樹裡儲起了食物和水，小老鼠也在地裡挖好了洞……而知了仍然在唱它的「知了，知了」歌，其他的事情都不做。不久冬爺爺到了，帶來了大片大片的雪花還有「呼呼」的西北風。故事講到這裡，家長或老師提出問題：知了怎麼過冬？它有房子住嗎？它有食物吃嗎？讓幼兒給故事接上「尾巴」。對於理解有困難的幼兒，老師或家長用提問的方式加以提示。故事「尾巴」接完以後，引導幼兒得出寓意。

（四）欣賞性傾聽

欣賞性傾聽是一種較高水平的傾聽能力，往往產生於對所傾聽內容的讚美態度，並能使傾聽者在聽的過程中油然而生一種愉悅感。傾聽的內容往往是幼兒文學作品，如兒歌、童話、詩歌等。欣賞性傾聽有兩種方式：一種是放磁帶或光盤；另一種是家長或老師有表情地朗讀。幼兒在兩種方式下都能得到早期文學作品的薰陶，建立對文學作品的敏感性，為以後培養初步的閱讀能力奠定基礎。

三、對話能力的培養

幼兒的對話能力是幼兒運用語言與他人進行交流的能力。與人交流的重要前提是傾聽。聽不懂對方的話語，交流是無法進行和深入的。只有學會傾聽，善於傾聽，並樂於傾聽，才能抓住他人話語的內容，從而開展成功的對話。

對話能力的培養是通過對話活動來完成的。對話活動往往圍繞幼兒已有經驗的話題進行交談，它不需要正式場合使用的規範嚴謹的語言，而是寬鬆自由不拘形式的語言，以表明想法為準。對話活動的語言交流方式較多，既可以是幼兒與幼兒間的交談，也可以是幼兒與老師或家長之間的互動。不管用哪種方式，一定要注意在寬鬆自由的氣氛中進行，選擇與幼兒生活貼近的、有趣的話題，鼓勵他們積極說話，善於表達個人的想法，讓他們在用語言交流的過程中操練自己的語言，並產生相互影響，通過提高自己對語言的敏感性而發展自己的語言。

活動：好吃的早餐。

活動步驟如下：

（1）創設談話情趣，提出談話主題，引導幼兒自由交談。老師在放有食物的桌旁坐下，拿起麵包、油條和豆漿，向幼兒展示，並提出問題：「你們看老師在幹

第六章 幼兒的言語

什麼？桌子上的這些東西是什麼時候吃的？」如果幼兒不回答，老師給予提示：「是早上、是中午還是晚上？」當幼兒答對了，老師告訴幼兒，「早上吃的東西叫做『早餐』」，讓幼兒掌握這一詞彙。

（2）幼兒自由談早餐。老師引導兒童談自己的生活經驗。建議提出問題：今天早餐你吃的是什麼？你還吃過哪些早餐？吃了早餐感覺怎麼樣？讓幼兒自由結伴交談。老師參與談話活動，引導兒童圍繞主題談，讓幼兒的注意力集中到「早餐」上。

（3）幼兒集體談早餐。老師請幾位在自由交談中講得好的幼兒向大家介紹早餐，要求幼兒說出自己吃過哪些早餐、感受如何。然后用提問的方式拓展話題：「你們最喜歡吃什麼早餐？為什麼喜歡吃這些東西？」

老師還可以用平時談話的方式，為幼兒提供談話的經驗。例如，這樣說：「我早上最喜歡吃雞蛋、牛奶。雞蛋香香的，牛奶甜甜的，很有營養。」鼓勵幼兒說出與別人不一樣的早餐及感受，豐富幼兒的詞彙。

（4）幼兒品嘗早餐。老師將事先準備好的點心分給幼兒品嘗，在幼兒情緒高漲的情況下結束活動。

四、講述能力的培養

講述可分為復述和敘述。幼兒復述時語言的表達能力很大程度上是模仿教育者的，如聲音的高低和語調、教育者的表情等。敘述既可以是對個人經驗的講述，如幼兒講述觀察到的動植物、參觀過的某個地方，也可以是依據一定的憑藉物所進行的創造性的講述，如看圖講述，圖畫本身所具有的鮮明、形象的特徵對刺激幼兒的想像力很有效果；又如實物講述，實物具有真實可感的特徵，幼兒在感知理解實物（如玩具、教具、自然景觀）的同時，還可以在指引下把握實物的特徵；再如情景表演講述，情景表演講述是由幼兒扮演角色來真實地表現一系列動作，然后根據對情節的理解來進行講述的活動。這類活動融趣味性和活動性於一體，很受幼兒的喜愛。

活動：鉛筆盒上的故事。

活動以鉛筆盒為教具。活動步驟如下：

（1）引導幼兒觀察多彩多姿的鉛筆盒。老師提出話題：「小朋友，今天我們

來觀察一下，看看鉛筆盒上有什麼？」幼兒離開座位觀察，腳步輕輕，只用眼睛看，可以小聲討論。老師引出課題：「這些好看的鉛筆盒裡，每個都藏著動聽而美妙的故事，誰能編一編，講給大家聽？」

（2）引導單圖講述。幼兒先觀察、思考，再講給小組幼兒聽。老師巡迴指導，仔細傾聽幼兒的講述，幫助幼兒組織語言，啓發幼兒的靈感。老師有意識地請幾名講得好、想像力豐富的幼兒先上來講，再鼓勵其他幼兒大膽在集體面前表述，並引發幼兒的討論：「誰講得好？好在哪裡？」

（3）引導連圖講述。老師引出話題：「我們再試試將相似圖案的鉛筆盒連起來講一講。」幼兒先找自己的搭檔，熱烈討論並講述。老師巡迴傾聽，提示並啓發幼兒如何將兩個鉛筆盒上的故事連貫、自然地講述出來，並注意幫助幼兒編出合理而簡潔的結尾。幼兒集體、分組講述后，老師請表現突出的幼兒到前面來，邊操作，邊講述（幾人合作）。

五、初步閱讀能力的培養

幼兒在進入小學之前，已不知不覺地掌握了95%的口頭言語。他們不僅充分利用了自己處於口頭言語發展關鍵期的大好機會，練就了一副「伶牙俐齒」，而且還為初步感知認識書面言語奠定了基礎。為了使幼兒能以良好的狀態迎接小學階段的學習任務，對他們進行初步的閱讀能力的培養是有必要的。

（一）初步的認字能力

初步的認字能力並不是指能認識一定數量的字那麼簡單，具備了這一能力的幼兒應獲得以下的經驗：他們能夠理解文字的作用；他們知道文字有具體的意義，可以念出聲來；他們還可以把文字與日常說的口語對應起來；他們知道文字和語言具有多樣性，同一句話的含義可以用世界上各種各樣的語言和文字表現出來，不同的語言和文字可以互譯；他們還能習得一定的識字規律。

活動：送字寶寶回家。

活動步驟如下：

（1）老師準備好小動物的房子圖片一套，與房子相同的大字卡一套，還有與幼兒數相同的動物名稱字卡一套。

（2）老師出示小動物的房子與大字卡，問：「小朋友，你看這是誰的房子

第六章　幼兒的言語

啊?」當孩子們回答時,老師要出示字卡說:「對了,這是小狗的家。」當把幾個小動物的名字字卡都讓孩子看過以後,緊接著用童話的口氣與孩子玩:「小狗、小羊……的媽媽說它們的小寶寶都不在家了,請你們幫助它們去找一找,把它們送回家來,好嗎?」當孩子去找「寶寶」時,老師要提出要求:「請小朋友們一定要仔細,別把小寶寶送錯了家。」

(3)「寶寶」被送回家時,老師要注意有沒有錯的孩子。如果是孩子發現了錯誤並幫助別人改正過來,應及時給予表揚。

(4) 游戲結束時,復習游戲中出現的字詞:「小朋友,我們看看這些小動物字寶寶都找到了媽媽沒有?小狗媽媽有兩個寶寶。對了,小鳥媽媽有三個寶寶,對了……小寶寶都找到了媽媽。小動物媽媽說,謝謝小朋友。以后請你到小動物家去做客。」

這樣的活動可以讓孩子們感受到幫助別人的快樂,找出相同的字同時又復習這些字詞,能不斷提高孩子的認字能力。

(二) 初步的書寫能力

一般說來,幼兒初步的書寫能力包含以下幾方面:養成正確的書寫姿勢,包括怎樣坐立、怎樣握筆等;認識漢字獨特的書寫風格,如能將漢字區別於其他的文字;知道書寫漢字的基本工具,知道使用鉛筆、鋼筆、圓珠筆等書寫時的不同要求;知道漢字的基本間架結構,如懂得漢字的上下、左右結構等。

活動:畫方形、寫漢字。

活動步驟如下:

(1) 幼兒握鉛筆並畫十字形,在此基礎上學畫正方形、長方形。會畫正方形和長方形的孩子可以學寫漢字了。

(2) 從容易、筆畫少的漢字入手,如一、二、三、十、上、下、人、大、王等漢字。

(3) 變戲法。在小黑板上或寫字板上給簡單的字添上筆畫。例如,一再添一橫變成二,再添一橫變成三;人字加一畫變成大,再加一劃變成天。

(4) 變換較為複雜的圖形,讓孩子多次認讀已寫的漢字,再學寫才能鞏固效果。

畫方形、寫漢字的活動不僅能使幼兒學習辨別和書寫漢字,還能練習書寫

技巧。

(三) 初步的文學作品欣賞能力

幼兒似乎天生就對兒歌、幼兒詩、故事、童話和寓言等有著濃厚的興趣，以這些文學體裁為主要內容的幼兒文學作品向幼兒展示了一個豐富多彩的書面世界。在這個神奇的世界裡，幼兒認識了更多的夥伴，接觸到了更為豐富和規範的語言句式、形象化的語言表達方式和不同的語言風格，擴大了詞彙量，自我獲取語言材料的能力也得到了提高，這些寶貴的經驗累積為他們日後學習書面讀和寫奠定了良好的基礎。

提高幼兒文學作品欣賞能力的活動有很多，老師可以組織幼兒進行詩歌和散文的仿編活動，即幼兒在欣賞詩歌與散文、理解其內容的基礎上，仿照某一首詩歌或一篇散文的框架，進行想像，編出自己的詩歌或散文。這類活動要求很高，適合幼兒園大班的幼兒，還可以讓幼兒自己進行故事的編構活動。最能吸引幼兒興趣的可能還是讓其參與到故事表演的游戲中去。這種活動通過對話、動作表情再現文學作品，幫助幼兒理解體驗作品的內容，對培養幼兒的文學作品欣賞能力很有幫助。

要點回顧

1. 言語是指人們使用語言進行交際的過程。幼兒的言語分為外部言語、過渡言語和內部言語。

2. 幼兒語音的發展特點包括幼兒發音的正確率與年齡的增長成正比、語音發展的飛躍期為3~4歲、幼兒對聲母和韻母的掌握程度不同、語音意識逐漸發展等方面。

3. 幼兒詞彙的發展特點包括詞彙數量逐漸增加、詞類範圍不斷擴大、對詞義的理解逐漸加深等方面。

4. 幼兒句子的發展特點包括：第一，句子從簡單到複雜，從不完整到完整，句子從無修飾語到有修飾語，長度由短到長；第二，句子功能的發展表現在從混沌一體到逐步分化；第三，幼兒對句子的理解總是先於句子的產生。

5. 幼兒口語表達能力的發展體現了一個從外到內的過程，即從對話言語發展

第六章 幼兒的言語

到獨白言語，后又從獨白言語經過渡言語產生內部言語，同時還表現在從情景性言語到連貫性言語的發展，幼兒言語表達技能的發展包括聽和說兩方面。

6. 幼兒言語獲得的理論主要包括后天論、先天論以及交互論。

7. 培養幼兒言語能力要遵循有的放矢，因材施教；不拘一格，形式多樣；以身作則，富有愛心等一般原則。

8. 幼兒傾聽能力的培養包括有意識傾聽、辨析性傾聽、理解性傾聽和欣賞性傾聽。

9. 幼兒對話能力的培養是通過對話活動來完成的，幼兒講述能力的培養包括復述和敘述。

10. 幼兒初步閱讀能力的培養包括認字能力、書寫能力和文學作品欣賞能力。

●問題討論

1. 幼兒言語發展有哪些特點？如何針對幼兒進行言語教育？
2. 如何幫助幼兒在日常生活中進行隨機滲透式的言語學習？

●老師推薦

書籍推薦：

教育部教育管理信息中心. 全國優秀幼兒語言教育活動課例評析［M］. 重慶：西南師範大學出版社，2011.

趙玉華，等. 嬰幼兒語言智力開發第一書［M］. 杭州：浙江少年兒童出版社，2009.

●網絡資源

「寶寶中心」（http://cn.babycenter.com/）是全球最大的網上和移動設備母嬰資訊提供者，致力於提供從準備懷孕到寶寶6歲的全方位、可靠、權威的實用信息。旗下14個國際網站為遍及四大洲13個國家的數千萬用戶提供個性化的專業

153

幼兒心理發展

指導與呵護。寶寶中心中文網站於2007年夏開通，目前是唯一獲得國際認證組織健康在線（HON）權威認證的中文育兒網站。寶寶中心擁有獨一無二的全球資源優勢，國際化的專家、作者、編輯團隊提供原創、專業、可靠、全面系統的科學孕育資訊。專家和作者都是國內外的圍產和產科醫生、兒科醫生、內外科醫生、助產士、嬰幼兒心理、教育人士和其他父母。每一篇文章都經過編輯的精心加工和醫學顧問的專業審核。

第七章
幼兒的情緒與情感發展

● 本章要點

第一節　幼兒情緒發展
- ✓ 什麼是情緒
- ✓ 情緒發展理論
- ✓ 幼兒的基本情緒
- ✓ 幼兒情緒發展

第二節　幼兒情緒訓練
- ✓ 幼兒情緒的特點
- ✓ 幼兒情緒的測量與評估
- ✓ 幼兒常見情緒問題的處理對策
- ✓ 幼兒情緒培養的指導

小貝3歲了。自從小貝開始上幼兒園，就變得和以前不一樣了。以前小貝總是很開心快樂，調皮搗蛋，最近總顯得悶悶不樂。爸媽問起他在幼兒園跟小朋友處的好不好，小貝總是低下頭不回答。爸媽為小貝異常的情緒狀態很是著急。有時小貝還會突然生氣憤怒，爸媽批評他，他會一聲不響地聽著，但看起來表情很嚇人。從前的小貝都不是這樣，爸媽只好到幼兒園去瞭解情況。

幼兒園老師告訴他的父母，班裡有一個孩子比較霸道，經常會搶別人的玩具玩，小貝的玩具就被他搶過好幾次。別的小朋友被搶了玩具就會去玩別的，但小

幼兒心理發展

貝會一直站在那個孩子旁邊，仿佛在對峙一樣。有好幾次老師都看到，霸道的男孩子用腳踢小貝，小貝卻沒有還手。

小貝的情緒狀態一直處於對抗和抑鬱之中，父母該如何幫助孩子認識情緒和處理情緒呢？

情緒和情感具有很強的社交功能，是孩子融入社會的重要手段。除了學會表達和調整自己的情緒外，孩子也要慢慢學習理解別人的情緒，培養自己的同情心和理解力。這是他們進入社會的重要過程之一。

小茹最近和母親、祖母一起遷到新小區，她在當地的學前班學習了4個星期，表現良好。她結交了好幾個朋友並積極參與廣泛的活動。這是她第一次這麼長時間離開自己的母親和祖母。一天小茹正在外面玩游戲，另一個孩子倒騎自行車撞到了她。小茹哭了起來，並向老師報告。老師的回答是：「沒關係，又不是真疼。」小茹再次回到玩游戲的地方，卻不再玩游戲了。

你認為教師是否恰當的感受了小茹的感受？小茹的感受如果得到了認可，會發生些什麼？你認為小茹內心的真實感受是什麼呢？

情緒和情感是跨人類的文化現象。情緒和情感像流動的水，賦予一個人生命的活力和動力。喜悅、悲傷、憤怒、快樂，組成了生命的交響曲。根據心理學家的觀察，兒童在出生時就有了基本的情緒概念，隨著成長和發育，情緒和情感變得日益豐富起來。幼兒雖然無法用語言準確地描述情緒情感，但情緒和情感卻會影響到他們對自我的感受和對世界的感受。情緒和情感是他們融入社會的重要手段。培養幼兒健康積極的情緒，將對他們的一生產生深遠的影響。

第一節　幼兒情緒發展

一、什麼是情緒

要回答情緒是什麼並不容易。就人們日常所理解的，明顯的情緒包括快樂、興奮、憤怒、悲傷等。嬰兒在來到世界不長的時間裡，經常性地表現出這些情緒。隨著年齡的增長，幼兒情緒變得更加多樣，如害羞、后悔、內疚、執著，在成年后，情緒則更加複雜，愛就是成年后各種情緒的集合體。伊扎德（Izard）提出，

第七章　幼兒的情緒與情感發展

情緒發展是根據生物時間表進行的。有趣的、苦惱的、厭惡的情緒在出生時就表現出來，快樂（社交性微笑）情緒在 4~6 周時發展，生氣、驚訝和悲傷的情緒在 3~4 個月時就能被檢驗到，害怕的情緒在 5~7 個月時發展，害羞和羞愧情緒在 6~8 個月發展自我覺察之後產生，羞恥和罪惡感在 2 歲時可以感受到。[1]

現代科學給情緒下定義，認為情緒是人體整個身體組織的突然反應，包括生理成分、認知成分以及行為成分。

第一，情緒的產生包括生理表現。例如，當人感到憤怒時臉色發紅，心跳加快，脈搏次數增加、腎上腺素增加、出汗、面部肌肉表情產生一系列變化。

第二，情緒含有心理感受。心理感受是每個人獨特的主觀體驗，表情和主觀體驗有強烈的關聯性，而且情緒有著跨文化的一致性。例如，即便是幼兒，生活在中國的幼兒也能夠識別非洲某地居民的憤怒表情。

第三，情緒有激發行為的作用。情緒會推動人做出行為。例如，幼兒感到悲傷時會低下頭，不說話；感到快樂時會蹦蹦跳跳說個沒完沒了；覺得害怕時會退縮到大人的身后，怎麼叫也叫不出來。

二、情緒發展理論

為什麼人類會有情緒？情緒是怎麼產生的？這是科學家一直致力於研究和解決的問題。

情緒的產生首先有進化的基礎。如果沒有了情緒，想像一下，生活中就不會有諸如快樂、高興、悲傷、喜悅、驚訝等詞彙，遇到讓人開心的事兒卻一臉平靜，自己的親人患病卻無動於衷，有人貶損卻毫不在意。沒有情緒的話，生活變得如一潭死水，我們也不會因自豪產生動力，因快樂產生寬容，因憤怒產生保衛，因悲傷產生珍惜了。因此情緒首先讓人類的祖先在進化過程中產生各種無窮無盡的動力，這些動力促使每個人變化、發展，或者珍惜家人，保衛家園。

從心理學家眼中看，情緒又是怎樣產生的呢？

詹姆士和蘭格提出情緒是生理的產物，是身體的變化。悲傷乃由哭泣而起，憤怒乃由打鬥而致，恐懼乃由戰栗而來，高興乃由發笑而生。當身體產生（生理）

---

[1] 葉思，謝佳容. 嬰幼兒發展 [M]. 臺北：五南圖書出版股份有限公司.

變化時，我們感受到這些變化，這就是情緒。

上述理論能解釋一部分現象，但當我們頭頂冒汗，心跳加快，有時是緊張，有時卻又感到的是憤怒，該理論無法解釋同樣的生理反應卻有著不同的心理感受。

於是研究者開始研究人類的思維想法（認知）對情緒產生的作用。研究者認為，情緒的產生源自於人們對事物的看法和態度。人們對事物看法和態度的形成，有賴於大腦皮層對外界刺激信息的處理和加工。

還有學者注意到，文化環境的不同也影響到情緒的發展。跨文化研究證明，如果一個人所處的社會環境改變，他的情緒構成也會發生改變。和中國嬰兒相比，美國嬰兒的情緒反應更強烈，更具有表現力。

綜上所述，情緒的產生和發展與基因和遺傳、生理變化、思維想法與態度、文化環境四個因素密不可分。

三、幼兒的基本情緒

（一）害怕

經典案例

35歲的柏麗娜回憶自己的童年[1]

我童年最具體的回憶就是害怕：每天晚上我都害怕上床。我的臥室在樓上，離我父母的房間很遠（根據我的標準）。但他們讓我去睡覺時，一到我的房間，我就擔心有怪物藏在床底下，我總是跳上床，因為我害怕一靠近床邊怪物就會抓住我的雙腿。我總是蒙在被子裡睡覺，我擔心令人生疑的人突然出現，將我的喉嚨割斷。

害怕情緒是人類進化過程中最有益於生存的情緒。當我們的祖先在野外與野獸搏鬥時，害怕讓人們產生行動，做好與野獸搏鬥的準備，或者迅速離開危險。對幼兒而言，伴隨害怕情緒產生的，一般是逃避的願望。幼兒會表現出哭喊、扭頭、試圖尋找父母、害怕的神情、逃離的行為等。害怕到底從何而來？害怕是否具有基因的基礎？

---

[1] 佛朗索瓦·勒洛爾，克立斯托夫·安得烈. 情緒的力量 [M]. 楊燕明，譯. 北京：民主與建設出版社，2004.

第七章　幼兒的情緒與情感發展

美國哈佛大學的吉姆·卡崗多年研究表明，孩子在 4 個月時，一些孩子就比另一些孩子在面對新事物或未預見的事物時膽小得多。害怕敏感的性格與扁桃體的過高反應有關，也與其他一些生理現象有關。隨著年齡的增長，幼兒正常的害怕情緒發展如表 7-1 所示：

表 7-1　　　　　　　　　　孩子正常的害怕情緒

年齡	害怕的對象
7 個月~1 歲	陌生面孔、突然出現的物質或巨響
1~2 歲	陌生的聲音、與家長分開、洗澡、不認識的人
2~4 歲	動物、黑暗、夜間的聲音、面具
5~8 歲	超自然的物體、雷聲、警報聲、壞人、身體創傷、跌倒、想像中的妖怪

人們害怕的對象通常是具有威脅性的動物或者是與我們進化生存有關的事物，如黑暗、陌生人、高處、血、水等，但也有一些令人害怕的東西好像並不具備任何威脅性，如空地、電梯、人群等。行為主義心理學家發現，害怕情緒是可以通過學習獲得的。這裡指的學習有別於通常理解的書本學習，是指幼兒通過經驗、觀察、偶然聯繫所獲得的內容。例如，原本對蛇並沒有害怕情緒的幼兒，如果父母告訴他，蛇有毒會咬人或者給他看一些恐怖性的畫面，幼兒會漸漸對蛇產生害怕的情緒。幼兒在 5 歲左右，伴隨著想像力的發展，開始對神怪故事產生興趣，但神怪故事或者超自然的物體又會給幼兒帶來害怕的感覺。幼兒接觸得越多，害怕情緒會更容易產生。

有時幼兒的害怕情緒並不具有現實性，如果反應過於強烈，父母應特別關注此類害怕，如表 7-2 所示。例如，有一名幼兒園的小朋友非常害怕鋼琴聲。鋼琴聲音悅耳動聽，為何會有如此強烈的害怕情緒呢？原來是有一次小朋友在「躲貓貓」時藏在鋼琴背後，老師突然彈奏起鋼琴，他被這突然的巨大響聲給震驚了。這樣的情緒並不像所想像的那樣，隨著年齡的增長會慢慢消失，如果不及時的向幼兒講解鋼琴的無害性，反而會產生泛化，繼續發展會影響兒童的心理健康。

159

表 7-2　　　　　　　　孩子害怕時，父母應該擔心嗎？[1]

正常的害怕	可疑的害怕
同樣年齡孩子有的類似的害怕	孩子的害怕與年齡不符（例如，2 歲的孩子怕死）
有令人害怕的事實才會出現害怕	在沒有可怕的事實面前，孩子也會感到害怕
在保證和幫助、陪伴下，孩子可面對害怕	什麼而且任何人都無法讓孩子放心
安靜時，孩子能接受承認自己的害怕缺乏理智或太過分	孩子肯定自己的害怕是建立在真正的危險的基礎上的

經典案例

　　小阿爾伯特是心理學史上的非常著名的被試。在他出生后的頭兩年，小阿爾伯特活潑、開朗，對任何新鮮事物都具有強烈的好奇心和探索精神。直到他遇到了一個叫華生的心理學家。華生是著名的行為主義者，他堅定地相信，自己可以操縱一個人的情緒甚至行為，並通過這種操縱，改變一個人的命運。華生將自己的目標指向了小阿爾伯特。作為不知情的幼兒，小阿爾伯特對小白鼠這種原本毫無威脅性的動物產生了強烈的恐懼。華生是怎麼做的呢？他在小阿爾伯特想去用手摸可愛的小白鼠的同時，在他背后製造了強烈的、突然的噪音。小阿爾伯特第一次被嚇壞了。第二次當他又想觸摸小白鼠的時候，同樣的聲音又出現了。反覆多次后，小阿爾伯特將這恐懼的聲音與小白鼠聯繫在了一起。小白鼠開始等同於恐懼的聲音。從此他變得害怕小白鼠起來。沒過多久，小阿爾伯特不僅害怕小白鼠，還開始害怕與小白鼠有類似特徵的物體：白色的、毛茸茸的玩偶等。這就是心理學上最著名的恐懼實驗，雖然它不夠道德，但它證明了人類的害怕和恐懼也可以是學習的結果。

（二）愛

　　愛是複雜的情緒，是多種基本情緒的集合體。愛包含著快樂、溫暖、依戀等。成人最複雜的情感體驗之一就是愛，對於幼兒，他們對愛的理解是什麼？他們是否感受到愛的存在呢？先看看下面的經典案例。

---

[1] 佛朗索瓦·勒洛爾，克立斯托夫·安得烈. 情緒的力量 [M]. 楊燕明，譯. 北京：民主與建設出版社，2004.

第七章 幼兒的情緒與情感發展

經典案例

愛是什麼？聽聽孩子們怎麼說。

「當有人愛上你，他說你名字的方式是不一樣的。你就知道你的名字在他嘴裡說出來感覺棒極了。」——比利，4歲

「愛就是當你出去吃飯時，你把自己大部分薯條給某個人，而卻並不在意他是不是也給你。」——克里希，6歲

「愛就是在你累的時候讓你笑起來的東西。」——特里，4歲

「愛就是在媽咪把最好的雞塊給爹地的時候。」——伊萊恩，5歲

「愛就是你一整天扔下你的小狗狗不管，而它卻仍然舔你的臉的時候。」——瑪麗安，4歲

「我知道我姐姐愛我，因為她把她所有的舊衣服都給了我，而她卻不得不出去買新的。」——勞倫，4歲

作家兼講師里歐·布斯加利亞曾經談到一次比賽，當時他被邀去當評委。那次比賽是要評出最有愛心的小孩。獲勝者是一個4歲的孩子。

小男孩的鄰居是一位新近喪妻的老者。這個小男孩看到那個老人哭泣，便走進他的院子，爬到他的膝上，然後就坐在那兒。后來他媽媽問他對那個鄰居說了什麼，小男孩說：「什麼也沒說，我只是幫著他哭。」

愛的情緒體驗的基礎是依戀。依戀是嬰幼兒時期的靈長類動物與自己的看護者之間產生的情緒。哈洛說，對於嬰兒而言，無論是人類還是猴子的幼嬰，為了生存，他們必須抓住比稻草更多一些的東西。[1] 人類生存除了需要基本的食物、水和空間以外，還需要一種接觸性的安慰，接觸柔軟的、溫暖的事物或人。哈洛的實驗中，提供給幼猴兩個猴媽媽，一個是鐵絲的（冰冷僵硬），但提供乳汁；另一個是木制的，有柔軟的棉花包裹，但沒有提供食物。結果發現幼猴更願意和后者在一起，尤其是當他們發現有危險時，總會衝向后者尋求安全。對人類而言也是同樣，溫暖而柔軟的人或事物，會帶給人類安全感，讓幼兒在這種由溫暖事物或人營造的氛圍下成長，他會變得較有好奇心，更樂意探索周圍的環境。

幼兒和母親或其他看護者之間產生的依戀情感，是今后人生情感發展的重要

---

[1] Roger R. Hock. 改變心理學的40項研究 [M]. 白學軍，等，譯. 北京：中國輕工業出版社，2004.

幼兒心理發展

影響因素。通過對嬰幼兒的觀察發現，幼兒與母親或養育者之間存在三種依戀類型：安全型、迴避型和矛盾焦慮型。安全型的幼兒，在母親離開時會表現得非常不捨，有時會聲嘶力竭的哭喊，但母親離開后會逐漸適應。當母親再次回到身邊，幼兒會開心的衝向母親，在母親在身邊的時候能夠盡情地探索周圍的環境，表現得很有安全感。迴避型的兒童在母親離開或者回來時都表現得無動於衷，且很少主動探索新環境。矛盾焦慮型的幼兒，會在母親離開時萬分難過，但當母親回到身邊，卻表現出疏離和冷漠。幼兒與母親之間的依戀關係如何，決定了幼兒在情緒情感方面是否能健康發展。

　　如果要將幼兒與母親分開，會使得他們產生「分離焦慮」。幼兒在進入幼兒園的時候，這一點表現的尤其明顯。在幼兒2歲之前，分離焦慮並不明顯，雖然嬰兒在照料下與母親形成了依戀，但嬰兒對父母的離去沒有那麼敏感，3歲左右開始，他們才會對於母親的離開格外敏感。此時還會伴隨著陌生人焦慮。在1歲之前，幼兒對陌生人充滿了好奇，較少會表現出對陌生人的恐懼和排斥，到2歲左右，幼兒對陌生人的出現感到害怕，他們會本能地離開陌生人尋找媽媽的懷抱。在這段時間內，幼兒需要進入幼兒園接受教育，這可以看成是他們社會化的一個關鍵期。克服分離焦慮和陌生人焦慮，就成為了幼兒的主要任務。

出謀劃策

　　心理學的實驗表明，人類和動物一樣，對於肌膚的親密接觸有著天生的愛好。看看那些自然界的動物，母猴時常為小猴梳理毛髮中的虱子，貓媽媽也會為小貓咪舔舐身上的皮毛，小狗會經常跳上狗媽媽的身上調皮搗蛋，動物的幼崽無比依戀與母親之間的肌膚接觸，這帶給他們對世界的安全感與信心。

　　在撫育孩子的過程裡，母親或者其他養育者和幼兒的肌膚接觸尤為重要。捏捏孩子的小臉蛋，親親孩子的頭髮，拍拍他的背，揉揉他的腳，這些簡單的事情都被會被幼兒看成是愛的象徵。據調查發現，和世界其他地區的母親相比，墨西哥母親與孩子的肌膚接觸最為頻繁，這也造就了他們的孩子更活潑、大膽，更享受生活和人類間美好的情感。

　　如果想和幼兒建立更好的情感關係，別忘記和他們多些肌膚接觸，這遠勝過只提供給他們衣食和良好的教育。

第七章 幼兒的情緒與情感發展

(三)快樂

快樂是人類最早體驗到的基本情緒之一。快樂（社交性微笑）情緒在4~6周時就表現出來了。社交性微笑是最有效的社會刺激，研究也發現，嬰幼兒對那些出現在他們面前的快樂面孔，會保持更久的關注。這種愉悅發自內心，使幼兒更加信任周圍的人和世界。幼兒快樂的重要來源之一是游戲。游戲是幼兒對世界進行探索的活動，游戲中的徵服感能夠帶給兒童快樂，當他們能夠挑戰一些難題並獲得成功，便會擴大探索的區域和範圍，增強勝任感。在這種快樂的情緒中，幼兒樂觀的性格也漸漸被培養起來，還將獲得戰勝困難的信心。同時，他們的腦海中也建立起一套關於成功和失敗的理論，這些理論將決定未來的他們能否快樂起來。快樂的兒童擁有樂觀、開朗的性格。快樂的情緒還和興趣的產生有很大關係，興趣中包含快樂、興奮，快樂的情緒是興趣發展的起點。

(四)憤怒

憤怒是願望不能實現時或為達到目的而採取的行動受挫時引起的緊張且不愉快的情緒。長時間的痛苦、受限制和強烈的願望受挫會使幼兒憤怒、身體不舒服。例如，幼兒園裡的兩個孩子在爭搶玩具，其中一個見到另一個拿走了自己心愛的玩具，就會忍不住揮舞著拳頭打另一個孩子。當媽媽沒有給孩子買他想要的冰淇淋時，孩子會突然變得生氣起來，站在店門口亂哭亂叫。憤怒會引起幼兒不愉快的體驗，會驅使他們使用暴力，或者讓他們變得不理智、不合作（見表7-3）。

表7-3　　　　　　憤怒時幼兒表情動作的發展變化[1]　　　　　　單位:%

發怒時的表情動作	3歲	6歲	增/減
發怒時亂踢腳	77.6	52	減
發怒時倒在床上或地上亂滾	51.2	29.2	減
發怒時亂哭亂叫	90	71.7	減
發怒時粗暴地對待周圍人	60.5	51.4	減
發怒時一聲不響的忍耐著	41.5	52.9	增
發怒時聽到罵自己也一聲不響的忍耐著	37.5	51	增

[1] 劉文編.幼兒心理健康教育[M].北京：中國輕工業出版社，2012.

心理櫥窗

人們提起虐待孩子時，往往會認為體罰才算虐待孩子，而忽視了情感上的虐待。情感虐待的危害尤甚於肉體上的虐待，因為情緒和心理的虐待是隱性的，不像肉體虐待這麼容易證明，對孩子會造成很深的精神創傷，嚴重的還會造成心理障礙。情感虐待是指心理上的虐待，指的是危害或妨礙兒童情緒或智力發展，對兒童自尊心造成損害的長期重複行為或態度，如拒絕、漠不關心、批評、隔離或恫嚇，最常見的形式是辱罵或貶低兒童的人格。情感虐待有以下一些行為：

指標1：對孩子微笑、好動之類的行為進行懲罰。

指標2：阻止幼兒與家長親熱的行為，如每當幼兒尋找接近、安撫和感情時就把他們推開。

指標3：家長沒完沒了地批評孩子，傷害孩子的自尊心。

指標4：家長為孩子學習人際關係技巧（如尋求友誼）而懲罰孩子（其實，家庭以外的環境如學校、同齡群體的接納對孩子來說是很重要的）。

四、幼兒情緒發展

（一）幼兒情緒認知的發展

面部表情是人類表達情緒的主要手段。幼兒對人類面部表情的理解程度如何？他們可以識別出哪些面部表情？德納姆（Denham）發明了用於識別2~4歲兒童的高興、傷心、生氣和害怕表情的方法。具體操作是向兒童呈現表情圖片，讓兒童用言語命名這些表情或者讓兒童從4種表情圖片中指認出相應的表情。結果表明，兒童指認表情的能力優於命名表情的能力。[1] 也就是說，幼兒能夠從他人的面部讀懂其情緒的含義，但暫時還沒有能力對這種含義進行命名。后來的研究者還發現，對於不同的表情，幼兒的識別能力有所不同：高興、傷心和好奇是他們容易識別的，而害怕、討厭和生氣的表情，幼兒的識別能力還比較差。那麼對於更複雜的表情，如愧疚、害羞等，幼兒的識別程度就更加有限了。

除了能夠從表情理解情緒之外，幼兒能不能從他人的情緒中推論得到情緒產生的原因呢？為了考察這一點，研究者讓幼兒談論父母或者他人的情緒，並問他們，為何他/她會產生某種情緒？結果發現，5歲的兒童已經能夠對他人情緒產生的原因給出合理的解釋。幼兒尤其對消極情緒的解釋更加穩定和準確。

---

[1] 徐琴美，何潔. 兒童情緒理解發展研究［J］. 心理學進展，2006，12（3）.

第七章　幼兒的情緒與情感發展

出謀劃策

在心理學的經典研究中，有一項叫「視崖實驗」。實驗者把幾名1周歲的嬰兒放在「視覺懸崖」上：一種玻璃臺面的小桌子，桌子一半是用紅白格子團組成的結實桌面（淺灘），另一半是同樣的紅白格子團，但它在桌面下面的地板上（深淵）。當兒童爬向深淵時，母親在那裡等待，同時根據指令做出如下的表情：高興、關心、憤怒、生氣、悲傷。結果顯示，當母親表現出害怕時，寶寶會拒絕爬過「懸崖」。當看到目前高興的表情，嬰兒會檢查懸崖，願意跨越「懸崖」。嬰兒能根據自己媽媽所提供的情感信息採取行動，這稱為社會參照。這種現象在嬰幼兒身上表現得非常明顯。

正是基於此，當父母和孩子相處時，要明白父母自身所表現出的表情、行為，都能夠瞬間被孩子捕捉到。他們會以父母的表情作為線索調整和學習。下次當父母看到一只大蜘蛛時，千萬不要驚慌亂叫，如果父母遇到憤怒的事情立刻大發雷霆，那麼孩子將來也很可能缺少控制憤怒的能力。

(二) 幼兒情緒的表達和調節發展

情緒調節是對情緒反應（特別是情緒的強度和持續性）進行監控、評估和修正，以實現個體目標的過程。情緒調節的發展和幼兒的認知能力發展、社會性發展有關係。隨著年齡的增長，兒童的情緒調節能力越來越強，調節策略越來越豐富，運用得也越來越靈活。

研究者一般會結合兒童的生理指標變化，如心跳變化、皮膚電阻變化進行研究；還有的研究者使用實驗法，設計具體實驗情景，如與父母分離、引發失望等，觀察幼兒的情緒調節狀況；還有一些研究者使用面談法，直接由幼兒進行自我報告。

結果發現，當4~11歲兒童被問道「沮喪時你會做什麼」時，幼兒大多數會提到游戲的策略或是做一些有趣的事情讓自己感覺好過些；較少兒童承認採取迴避策略、尋求安慰或者幫助的策略。[1]

柯普（Kopp）等研究者發現，在學步期以前，如果照料者常常有目的的幫助孩子分配注意力或者示範情緒調節策略，幫助和支持孩子調節情緒，則會極大促

---

[1] 陸芳，陳國鵬. 兒童情緒調節的發展研究 [J]. 心理科學，2003, 26 (5).

進幼兒情緒調節能力的發展。[1] 可見，父母親的示範作用和主動幫助、指導，能夠讓幼兒學會如何與他人相處，並適應不良的環境和情緒，發展更有效的情緒調節策略。父母需要注意，以下幾個方面父母自身的反應，將會影響到兒童的情緒和社會能力發展：

1. 父母對兒童情緒的反應

如果父母對兒童的情緒反應方式很積極，能夠理解幼兒的情緒，那麼孩子的情緒調節能力也會較好。例如，有一個小孩，他的父母總是用很嚴肅的態度對待他，每次他感到快樂蹦蹦跳跳的時候，母親總會說不要鬧；每當她被母親責罰而哭泣時，母親總會說不許哭。長大后他會覺得，任何情緒的表達都是錯誤的。每當他感到快樂或者悲傷的時候，根本不知道該用什麼方式表達和調節。

2. 父母與孩子間關於情緒的談話

父母如何在養育過程中，用語言與幼兒直接溝通，遇到各種情緒該如何調節，具體方法是什麼，也起到很好的示範作用。

3. 父母對情緒的表達

父母如果能夠自如的、恰當的調節、表現情緒情感，兒童也能夠學習到同樣的方式。如果父母在互動中經常面無表情，幼兒會表現出更多消極、冷漠的情緒反應。

(三) 幼兒情緒偽裝能力的發展

假裝是指個體用另一種「現實」覆蓋或替代自己要保護、隱藏或偽裝的真實情況。情緒偽裝也是一種假裝。目前心理學界通常認為兒童 2 歲時才出現假裝。[2]

2 歲左右的幼兒，會誇大自己的情緒，尤其是負面情緒。例如，當需求得不到滿足時一直哇哇大哭，表現出很大的悲傷和憤怒。這時的偽裝還處於反射性的階段，幼兒還沒有意識到情緒的作用和情緒發生的環境。隨著年齡的增長，4 歲左右的幼兒開始有意識的運用社會認可的情緒表達規則，誇大或隱藏自己的情緒，這時他們能夠意識到在某些情境下，表現某些情緒，可以得到不同的結果。例如，幼兒沒有得到老師的獎勵，會在旁邊一直哭個不停，即使勸也勸不住。直到老師

---

[1] 陸芳，陳國鵬. 兒童情緒調節的發展研究 [J]. 心理科學，2003，26 (5).
[2] 史冰，蘇彥捷. 兒童情緒偽裝能力的發展和影響因素 [J]. 心理科學進展，2005，13 (2).

給他想要的東西才會停止。幼兒對消極情緒的隱藏比對積極情緒的隱藏更多。

幼兒的情緒偽裝遠遠比學齡兒童的情緒偽裝簡單得多。有一位研究者給幼兒和學齡兒童看一幅面部表情和情境相衝突的畫面，結果發現3~6歲的幼兒忽視衝突，認為畫中人的表情與主人公內心感受是一致的。而學齡兒童會指出，主人公在進行偽裝。看來，幼兒的情緒偽裝能力是逐步社會化的過程，隨著他對成人情緒表達的認識和理解，會逐漸掌握在不同的場合，表現出與內心不一致的情緒，這是幼兒適應社會生活的重要條件之一。

出謀劃策

用言行影響孩子對不快事件的反應

是不是會經常遇到這樣的情況：孩子在家長身邊，本來玩得很開心，突然摔了一跤，當家長心疼的把孩子抱起來，孩子卻總是無法止住哭泣，越勸哭得越凶。再看看孩子身上，好像也並沒有什麼嚴重的傷害。

孩子這種「小把戲」，只不過是誇大了自己的情緒感受而已。尤其是在家長在場的時候。那麼遇到這類情況家長最好該如何處理呢？

家長態度要沉著，不要對很小的傷害都表現得大驚小怪。可以對孩子說：「這一跤摔的可不輕哦！但是我覺得你沒怎麼受傷」之類的話。孩子能夠迅速理解這句話裡的暗示，大多數時候他們都會自己爬起來繼續玩。

如果這招不管用，接著用下面的方法：家長可以告訴孩子，你的傷口一定很疼（肯定他的真實感受），但爸爸/媽媽以前也摔跤（或者其他）有一個傷口，當時爸爸/媽媽哭得沒有你凶哦！你要不要看看我的傷口？幫助孩子轉移注意力也是一個好方法。

大人是掌控局勢的人。只有大人不把這件事情看成無法解決的，給孩子示範解決問題和化解情緒的方法，孩子才會慢慢學會調節自己的情緒。

幼兒心理發展

第二節　幼兒情緒訓練

一、幼兒情緒的特點

幼兒的情緒易變性強，作為家長和老師，要幫助幼兒學會調整情緒，培養積極健康的情緒，第一步是要瞭解幼兒的情緒狀態。幼兒的情緒狀態發展有以下幾個特點：

1. 情緒容易衝動

幼兒的腦部發育還不完整，對情緒的理解、調整能力還在形成之初，因此當他們一旦感受到情緒，往往會淋漓盡致地表現出來，使負面情緒更加無法抑制。年齡越小，情緒的衝動性越大。幼兒到4歲左右，逐漸學會在情緒狀態中轉移注意力，採用不同的策略調整情緒，情緒的衝動性才會下降。

2. 情緒不穩定

幼兒情緒的變化很快，前一秒鐘還在號啕大哭，媽媽出現了立馬破涕為笑。幼兒的注意力容易轉移，當他們的注意力從某種情緒中被轉移到其他事物上時，很容易擺脫先前情緒的影響。

3. 情緒外露

幼兒的情緒表達極為自然，內心產生何種情緒，便會表現何種行為。想哭就哭想笑就笑，其情緒調節能力還較弱，從表情就很容易判斷內心情緒。例如，撅嘴就是不高興，皺眉代表憤怒或者厭惡。幼兒對自己的情緒很少進行抑制，即便他們開始學習在不同的情境下表現不同的情緒，但對表情的控制還遠遠不夠。

二、幼兒情緒的測量與評估

在前文中講述了情緒包含三個方面的內容：生理反應、內心感受和行為。不同情緒有不同的內心感受，幼兒的認知和語言發展，還不能讓他們非常準確的描述自己的心理狀態。雖然幼兒產生了某種心理感受，但他的外在行為和生理反應，卻不一定能被老師和家長準確的判斷。因此，掌握對幼兒情緒的測量和評估方法非常重要。

1. 觀察法

觀察法是極為常用的方法。雖然他看起來普通，但在實際生活中卻最為直接

第七章　幼兒的情緒與情感發展

可用。家長和老師與幼兒朝夕相處，具有觀察幼兒得天獨厚的條件。觀察法提倡家長和老師對幼兒的各種變化保持敏感性，有目的和計劃地觀察兒童的情緒行為。

觀察法要得到客觀真實的數據，需要注意以下幾點：

（1）使用觀察日記，記錄行為表現和場景。

觀察法的主要工具除了雙眼和大腦之外，進行記錄的教學筆記也是必不可少的。觀察時幼兒處於運動狀態，行為、語言和表情瞬息萬變，需要有目的、分門別類地進行記錄，才能確保掌握的信息有效而準確。

在記錄觀察日記時，要記錄觀察的情境，有哪些因素對幼兒產生影響；記錄幼兒的行為，他與何人進行互動，誰發起了互動，他又進行了怎樣的回應；記錄幼兒的表情變化，在什麼情況下，幼兒的情緒起了變化，強度如何，持續了多久，何時結束，原因為何。為了明確起見，可以參考表7-4。

表7-4　　　　　　　　　　幼兒情緒觀察記錄表

觀察地點：	觀察時間：	
觀察對象：	性別：	年齡：
觀察人：		
行為場景：		
與他人互動情況：		
情緒狀況： 變化： 強度： 持續時間：		
發現：		

（2）保持客觀，避免過快的主觀判斷。

觀察法需要觀察者利用盡量多的觀察，從幼兒的情緒發展變化中尋找出共性的地方。例如，有的幼兒會在媽媽離開后的半天時間裡表現得非常抑鬱和低落，這半天時間與他人的互動減少，活動興趣減弱，幼兒教師就可以判斷出該名幼兒

還沒有很好地適應幼兒園，正被分離的焦慮所折磨。那麼接下來就可以有的放矢地幫助他適應。觀察者也需要注意，觀察時不宜過快下結論，如觀察者恰好看到一個孩子在打另一個孩子，匆忙給這名孩子加上攻擊性強的標籤是不合適的，因為還沒有通過觀察全方面的瞭解這個孩子到底為何憤怒，他的憤怒合理與否？經過進一步瞭解，發現被打的孩子經常欺負這名打人的孩子，那麼就可以理解他產生攻擊行為的原因，也能夠幫助他使用更好的方式處理受欺負的問題。

（3）結合多方信息，體現事物原貌。

觀察者要注意，觀察的目的是還原事物的原貌，而不是為幼兒貼上標籤。有時觀察者難免會用成人的標準去看孩子，甚至是用自己的標準去衡量孩子。為避免觀察者的主觀判斷過強，最好是從多角度瞭解被觀察對象，包括與他關係要好的其他孩子、孩子的父母、爺爺奶奶等。

2. 報告法

報告法是指教師或家長使用恰當的方式方法，直接詢問孩子的內心感受。詢問的方式非常重要，因為年齡小的幼兒，還沒有發展出適當的語言能力表達內心感受，對他們而言，報告法並不準確。對年齡較大的幼兒可以採用這種方法。例如，可以詢問他今天高興不高興，什麼事情讓他特別高興等。

3. 塗鴉法

由於幼兒的語言表達能力有限，可以通過繪畫的形式讓他們表達情感。繪畫是對內心感受最細膩的刻畫。繪畫的色彩、線條、圖案，都是幼兒內心感受的投射，具有較強的臨床分析價值。憑藉分析幼兒繪畫中的線條、圖案、方位以及色彩組合，可以分析出幼兒目前的心理狀態，瞭解幼兒的需求、家庭關係、攻擊性傾向等。需要注意的是，對塗鴉的解讀，最好是請專業人士進行。同時，幼兒對塗鴉的自我解讀也極為重要。

心理櫥窗

沙盤療法

沙盤療法是使用沙子和其他道具為工具進行心理治療的方式。

沙盤療法和塗鴉法類似，讓幼兒根據自己的喜好，在沙盤裡隨意擺放沙具，所呈現出的場景，就是幼兒內心世界的反應。

沙盤療法在治療過程中較少使用語言，幼兒有充分的自由擺弄沙具，在擺放

第七章 幼兒的情緒與情感發展

沙具的過程中,治療師一直作為一個陪伴者和觀察者存在。通過分析幼兒的沙具擺放,治療師一步步瞭解幼兒內心深處的感受和想法。而幼兒也能夠通過內心世界的客觀呈現,慢慢敞開心扉,達到了宣洩的目的。

三、幼兒常見情緒問題的處理對策

(一) 如何應對幼兒哭鬧

幼兒哭鬧可能是最讓家長和教師煩心的事情之一了。不停地哭泣、大喊大叫、甩手、摔東西,甚至是咬人,家長和教師越勸阻,有時效果反而越糟糕;幼兒仿佛在說,你看你看,讓你不滿足我!

幼兒思維發展的特點之一叫自我中心,在他們幼小的世界裡,外部世界是以自己的意志為轉移的:我需要什麼,什麼東西就應該出現在我面前;如果不出現,我很生氣,那麼它就會出現了!不用驚奇,這是幼兒的邏輯,看起來多麼的可笑,卻是我們每一個人都經歷過的。隨著年齡的增長,幼兒與世界的互動加深,上述邏輯就會慢慢發生改變。

經典案例

回想一下你的童年,是不是有過這樣熟悉的經歷:父母被孩子一直的哭鬧搞得心煩氣躁,於是很嚴厲的告訴孩子,再哭就把你送到警察叔叔那裡去!於是孩子止住了哭泣。在教育傳統中,恐嚇是父母和老師經常使用的一種手段。據臺灣學者周愚文考證,在宋史關於教育習俗的記載中,就已經提到一種借助外在的、帶有神秘色彩的力量來嚇唬小孩子的做法。當時人們稱那個嚇唬孩子的形象為麻胡或者是劉胡等。[1] 幾乎每一個成年人在幼兒時期都曾經從父母或者教師那裡領教過這種教育方法。等他們長大成為父母,也駕輕就熟的將這種方法用在下一代身上。因而人們也很難認真去思考,這樣的教育方式給孩子到底帶來的是什麼?是否在這種恐嚇中,孩子收斂起了真實的想法和意願,讓我們失去了更進一步瞭解他們的機會?

遇到幼兒的哭鬧該怎麼處理呢?

第一招,轉移注意力。

---

[1] 劉品波. 社會學視野下的師幼互動行為研究 [M]. 南京:南京師範大學出版社, 2006.

這招經常被使用，幼兒哭鬧的時候給他一個更大更好的玩具，讓他看看周圍其他新鮮有趣的畫面或者是動物，沒過一會兒他就會忘記繼續大哭。不過有時候這招也不是那麼奏效，這時候教師或者家長可以和幼兒玩游戲，讓他用不同的方式說出他想要什麼，第一遍大聲說，第二遍小聲說，第三遍以最快的速度說。幼兒將注意力轉移到語言表達上，過一會就會忘記哭了。

第二招，如實堅持原則。

教師或者家長應該在幼兒哭鬧的時候瞭解具體原因，評估一下幼兒的情緒表達是否吻合情境。有人無故拿走了幼兒的玩具，和幼兒想買一個冰激凌賴在街上哭鬧，父母和教師的處理方式肯定有很大不同。在處理兒童哭鬧時要注意，堅持你的原則，如實的描述情景和現實，如果幼兒仍然不依不饒，可以表達說：「我喜歡好好講話的孩子。」或者說：「我等著你，等你不哭了，咱們再說。」教師和家長要控製好自己的情緒，雖然這種情況下容易心煩氣躁，但切忌對孩子亂發脾氣。你控製好了情緒，他才能以你為榜樣，學習克制自己的壞脾氣。

(二) 如何幫助幼兒克服分離焦慮

幼兒離開父母溫暖的懷抱，開始幼兒園生活，應該算是幼兒生活中的一個小小的挑戰。在幼兒生活的早期，他們與自己的母親或者撫養人建立了深厚的情感依戀關係，在母親周圍，世界是安全可靠的，進入幼兒園，意味著離開安全可靠的基地，開始「準社會生活」，即與其他小朋友一起學習、玩耍。在和母親分別的過程裡，幼兒會體驗到害怕、恐懼、擔心，表現得愛哭、膽小、愛生病、尿床、多夢、夜驚等，變得過分敏感、自卑、退縮、謹小慎微、依賴大人，這就是分離焦慮。有些家長送孩子去幼兒園變成了艱鉅的任務：幼兒緊緊抓住欄杆不放手，死也不肯踏進幼兒園，即便是交給了老師，有半天時間都眼淚汪汪的。

教師該如何幫助這些孩子克服分離焦慮呢？

第一，向父母瞭解孩子喜歡的玩具、喝水的頻率、睡覺的方式、喜愛的食物、討厭的食物、喜歡的兒歌、喜歡被安慰的方式等。

第二，讓父母將孩子喜歡的玩具、熟悉的東西一併帶過來，如毛毯、玩偶、手絹等。

第三，在父母在場的情況下，帶領孩子參觀幼兒園的各個角落。

第四，把孩子熟悉的東西放在指定的地方，並貼上孩子的姓名。

第五，蹲下來看著孩子的眼睛說話。

第七章　幼兒的情緒與情感發展

四、幼兒情緒培養的指導

(一) 教會幼兒應對情緒體驗

幼兒與成人對情緒的內心感受沒有差異，讓他們感到某種情緒的範圍也和成人差異不大。然而幼兒常常會放大自己的情緒，因為他們還沒有像成人一樣學會認識情緒和調整情緒。因此可以觀察到，幼兒經常會感到沮喪、悲傷、快樂和害怕等。這些情緒來得快也很強烈，如果幼兒沒有被教導該如何處理和應對這些經常光顧他們的情緒，則有可能會在未來變得更加手足無措或者也可能朝向另一個極端：無感情的活著。

作為家長和教師，要幫助兒童去認識和表達這些為他們生命帶來豐富色彩的情緒，用社會所許可的方式表達自己內心的感受，讓他們與自己的內心和平共處，同時既能不給他人帶來傷害，也能夠幫助他們更加瞭解真實的自己。

學者戈特曼研究了父母在家庭裡如何處理情感行為的方法，發現了四種不同的教養風格如表 7-5 所示：

表 7-5　　　　　　　處理兒童情感行為中的教養風格[1]

教養風格	特　點
批評法	父母經常因為兒童表現出消極情感而批評他們
輕視法	父母對兒童的消極情感忽視或者不當回事
放任法	父母接受兒童的消極情感，但是不能提供指導或者支持
支持法	父母接受兒童的消極情感，承認這些情感，並表示理解

支持法下成長起來的幼兒，對自己和他人的情感有更強的理解能力，他們也會感到悲傷、脆弱、害怕、難過，但比起其他教養風格下的孩子，他們更懂得如何鼓勵自己，恢復積極的情緒。

為了幫助兒童深入探索理解他們的情感世界，家長和教師可以使用以下資源：

第一，書籍。現在市面上有大量圖畫書籍，專門用來幫助兒童處理一系列情形及與此有關的情緒。家長和教師可以陪孩子一起閱讀，鼓勵孩子設身處地感受情緒，並指導他們去應對這些情緒。

---

[1]　莫琳·戴利，伊利莎白·拜爾斯，溫迪·泰勒. 早期教育理論的實際應用 [M]. 王海波，譯. 南京：南京師範大學出版社，2010.

第二，音樂。音樂最能夠激發起人類的情緒和情感。音樂也是人類表達情感的方式之一，內心有著怎樣的情感，就會流淌出怎樣的音樂。教會幼兒一些音樂技能，也可以有效的幫助他們調整和宣洩表達情緒。

第三，游戲。家長和教師可以設計一些游戲，如有故事情節的角色扮演游戲，讓幼兒在游戲中體驗情感。游戲也是幼兒對社會生活的一種模擬，有相當強烈的影響。同時也可以借助一些小道具，如玩偶、布娃娃等，來進行角色扮演。

出謀劃策

支持兒童情緒發展的良好行為包括：[1]

積極支持兒童對自己情感的公開表達，無論是正面的還是負面的。

鼓勵兒童描述自己的感受，尤其在衝突發生的時候。

彎下腰來認真傾聽兒童心聲，並使用目光接觸策略。

傳遞溫馨、尊重和同情。

鼓勵兒童探索、做決策和嘗試挑戰性的項目。

鼓勵兒童在一系列的項目和活動中相互協作。

提供很多想像游戲的機會，使兒童可以安全表達、探索情緒和情感。

（二）設計相關情緒類課程

對幼兒教師而言，根據幼兒身心發展特點，設計教學活動的能力非常重要。以下提供兩種幫助幼兒探索情緒的游戲：

1. 游戲1：情緒配色游戲

活動步驟：

（1）準備7張小狗圖片，分別寫上快樂的狗、生氣的狗、悲傷的狗、害怕的狗、有人疼愛的狗、寂寞的狗、自信的狗。

（2）準備一盒彩色筆。

（3）將圖片發給兒童，問幼兒，如果這是一只……的狗，你想要把他塗成什麼顏色？如果這是一只……的狗，你想給他畫上什麼樣的眼睛？

（4）讓幼兒按照自己的喜好進行配色，分別在7張圖片上塗上顏色。

需要注意的是：對幼兒的配色不要給予提示或者干涉，要給予幼兒最大的

---

[1] 莫琳·戴利，伊利莎白·拜爾斯，溫迪·泰勒. 早期教育理論的實際應用[M]. 王海波，譯. 南京：南京師範大學出版社，2010.

第七章　幼兒的情緒與情感發展

自由。

2. 游戲2：情緒音樂游戲

活動步驟：

（1）準備4~5段音樂，最好是自由樂曲沒有人聲的歌曲。每段音樂表達一種情緒，例如，貝多芬的《命運》表達悲憤情感，理查德·克萊德曼的《水邊的阿迪麗娜》表現思念的情感，阿炳的《二泉映月》表達滄桑的情感，久石讓的歌曲表達輕快的情緒。

（2）在開闊的場地請幼兒散開，打開音樂，告訴幼兒根據自己的感覺扭動身體。

需要注意的是：要注意場地活動的安全性，注意歌曲的選擇，盡量選擇情感差異大的音樂，在幼兒忘我的進行扭動時，不要干涉，即使動作怪異，也是情感表達的需要。

要點回顧

1. 情緒是重要的社會交流手段，幼兒情緒的發展是社會化的重要內容之一。情緒包括三部分內容：生理成分、認知成分以及行為成分。

2. 幼兒的害怕情緒可以經過學習獲得。學習是指通過自己的經驗、對他人的觀察或者是某些事物與恐怖事物的聯繫而產生的。

3. 幼兒的憤怒情緒會導致攻擊行為的產生。

4. 父母與幼兒之間最初建立的彼此需要的情感關係稱為依戀。依戀是愛的基礎。

5. 依戀類型大體分三種：安全型、迴避型和矛盾焦慮型。不同的依戀類型，孩子對父母的行為和情感反應存在巨大差異。普遍認為，這種依戀會影響到他們日后的人際關係，尤其是親密關係。

6. 幼兒能夠讀懂別人的面部表情，尤其是積極的面部表情，對消極的面部表情如生氣、討厭，識別度較低。

7. 如果照料者常常有目的的幫助孩子分配注意力或者示範情緒調節策略，幫助和支持孩子調節情緒，則會極大促進幼兒情緒調節能力的發展。

8. 隨著年齡的增長，4歲左右的幼兒開始有意識的運用社會認可的情緒表達

規則，誇大或隱藏自己的情緒。

9. 家長對自我情緒的調整影響幼兒對自己情緒的調整方式。家長要有意識的幫助幼兒表達、調整自己的情緒。

● 問題討論

1. 怎樣幫助幼兒園的小朋友更快融入新環境？
2. 假如一位小朋友的母親去世了，如果你是他的老師，你會怎麼幫助他緩解悲傷情緒？
3. 遇到一個經常耍賴的小朋友，該如何處理？

● 老師推薦

電影推薦：

《幼兒園特警》（Kindergarten Cop）

書籍推薦：

艾閣萌有限公司. 托馬斯和朋友幼兒情緒管理互動讀本 [M]. 童趣出版有限公司, 譯. 北京：人民郵電出版社, 2011.

● 網絡資源

家長易學站（http://www.hkedcity.net/article/parent_infant_edu/080408-001/）是由香港教育城經營的一站式平臺，網站內集教育信息（Information）、教育資源（Resources）、互動功能（Interaction）及科技服務（Service）於一身，並為家長提供網上的親子信息的學習機會。為幫助家長們掌握親子的角色，讓家長們可以隨時隨地按照個人需要在網上自學。

第八章
個性的形成

本章要點

第一節　個性概述
- ✓ 什麼是個性
- ✓ 幼兒個性發展的理論

第二節　個性形成的影響因素
- ✓ 幼兒的氣質
- ✓ 父母養育方式

第三節　個性形成的關鍵——自我意識
- ✓ 什麼是自我意識
- ✓ 自我意識的成分
- ✓ 自我意識的萌生與發展

第四節　幼兒自尊的培養與發展
- ✓ 幼兒的自尊
- ✓ 培養幼兒自尊的方法

人們常說：「三歲看大，七歲看老」。這句話並非毫無根據。美國一項最新研究顯示，人的性格在童年時期的早期就能形成，從6~7歲孩子身上可以預測出他成年後的一些行為。研究報告在美國《社會心理學和人的性格科學》季刊發表。美國加利福尼亞大學里弗賽德分校、俄勒岡大學和俄勒岡研究所的研究人員共同

開展這項研究。他們首先找來20世紀60年代對夏威夷州約2,400名不同種族的一至六年級小學生的一份調查。調查中，這些孩子的老師依照學生日常表現，以打分方式進行性格方面的評價。40年后，研究人員找到其中144人進行深入調查，並給研究對象接受調查時的情況錄像。研究人員主要對比4項性格特徵：是否健談，又稱語言流利度；適應性，即能否很好適應新情況；是否易衝動、感情用事；自我貶低程度，主要看是否弱化自身的重要特質。通過對比，研究人員發現，那些當年被認為健談的孩子，中年時善於動腦、講話流利，總是試圖控制局面並表現出高度智慧；而當年被老師認為不健談的孩子，中年時多表現為缺少主見，遇挫折容易放棄，不善於處理人際關係。當年被認為適應性強的孩子，成年后多表現出樂觀開朗、善於動腦、講話流利；適應性打分低的孩子，成年后態度消極、缺少主見、不善於處理人際關係。當年被認為易衝動的孩子，成年后傾向於大聲說話、興趣廣泛、健談；不易衝動的孩子，成年后多表現得膽小害羞，與人保持一定距離，缺乏安全感。當年被認為自我貶低度高的孩子，成年后易內疚，喜歡尋求安慰，愛講自己的消極面，愛表達不安全感；自我貶低程度低的孩子，成年后傾向於愛大聲說話，善於動腦，表現出優越感。研究報告主要作者、加州大學里弗賽德分校博士生克里斯托弗·內夫說，研究結論令人吃驚。「我們仍可辨認出同一個人」他說，「這正好說明了瞭解性格的重要性，因為它可以跨越時間和環境，追隨你一生。」先前研究顯示，雖然人的性格可以改變，但這並不容易。內夫說：「生活中發生的事件仍對人的行為構成影響，但我們必須承認未來行為中性格所起的作用。」

第一節　個性概述

一、什麼是個性

在日常生活中，人們經常使用各種形容詞來描述他人：外向的、熱情的或者內向的、緘默的等。為了掌握他人行為的規律，人們發展出一套對他人進行判斷和行為推測的理論。事實上，科學家也觀察到，的確每個個體的行為有一定的穩定性和一致性，即人類有一種較為固定的行為傾向性，表現在大多數場合之中。這就是人格，也稱之為個性。

第八章　個性的形成

一個外向、精力充沛的人，無論在家裡還是在陌生環境下，都表現出積極主動、善於交往；一個個性內斂沉穩的人，無論面臨自己的職業選擇還是為他人辦事，都表現出沉著謹慎。而這種特徵，很可能在他幼兒時期就得以表現，直到成年一直如此。

個性或人格，幾乎是對人整體的概括。用來描述一個人個性特徵的詞語，如同貼在身上的標籤，甚至有可能跟隨一生。中國古代就有「三歲看老」的說法，三歲時幼兒表現出的個性特點，往往是未來幾十年之后的個性。

「人格是一種預言。」人格是一個人喜怒哀樂、生活成敗的根源。性格決定命運一點不假。面對挫折與失敗，樂觀的人笑著面對，悲觀的人自暴自棄，幼兒時期漸漸形成的性格，隨著環境、經驗的變化，逐漸變得穩固清晰起來，支配一個人的全部生活。

個性具有以下幾個特點：

1. 獨特性

世界上找不出兩片相同的樹葉，同樣世界上也找不出完全相同個性的兩個人，即使是雙胞胎，也在個性上具有極大的差異。人類的個性是多面的，每個人都擁有屬於自己的排列組合，有些個性特徵存在相似性，有些個性特徵完全不相似，而不同個性的排列組合構成的整體個性，又呈現出另一番模樣。

2. 整體性

個性是一個統一的整體結構。個性好像一個擁有很多剖面的鑽石，各個面相互影響、相互作用、相互依存。而外界他人觀察到的，則是這些不同個性特點綜合作用表現出的特點。

一個人個性的不同層次和不同特點，是較為統一和諧的。如果一個人的個性不同層次和層面存在衝突，則會表現出某種心理衝突甚至精神疾病。

經典案例

多重人格[1]

美國《精神病大辭典》對於多重人格的定義是這樣的：「一個人具有兩個以上的、相對獨特的並相互分開的亞人格，是為多重人格。多重人格是一種癔症性的分離性心理障礙。」多重人格的基本特徵是雖然同一個體具有兩種或更多完全不

---

[1] 本案例改編自蘇曉波《神秘莫測的多重人格》和王溢嘉《揭開多重人格的變態心理》兩篇文章。

同的人格，但在某一時間，只有其中之一明顯。每種人格都是完整的，有自己的記憶、行為、偏好，可以與單一的病前人格完全對立。多重人格可以有雙重人格、三重、四重……最多的可以達到 17 重人格。

　　1957 年拍攝的電影《三面夏娃》（The Three Faces of Eve）是基於科比特和赫維（Corbett H. Thigpen & Hervey M. Cleckley）醫生的臨床記錄改編而成的。而這個故事的原型克里斯汀（Chris Costner Sizemore）也順利成為 21 世紀最街知巷聞的多重人格障礙患者。她在 20 世紀 50 年代因頭疼難忍而去看心理醫生，因為症狀看起來像歇斯底裡症，醫生普林斯決定以催眠術來尋求她的病因。克麗絲汀是一個理想的催眠對象，很快就進入催眠狀態中，但在越來越深的催眠中，卻發生了一件奇怪的事：克麗絲汀好像變成了另一個人，從她的嘴裡冒出的是另一個女孩的聲音，而且以輕蔑的口氣將克麗絲汀稱為「她」。「但你就是『她』呀。」普林斯充滿興味地說。「不，我不是！」那個聲音斬釘截鐵地說。普林斯知道他看到了克麗絲汀的另一個人格。這個人自稱是莎莉，她的言行舉止完全不像克麗絲汀，從說話的語氣上就可感覺出她是一個淘氣、喜歡開玩笑、情緒高昂的女孩子（克麗絲汀則是傳統溫柔型的女孩）。莎莉以不屑的語氣說克麗絲汀是個優柔寡斷、軟弱的「笨女人」，她似乎知道克麗絲汀的一切，但克麗絲汀顯然不知道莎莉的存在。開始時，莎莉只會說話，而無法張開眼睛（因為在深度催眠狀態中的克麗絲汀是閉著眼睛的）。但慢慢的，莎莉自己能張開眼睛（也就是說讓閉著眼睛的克麗絲汀睜眼），在獲得行動自由后，她即將她的「豪放女」作風表露無遺，譬如向普林斯要香菸抽、要酒喝，說話時還將兩腳蹺到桌面上。但在解除催眠，克麗絲汀又從恍惚狀態中醒轉過來后，卻對自己手上拿著菸、雙腿蹺在桌面上的「非淑女動作」感到驚駭莫名。有一天，普林斯打電話到克麗絲汀的住處，結果又發生另一件更奇怪的事：接電話的居然又變成另一個女人。從語氣上聽起來，她似乎是一個成熟、有責任感而且自制的女性。她誤以為普林斯是一個名叫威廉・瓊斯的男人，她警告他最好不要來，否則她將對他不客氣。這個成熟女性是克麗絲汀的第三個人格，普林斯將她稱為 B4（克麗絲汀及莎莉則分別是 B2 及 B3）。隨著治療的進展，事情也慢慢明朗化。原來克麗絲汀擁有三個人格，在日常生活裡，刁蠻的莎莉不時會「出來」取代文雅的克麗絲汀，而負責任的 B4 則經常扮演收拾殘局者。莎莉和 B4 彼此厭惡，對於莎莉開的玩笑，克麗絲汀往往只是將它當成悲慘的命運般被動地接受，而 B4 對這些玩笑則深惡痛絕。

第八章　個性的形成

譬如有一次，克麗絲汀搭火車準備到紐約找一份像樣的工作，但在火車上，莎莉卻突然冒出來，她在中途下車，到一家餐廳去當女侍，克麗絲汀覺得這件工作無趣而讓人疲憊，但也無計可施。最后，B4出現，她走出餐廳，當掉克麗絲汀的手錶，買車票準備回波士頓。但在途中，莎莉又冒出來，她刁難B4，拒絕回到克麗絲汀在波士頓破舊的小屋，反而到別處租了一間新房子。最后，克麗絲汀「醒來」，卻發現自己睡在一張奇怪的床鋪上，她不知道自己置身何處，也不知道從何而來。

大部分已知的分離性身分識別障礙在童年時期都有過一些我們稱之為「創傷」的體驗，包括受到性虐待、身體虐待、目睹親人的死亡等，孩子在經受了無法承受的痛苦、無力和絕望感后，又沒有獲得外界的支持，無從逃脫時，就會幻想自己變成了另一個人，來逃避這種讓人窒息的感覺。臨床研究發現患多重人格的人受暗示性是很強的，換個詞來說就是更容易被催眠。所以他們有可能是自我催眠，從一個皮囊裡逃到另一個皮囊裡去。

上面提到的案例中，克麗絲汀的父親是個不負責任的酒鬼，她的童年是一片悲慘的灰色。瓊斯是克麗絲汀家的一位友人，對克麗絲汀很好，小小的克麗絲汀將她的情感都投注在瓊斯身上。在后來的回憶裡，她仍認為瓊斯是一個正直、如神一般的男人，擁有她父親應該具備的一切優點。當克麗絲汀13歲時，她母親不幸去世，克麗絲汀更孤苦無依，整天淚流滿面，也就在這個時候，她開始出現夢遊的症狀。16歲時，為了逃避酗酒的父親，克麗絲汀離開了家，在一家醫院找到一份護士的工作。她仍和瓊斯保持聯絡，經常去找他。有一天晚上，喝了酒的瓊斯到護士宿舍來找她，這位克麗絲汀心目中的「替代性父親」卻忽然露出猙獰的嘴臉，企圖強行非禮克麗絲汀。

克麗絲汀本人似乎「忘記」了這件事，將此創傷經驗透露給普林斯醫師的是莎莉，她說：「從那以后，克麗絲汀就變得怪異，鬱鬱寡歡。」B4也記得那天晚上所發生的事，她對那晚以後的事卻又毫無記憶。

1905年，普林斯首度發表他的治療報告，在報告裡，克麗絲汀似乎又回復成一個正常、健康的女性。但在1920年的修訂版著作裡，普林斯又說，莎莉並未真正消失，她仍偶爾會冒出來，向克麗絲汀開一些刁蠻的玩笑。

181

3. 穩定性

一個人的個性特徵形成之後，一般具有一定的穩定性。在不同的場合或者不同的時間下，會有相同或近似的行為表現。正是這種穩定性，把我們和別人區分開，也才能預測一個人下一步的行為是什麼。

個體發展的複雜經歷也會使個性有一定改變。例如，器質性損傷有可能改變一個人的個性。而一個人步入晚年也會在個性上有所改變。生活中的重大事件，也有可能改變一個人的個性。

4. 社會性

個性是在社會生活、與外界交往中逐漸形成的，受社會文化、教育、教養方式的多方塑造。每個人的個性都打上了社會的烙印，是社會化的結果。

二、幼兒個性發展的理論

（一）經典精神分析理論——童年早期決定一生

弗洛伊德開創的精神分析理論對於人格的形成有非常特別的理解。弗洛伊德把人格的結構分為本我、自我和超我。本我代表人性中最原始和本能的力量，超我代表人類社會規則、文化的要求，而自我是本我和超我之間的協調者，根據現實原則幫助一個人既能夠滿足自身的原始需求，也能夠適應社會要求。

在經典精神分析家眼中，嬰幼兒階段的成長經驗，將決定孩子未來的個性。例如，在幼兒4~6歲期間，處於俄狄浦斯期，幼兒在這個年齡階段，對自己的異性方父母產生愛戀，這種愛戀是被禁忌的，因此幼兒只有通過向自己的同性方父母產生認同才能夠得以解決。順利度過俄狄浦斯期的兒童，會模仿自己的同性方父母，在未來的婚姻情感關係中更為健康；俄狄浦斯期無法順利度過的兒童，則會產生性格認同障礙，影響到對自己的看法，甚至影響到與異性的交往和婚姻情感關係的建立。

因此，在經典精神分析家的眼中，嬰幼兒早期決定了一生的個性特徵，此後的人生經歷都無法產生實質性的改變。但是，這一論點卻缺少實證研究的支持。事實證明，幼兒早期的各種經歷固然對個性形成有重大影響，但是青少年乃至成人階段的個人經歷，也對個性的改變有很大影響。

（二）華生——給我一打兒童，我可以任意塑造

20世紀50年代開始崛起的行為主義學派的代表人物華生曾放言：「給我一打

第八章　個性的形成

健康且狀況良好的嬰兒以及由我支配的養育環境，我保證將他們中的任何人培養成我所選定的某種專家——醫生、律師、藝術家或者大商人。當然也可以是乞丐、小偷，不論其才干、傾向、能力以及其先輩的職業和種族。」此言一出，四座皆驚。行為主義者認為，個性的形成與遺傳的關係微乎其微，后天的教養和經驗才是關鍵。因此，幼兒的個性完全是他所接觸的環境，如父母的態度、社會的期待、他人的示範等決定的。

班杜拉提出，兒童還非常善於觀察學習。通過觀察周圍人的行為，兒童能夠學會某種行為方式，而該行為如果總能夠產生積極后果，則這種行為將會變成一種穩固的特徵，成為個性的一部分。

個性形成究竟受后天影響還是先天決定一直是心理學界爭議不斷的話題。華生代表的行為主義學派，強調后天經驗的影響，這也為幼兒教育的發展提供了基礎。

經典案例

行為主義學派后期最著名的代表人物斯金納是20世紀最偉大的心理學家之一。斯金納在華生等行為主義學家的理論基礎上，進一步發展了行為主義理論，使得行為主義在20世紀50年代成為盛行美國教育界、心理學界的巨大勢力。

斯金納本人提出了操作性條件作用，即人類的行為可以被行為的后果所改變。例如，小孩子亂發脾氣，父母每次都急忙過來討好和滿足，小孩子發脾氣的行為就會被強化，變得越來越頻繁。因為在小孩子的心目中，發脾氣的結果就是父母會來滿足我。斯金納對人類行為的研究可以說是透澈入微，他的理論解釋了許多人類行為的產生，也應用於人類的教育和發展。

斯金納本人除了是一名出色的心理學家之外，他還是一名機械製作的「發燒友」。他在青少年時期，就熱衷於建造各式各樣複雜的小玩意，比如他用廢鍋爐做成的蒸汽炮可以把土豆和胡蘿卜射到房頂上去；他做的竹蜻蜓可以飛上高空。他還一再試著做一架能把他載上天的滑翔機，並用了好幾年時間來設計一臺永動機，可惜都沒有成功。

斯金納通過對人類養育嬰兒的行為觀察發現，嬰兒成長的環境至關重要。嬰兒需要充足潔淨的空氣，盡量少的衣物束縛，適當的視覺、聽覺刺激以及隔絕細菌的衛生環境。為了給育嬰創造良好的氛圍，斯金納發明了「空氣床」，這是一個

隔音的有空調的大箱子，其內部吊著許多玩具，以使嬰兒獲得觸覺和視覺刺激，嬰兒在裡面不需要毯子或衣物，可以玩耍、可以睡覺，還可以通過一扇安全玻璃小窗觀看外面的世界。斯金納的小女兒在這種裝置裡一直長到兩歲半，此後還有很多的美國嬰兒就是在這種小床裡長大的。

（三）埃里克森——人生危機影響自我發展

埃里克森是著名的催眠學家和心理學家。埃里克森的基因表象系統指出，人的成熟和老化的過程皆由基因引發。任何有生命的東西都有設計圖，各部位根據設計圖而生，並有其特別的生長時間。埃里克森的原話是這樣說的：「無論何時我們要試圖瞭解生長的含義，最好記住有機體的生長從子宮內就獲得了的漸成原理。籠統說來，這個原理說明任何生物都有一個大體的生長方案。由於有了這個方案，機體的各部分才得到生長，每一部分都具有它特殊的優勢，只有各個部分都能獲得生長才能形成一個有機的整體。」

通過對不同年齡階段人類的觀察，他提出人生發展要經過8個重要階段，危機是劃分每個發展階段的特徵。埃里克森使用危機一詞就像醫生使用它一樣，也就是說，是為了表示一個重要的轉折點。作為每個發展階段特徵的危機就同時兼有一個積極的解決辦法和消極的解決辦法。積極的解決辦法有助於自我的加強，因而有助於形成較好的順應能力；消極的解決辦法削弱了自我，阻礙了順應能力的形成。

表 8-1　　　　　　　　埃里克森人生發展 8 階段

階段	年齡	危機
1	出生至 1 歲	基本信任—不信任
2	1~3 歲	自主性—羞怯和疑慮
3	3~6 歲	主動性—內疚
4	6~11 歲	勤奮—自卑
5	12~20 歲	同一性—角色混亂（心理社會的合法延緩期）
6	20~40 歲	親密—孤立
7	25~65 歲	繁殖—停滯
8	65 歲至死亡	自我完整—失望

第八章 個性的形成

對幼兒來說，正處於一個開始探究他們能成為哪一類人的階段。在這個階段，兒童檢驗了各種各樣的限制，以便找到哪些是屬於許可的範圍，而哪些又是不許可的。如果父母鼓勵兒童的獨創性行為和想像力，那兒童會以一種健康的獨創性意識離開這個階段，獲得主動性，未來將發展出主動探索世界的勇氣和決心。然而，如果父母譏笑兒童的獨創性行為和想像力，那兒童就會以缺乏自信心離開這一階段。由於缺乏自主性，因此當他們在考慮種種行為時總是易於產生內疚感，所以，他們傾向於生活在別人為他們安排好的狹隘的圈子裡。

（四）羅杰斯——個性發展依靠愛的教育

羅杰斯是著名的人本主義學派代表人物。人本主義學派認為，每個人都有天生的潛能和傾向性，每個人都有向上和生長的本能，兒童就好比一顆種子，雖然樣子看起來差不多，但蘊含其中的個性、潛能卻是天生使然。社會、家長和老師，並不能夠通過教育改變孩子的個性，所能做的是給孩子的成長創造最好的條件：安全、積極關注和無條件接納。在這種條件下，孩子會發展自己獨特的個性，與他人迥然不同。

羅杰斯強調社會、家長和老師要做的，是對孩子付出愛，這裡的愛並不指給孩子吃穿用的東西，而是關注孩子的內在，傾聽孩子的需要，並接納孩子整個人。孩子行為有錯誤可以被批評，但批評的前提是對事不對人。

第二節 個性形成的影響因素

一、幼兒的氣質

紐約有幾位精神病學家對大量的嬰兒進行了幾年的追蹤研究，發現有一些兒童很小就明顯表現出屬於困難兒童，這些兒童中大約有70%在后來會出現嚴重的行為問題。而另一類兒童的氣質類型讓早期的養育活動很輕松，他們讓媽媽感到健康幸福、感到自己是合格的母親。這個研究說明，嬰兒在出生的時候就表現出個性上的差異，這種人格中的先天成分稱之為氣質。這些氣質特徵包括：活動水平、心境質量、趨近或退縮的傾向性、節律性、適應性、反應閾限、反應強度、分心性、堅持性。[1]

---

[1] 茱莉婭·貝里曼, 等. 發展心理學與你 [M]. 陳萍, 等, 譯. 北京：北京大學出版社, 2001.

幼兒心理發展

1. 活動水平

在極端煩躁、活動與相對安靜、被動之間變化。

2. 心境質量

在以積極、快樂和滿意為主的心境與消極、煩躁和悲哀為主的心境之間變化。

3. 趨近與退縮的傾向性

當兒童面臨環境中的新特徵時，對特定的刺激類型或感覺刺激（如觸覺或味覺）或新的人物是表現出積極反應還是消極反應。

4. 節律性

飲食、睡眠、衛生習慣等是相對可預測的還是反覆無常不可預測的。

5. 適應性

當兒童面臨新的作息規律或新情境時，是比較容易接受變化還是抗拒變化。

6. 反應閾限

兒童對聲音、觸摸燈是過度敏感還是相對不敏感。

7. 反應強度

有的嬰兒會大聲用力哭叫，而有的嬰兒對刺激的反應較為適度。

8. 分心性

有的嬰兒能夠在相當長時間內注意一些東西，而有的注意力則不停地從一樣轉到另一樣東西上。

9. 堅持性

有的嬰兒非常專一，以極大的耐心堅持目標。

嬰兒在剛出生時就表現出氣質的差異，隨著年齡增長進入幼兒期，幼兒的氣質逐漸開始形成和變化。3~5歲時是幼兒氣質發展的關鍵年齡段。在上述各維度中，氣質的發展並不均衡，在活動性上，幼兒的年齡差異不顯著；在分心性上，3~4歲的幼兒開始有了較為明顯的差異。

為了更好地認識和理解幼兒的氣質差異，我們將幼兒的氣質分為5種類型：活躍型、專注型、抑制型、均衡型和敏捷型（見表8-2）。[1]

---

[1] 劉文編.幼兒心理健康教育［M］.北京：中國輕工業出版社，2008.

第八章　個性的形成

表 8-2　　　　　　　　　幼兒氣質類型及具體表現

氣質類型	具體表現
活躍型	精力旺盛、好動，活動量大且時間長，情緒易激動、不穩定、耐受性差，對外界刺激和認知活動的反應一般，對人和環境的適應性、靈活性一般，堅持性差、注意力易分散。
專注型	注意持久，堅持性強，注意力不易分散，喜歡安靜的活動，活動量小。情緒穩定、不易激動、耐受性強。
抑制型	對環境和人的適應性、靈活性差，退縮害羞，不喜歡大運動量的活動。情緒穩定、不易激動。對外界刺激認知活動的反應水平低，堅持性強，注意力不易分散。
均衡型	情緒基本穩定，活動強度、時間適中。對各種刺激反應一般，對環境和人的適應性、靈活性一般，注意力持久的程度中等。
敏捷型	對外界各種刺激的感受性強、敏銳、反應快，接受新事物快。注意力持久，易集中、不易分散。活動強度和時間適中。對環境和人適應性快、靈活，情緒表現比較穩定，積極情緒占主導。

心理櫥窗

基因的力量[1]

喬治與米倫一出生就被分開，由兩個不同的家庭領養。

喬治的養父母皆從事報業，他是家中唯一的孩子。這個家庭在國內頻頻搬遷，大約在喬治小學一年級時才定居紐約。喬治18歲以前，並不知道自己是養子，更不曉得自己是雙胞胎之一。

米倫被鹽湖城的一對年輕夫妻收養，后來又有了一個妹妹，也是收養來的。他念完四年高中，但決定不上大學。米倫對音樂極感興趣。喬治的職業則是商業藝術。將近18歲時，米倫得知自己有個雙胞胎兄弟，兄弟倆19歲第一次碰面……兩個人均長相英俊，體格壯碩，相似得連鄰居都把他們錯看成另一人。

兩個人都贏得拳擊比賽冠軍，也都對藝術深感興趣，身體特徵更是一模一樣，連蛀牙的位置都相同。更教訪問員印象深刻的是，他們的個性也十分相似，個性測驗的結果像的出奇，令大家以為測驗有誤（其實沒有），硬是讓其中一人重做一次。

---

[1] 彼得・B.紐鮑爾，亞歷山大・紐鮑爾.自然的指印：遺傳在性格中扮演的角色[M].趙永芬，譯.北京：中信出版社，2003.

幾星期後，兄弟兩互相道別，此後再也沒有見過面。喬治後來成為滑翔機飛行員，米倫則成為海岸巡邏員。1943年，兩個人在前後不到幾個月的時間，雙雙產生關節強直性脊柱炎的病症。疾病發作的情形在兩兄弟身上都一樣沒有規律，兩人對治療的反應極其類似。

幼兒的氣質差異是由遺傳基因決定的，是屬於先天的因素。在孩子還在嬰兒階段時，就表現出來某種差異性，先天的氣質差異是我們在撫養兒童時決不能忽略的因素。有些父母期望自己的孩子活潑、開朗，而孩子天生的氣質則較為平靜、安詳，如果要強行進行糾正，很可能導致幼兒的自信心降低，感到自卑。父母應該接納每個孩子天生氣質上的差異性，每一種氣質有其優點和缺點，在教育中父母應揚長避短，多多鼓勵，發揚氣質中的優點，修正氣質中的弱點，同時培養良好的行為習慣。父母應認識到自己的孩子是上帝的造物，蘊含著特殊的稟賦，有待細緻的發掘。

出謀劃策

觀察幼兒的氣質

幼兒教師在與幼兒的互動過程中，要做好對幼兒的氣質觀察記錄，需要注意以下幾點：

在與幼兒的互動中有大量信息都能夠成為瞭解幼兒氣質的重要線索。幼兒吃飯、睡覺、游戲、互動、計劃變更時，都會表現出特有的氣質。注意在觀察過程中，要避免使用有評價性質的詞語，如不成熟、討厭、不大方等。

觀察時關注的主要內容及分析角度包括：

(1) 幼兒的活動水平、強度、時間。例如，在幼兒園裡，和大多數人相比，幼兒玩游戲時的興奮程度高還是低，持續的時間長還是短。

(2) 幼兒的情緒穩定性。幼兒遇到不合自己心意的事情，是會馬上發脾氣，還是能夠聽別人的勸說。哭鬧時間的長短也是觀察的內容之一。

(3) 幼兒的專注性。幼兒長時間做一件事情能持續多久，和大多數人相比如何。

(4) 幼兒的適應性。幼兒對新的小朋友的接受程度和接受速度。幼兒對新的環境的接受程度和接受速度。幼兒對身邊事物、生活規律被打破時的反應。

第八章 個性的形成

以下是部分觀察記錄：

吃飯：他吃飯總是坐不住，需要大人不停地催促和提醒，吃飯時速度較快，迅速將食物吞下去，很少細細咀嚼。

睡覺：他睡覺入睡很快，但睡著后總是翻來覆去，身體姿勢變化多，夢話較多。

適應：他見到新來的小朋友，會主動招呼，拿自己的玩具與之分享。對於新來的老師，他則需要一段時間觀察。

游戲：他對橡皮泥的興致比較高，每天都會要求玩橡皮泥，但是當玩的時候遇到一些困難，如捏不出形狀的時候，會摔打橡皮泥，表現得很生氣。

計劃變更：上週末爸爸本來說要帶他去動物園，但因為臨時出差取消，他表現得有些生氣，跟爸爸鬧起來。

二、父母養育方式

家庭是幼兒生活的主要環境，父母的養育方式，對幼兒個性的發展有極為重要的作用。20世紀60、70年代起，許多心理學家從親子關係的角度，採用類型學的研究模式，比較廣泛地考察了父母教養方式對兒童的影響。最早研究父母教養方式對兒童影響的是美國心理學家西蒙茲（P. M. Symonds）。他提出了親子關係中接受—拒絕和支配—服從的兩個基本維度，以此說明父母的教養方式對孩子的影響。隨后有鮑德溫採用家庭拜訪和觀察家庭互動的基本頻率的方法，重點研究了父母的寬容、民主對兒童發展的作用。

對中國父母的教養方式進行大致分類，可以分為權威型、專制型、溺愛型和疏忽型四種類型。

1. 權威型

父母對待幼兒時威而不怒，在幼兒心目中要樹立起一定的地位。父母為孩子設立恰當的目標，對孩子的行為進行適當限制，並且獎懲分明。一般認為，在權威型家庭中成長起來的幼兒獨立性較強，自尊感和自信心較強，善於自我控制和解決問題，喜歡與人交往並具有一定的社會責任感。

2. 專制型

專制型的父母往往過多的限制了幼兒的活動，對幼兒有過高的期望。他們為幼兒制定好了發展的方向，如果達不到他們的期望，父母就會嚴厲地對待幼兒，甚至打罵幼兒。這類父母，往往和幼兒缺少溝通，容易造成幼兒的自閉、憂鬱、

不與他人交往、社會性差的性格。沒有競爭意識，表現出焦慮和喜怒無常等，這將會造成孩子多方面的適應問題。如果父母常持拒絕冷酷控制的態度，將會造成孩子自卑、焦慮、退縮、過分順從、無安全感、攻擊性強或有反社會行為。

3. 溺愛型

溺愛型是中國父母普遍存在的教養方式。由於中國的計劃生育政策，家裡的幼兒成了家裡的「小皇帝」，承載著幾代人的期待。父母往往全身心的給予幼兒愛和關注，試圖一手包辦幼兒的一切生活，並且幼兒想要什麼，家長都想盡一切辦法滿足。在這種家庭中成長起來的兒童，社會適應性較差，受挫能力差，依賴性較強。

4. 疏忽型

這樣的父母對幼兒疏於關愛和教導，很少關心孩子的身體、心理發展，忙於自己的業務。在這種家庭教養方式下的幼兒，社會適應性差，對他人也較少付出愛，容易產生各種心理問題。

不同的父母教養方式，建立在要求和感應兩個維度的不同交匯點上。[1] 要求是指父母充當社會化代理人的意願，對幼兒提出符合社會要求的規範；感應是指父母對幼兒個性的認識以及對幼兒需求的回應。專制型的父母只知道施加規範和紀律，很少關心和回應幼兒的需求；溺愛型父母對幼兒的需求回應頗多，但無法協助幼兒學習社會規則；權威型的父母既能對幼兒提出一定的要求，也具有良好的感應；疏忽型的父母既不強調規範，也很少感應幼兒需求。

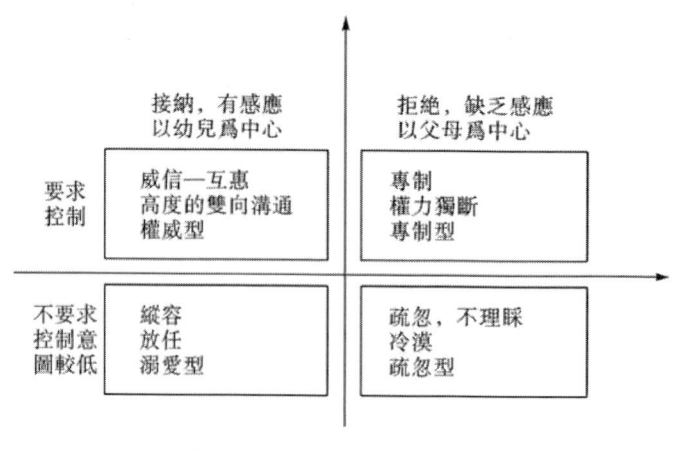

圖 8-1　父母養育風格的分類

[1]　鄭麗玉. 心理學 [M]. 臺北：五南圖書出版股份有限公司，2006.

第八章 個性的形成

近年來，發展心理學領域的研究出現了生態化的趨勢，布朗芬布倫納認為，所有影響父母行為和兒童發展的因素組成了一個完整的生態系統。長期以來，關於父母教養方式與兒童發展之間的關係都被看成是一種由父母撫養孩子並且影響、調適、塑造孩子行為的單向作用過程，但是近年來，越來越多的學者用家庭系統論的觀點考察親子之間的交互作用、雙向影響。不僅是父母通過教養方式對兒童的發展產生影響，同時兒童特徵也反過來影響父母。[1]

兒童不同的特點和行為會引起父母不同的反應，因而使父母採取不同的態度和行為方式對待他們，所以父母的教養方式不僅受自身特徵的影響，也會受到兒童特徵的影響。幼兒天生的氣質，會為他製造一個屬於其氣質特點的外在環境，如沉靜、安詳、活動水平不高的幼兒，對父母的忽視反應較弱，也較少激烈表達自己的需求，客觀上也減少了父母對幼兒關注的機會，甚至有時父母會忽略幼兒的需求，對這類的孩子產生更多的放心，幼兒也因此獲得更多與自我相處的機會，通過調整自我需求適應環境，從而進一步強化了沉靜、安詳的個性；對於活動水平高、反應強烈的幼兒，無論餓了還是渴了，都有激烈的反應，有些父母可能會疲於應付幼兒，因此變得暴躁、情緒不穩定，幼兒因此也變得更激動、更大聲的要求，但客觀上也增加了與幼兒的互動和交往，雖然交往的性質不全都是積極情緒的。

看來，父母養育方式對幼兒個性的影響是互相促進改變的過程。幼兒獨有的氣質特點，影響了父母選擇何種方式對待幼兒；父母的教養方式也影響了幼兒的個性發展。

第三節 個性形成的關鍵——自我意識

一、什麼是自我意識

自我意識即人對自己的意識，當人把認識對象從他人轉到自身，就產生了自我意識。自我意識是人和動物的重要區別，動物不具有自我意識，當動物在照鏡子的時候，它們無法意識到鏡中的事物是它們自己，不是對著鏡子發怒，就是對

---

[1] 呂勤，陳會昌，王莉. 兒童問題行為及其相關父母教養因素研究綜述[J]. 心理科學，2003，26(1).

著鏡子撓。而人類嬰兒出生不久后，就逐漸開始產生自我意識。起初，嬰兒認識到生理的自我，認知自己的身體與他人的身體不同；接著，幼兒開始認識到社會自我，即在社會環境中，自己扮演著怎樣的角色，也意識到自己與他人的關係如何；成年之後，人類開始形成心理自我，對自己是誰，自己的思維活動、意志等心理活動產生深刻的認識。

二、自我意識的成分

自我意識的結構有三部分，即自我認識、自我體驗和自我調節。這三個部分分別對應於自我意識的認知成分、情感成分和意志成分。

（一）自我認識

自我認識是自我意識的認知成分，它是自我意識的首要成分。自我認識包括個體對自己身體生理、性別、身高、出身等基本狀況的認識。例如，幼兒知道自己叫王磊，是男生，進一步知道自己喜歡去遊樂園，愛吃漢堡包和冰淇淋，就屬於一種自我認識。自我評價屬於自我認識的一部分，幼兒的自我評價大多來自於外界對他的評價，隨著年齡的增長，幼兒的自我評價逐漸由他評轉為自評，穩定性也逐漸加強。

（二）自我體驗

自我體驗是自我意識中的情感成分，幼兒對自己自信或自卑、擁有高自尊或者低自尊，都是自我體驗的一部分。自信心是幼兒體驗到的對自己積極或是消極的情感。有些幼兒對自己的評價較為積極，感到自己的能力能夠勝任社會或者環境的要求，則產生自信。自信和自尊的產生大多來自於個體在社會比較過程中獲得的有關自我價值的評價和體驗。

（三）自我調節

自我調節是自我意識的意志成分。自我調節主要表現為，幼兒對自己的行為、語言、態度的主動調節。個體必須認識到自我的某些行為、語言和態度需要被調節。這就需要個體進行自我檢查和自我監督。例如，幼兒不小心打碎了玻璃瓶，通過自我檢查和監督，意識到自己做錯了某些行為。個體需要具備自我調節和控制的能力。例如，幼兒和其他小朋友在一起玩時，別的小朋友不小心弄壞了他最喜歡的玩具。幼兒意識到該名小朋友不是故意的，因此他忍住了發脾氣的衝動，而是主動告訴小朋友還可以讓媽媽再買新的，這樣行為的幼兒就具有了相當強的

第八章 個性的形成

自我調節能力。自我調節的能力是自我意識能動性的主要表現。

心理櫥窗

延遲滿足能力

美國心理學家曾做過一個關於「延遲滿足」的心理試驗。在美國得克薩斯州的一個鎮小學的校園裡，一個班的 8 個學生被老師帶到了一間空房裡。隨後一個陌生的中年男子走了進來。他給每個學生都發了一粒包裝精美的糖果，並告訴他們：「這糖果屬於你，你可以隨時吃掉，但如果能堅持到我回來再吃，就會得到兩粒同樣的糖果。」說完，他和老師就離開了。許多孩子吃掉了自己的糖果。最後，有一半以上的孩子克制自己，等到 40 分鐘後那個陌生人回來，而得到獎勵。

後來，那個陌生人跟蹤這些孩子 20 年發現：那些能夠「延遲滿足」的學生，數學、語文的成績要比那些沒有延遲滿足的學生，平均高出 20 分；參加工作後，他們也很少在困難面前低頭，常常能走出困境並獲得成功。

三、自我意識的萌生與發展

（一）對自己行為的認識

人類嬰兒在剛出生時並沒有自我意識，嬰兒將自己與世界融為一體，或者與母親融為一體，當渴了或者餓了，自然就會有母親的乳頭出現，嬰兒產生一種世界中心感。例如，科學家做過這樣的實驗，在出生不久的嬰兒腦門上點上一顆紅點，然後抱著嬰兒照鏡子，觀察嬰兒的反應。結果發現，嬰兒對鏡子裡的自己產生好奇感，把鏡子裡的形象當成別的小孩來認識。動作發展是嬰幼兒產生對自己行動的意識的前提。一些心理學家認為：嬰兒在 1 歲的時候才能將自己的動作和動作對象區分開來，這是自我意識的最初表現。例如，嬰兒拍皮球，皮球彈了幾下，嬰兒意識到自己拍的動作使皮球產生了變化，意識到自己的動作使得皮球這一對象變化了。因此嬰兒在意識到自己的動作和動作對象存在某種聯繫之後，就會經常性的用自己的動作作用於其他物體，這是嬰兒探索世界的表現，他也從中體會到一種具有「力量」的自豪感。但這只是嬰兒自我意識的初步形式，他只是模糊地認識到自己和別人存在區別。

（二）對自己身體的認識

隨著年齡增長，嬰兒開始學習進一步通過身體探索世界，通過抓、握、推、

拉、爬、走、跳、跑逐漸發展認識自己身體的各個部位，產生對自我身體的意識，感到自己的身體不同於別人，屬於自己。幼兒對「影子」的理解，也代表著幼兒認識物我關係的程度。有報告稱，2.5～3歲的嬰幼兒，有的還很難以理解影子的存在，甚至用腳去踩自己的影子。

2歲左右的嬰兒，開始知道自己的名字，如家人稱呼他為「寶寶」，他可以告訴別人這是「寶寶的手，寶寶的眼睛」。這說明他意識到自己的身體不同於別人的身體，並且可以將不同部位的身體區別開來。嬰兒會表達說「寶寶餓了，寶寶累了」，則是更進一步的將自我的內部感覺與外部形象區別開來。但當遇到別家的孩子也叫寶寶時，嬰兒會感到困惑。

當幼兒開始使用「我」來稱呼自己時，幼兒開始將自己轉化為被認知的主體來進行認識。從此，幼兒的獨立性開始增長起來，尤其是幼兒常用「我自己來」時，是這種轉變的明顯表現。這種轉變是一種質的飛躍。人稱代詞的理解非常複雜，如別人問他「你餓嗎?」回答應該是「我不餓」而不是「你不餓」。他能夠理解和使用第一人稱「我」時，才表明他產生了明確的自我意識，將自己真正的作為被認知的對象之一。認識到自己是一個完整的主體，自己的身體、動作、內部感覺的主宰是自己。

（三）對自己心理活動的認識

幼兒對自己心理活動的認識要比對動作和身體的認識更難。心理活動的認識需要發展「元認知」，即在思維之上監控自己思維的發展變化過程。這需要以兒童大腦身體的進一步發育為基礎。幼兒對心理活動的認識往往只停留在結果上，而很少對過程有清晰的認識。例如，幼兒可以對某些事物進行自己的判斷，但卻無法說出原因來。

第四節　幼兒自尊的培養與發展

一、幼兒的自尊

自尊是自我意識的一種形式，屬於自我體驗的成分，是幼兒在對自己身心特徵認識的基礎上產生的某種判斷。當幼兒開始學會使用「我」第一人稱時，就已經標誌著他能夠意識到自己是一個完整的主體，能夠發起動作、行動、語言。因

第八章 個性的形成

此也有了基礎對這樣一個主體進行判斷和評價。這種判斷主要依據對自己各種能力和特質的評價以及隨之而來的情感體驗。例如，幼兒經常被誇獎很聰明，他就會形成對自己能力的積極評價。當他自己在探索世界的過程中戰勝了某個挑戰，如通過自己的能力綁好了鞋帶，隨之而來的也是對自己勝任生活挑戰的自豪和驕傲感。自尊是現代生活的「萬能藥」，自尊被看成是個人成功、心理健康的重要基石。

（一）自尊的含義

1. 整體自尊

自尊常常用來描述個性，即人們通常是如何看待自己的。高自尊的個體高度喜歡自己和熱愛自己，低自尊的個體則對自己的情感正反皆有，有些極端的個案則對自己充滿了嫌棄和怨恨。

2. 自我評價

自我評價是自尊中的重要內容，即個體對自己的能力和特質方面的判斷評價。需要注意的是，自我評價有不同的層面，如在身體層面或者在社交層面，每個人對自己在不同層面的表現有不同的評價。幼兒的自我評價也存在著這些差異，如幼兒對自己的外貌長相自我評價中等，對自己與其他小朋友交往的自我評價較高等。

3. 自我價值感

當幼兒經歷某個經驗后，為自己感到驕傲和高興時，我們稱之為體驗到了自我價值感。當幼兒經歷了某些事情對自己感到羞恥或者謙卑時，體驗到了較少的自我價值感。這種在經歷中體驗到的情感會提升自我價值感或降低自我價值感，進而支持或者降低自尊。

（二）自尊的成分

幼兒自尊的形成以兩種類型的情感感受為基礎：歸屬感和掌控感。[1] 歸屬感和掌控感的發展，都在嬰兒非常早期的階段產生，尤其是與撫養者的關係決定了嬰幼兒的這兩種感受的發展。歸屬感給人的生活提供安全的基石，他讓人覺得自己被無條件的喜歡和尊重，不論發生什麼事情，他們都會受到尊重。掌控感是對世界能夠施加影響的感覺。這種影響不一定很大，也不一定範圍很廣，如嬰兒在推小車時，感到小車在自己的作用下開始運動，嬰兒抓握、推拉的過程裡，就會

---

[1] 喬納森·布朗. 自我 [M]. 陳浩鶯, 譯. 北京：人民郵電出版社，2004.

幼兒心理發展

體會到一種掌控感。著名心理學家埃里克森提出，在出生至 1 歲時，是建立對世界信任感的時期，1~3 歲時，父母通過鼓勵孩子探索、創造和改變他周圍的世界，幫助他們形成掌控感。

（三）幼兒自尊的來源

1. 他人評價

幼兒自尊的發展，常常是與外界評價聯繫在一起的。幼兒對自己的評價，以周圍他人對他的評價為主要依據。例如，一個小朋友經常聽到這樣的訊息：「你都這麼大了，還不會自己小便」，「你怎麼這麼笨，別的小朋友都會自己穿衣服了，就你不會」，「你太不乖了」等，時間久了，幼兒聽到的都是來自外界負面的評價，就會形成對自己負面的情感和評價：「我很笨」，「我不好」，「我沒有能力」。在幼兒進行社會交往的時候，這些評價會繼續跟隨幼兒，讓他產生自己不如人、不被喜歡和接受的感覺，參與社會交往的積極性和主動性逐漸降低。

2. 與母親的依戀關係

對各個年齡階段的幼兒來說，一旦他們形成了安全感，他們就會主動去探索周圍的世界。當他們遭遇挫折、焦慮時，他們會傾向於尋求來自父母的安慰，這種安慰又會重新讓他們振作起來，繼續展開對外界的探索。擁有了歸屬感和掌控感的幼兒，能夠充滿安全地自由探索外界世界，因此他們更有可能形成高自尊。

在前面的章節中，我們談到依戀類型分三種：安全型、迴避型和焦慮型。迴避型的幼兒可能形成掌控感，但是他們缺乏歸屬感，他們沒有表現出和母親很強的情感聯繫。焦慮型兒童表現出歸屬感，但不能形成掌控感，很容易悲傷，不願意接觸世界。只有安全型的幼兒，既有歸屬感又有掌控感，才能夠形成高自尊。

二、培養幼兒自尊的方法

（一）培養幼兒自尊的指導方針[1]

幼兒自尊的培養是人格培養的關鍵內容。自尊的建立有助於幼兒形成健康的自我概念和清晰的自我意識，對自身的外貌、行為、態度、情感、社交活動進行客觀公正的評價，發展出對自己積極和熱愛的情感。自尊影響著幼兒的整體精神面貌，塑造著幼兒的個性，為幼兒的未來發展鋪設道路。

幼兒自尊心的發展中會存在兩種不良的傾向性。這兩種傾向性都是幼兒自我

---

[1] 威爾遜，等. 嬰幼兒課程與教學［M］. 賴慧玲，譯. 臺北：五南圖書出版股份有限公司，2000.

第八章　個性的形成

意識產生了某種偏差導致的。

第一種傾向：幼兒自尊心不足

自尊心不足的幼兒，對自己的消極看法多於積極看法，經常體驗到負面的情緒，也得到來自他人更多負面的評價。長此以往幼兒對自己的能力、外貌、社交產生疑問，感到自己總也得不到他人的肯定及關注，生活的積極性下降，有較強的自卑心理。在表現形式上，或者對他人的評價表現出漠不關心的態度，或者對他人的評價過分敏感。

第二種傾向：幼兒自尊心過剩

自尊心過剩的幼兒，對自己的自我評價與實際情況相比有些過高，表現得有些自大、不合群、自以為是。他們渴望獲得他人的肯定和表揚，但對別人的批評過於敏感，好勝心強，承受不了挫折。

積極健康的自尊心應當是建立在對自己客觀的評價之上的。既能夠認識到自己的優點，同時又可以看到自己的局限性，並樂於接受和改進自己的局限。要培養幼兒積極健康的自尊心，既要懂得保護幼兒的自尊心，同時也要給予幼兒適當的刺激和挑戰，使其有機會產生積極的自我認識和自我價值感。在培養幼兒自尊心的過程中，可以依照以下三點原則進行：

1. 接受

接受幼兒的個性差異，接受幼兒仍然處於發展的過程之中。教師和家長很容易根據自己的個人喜好來評判幼兒。例如，對個性內斂的幼兒，如果家長期待幼兒更活潑開朗一些，就很難接受幼兒天生內斂的氣質。對其個性的特點強加糾正，反而會導致幼兒感到自己不符合父母的要求，是不夠好的，產生對自己消極的評價和認識。

著名人本主義心理學家羅杰斯就強調，無條件接納是促進人類發展的重要因素。無論幼兒做什麼，怎麼做，個性如何，外貌如何，如果他的父母都能夠不帶任何條件的接受的話，幼兒就會感到自己是被世界認可的，產生一種歸屬感。

2. 限度

在培養幼兒個性的過程中，需要為幼兒的行為設限。設定幼兒的行為規範和行為程度，哪些是可行的、可接受的，哪些是超出規則和範圍的。清晰的行為設限會讓幼兒尊重社會規範，認識到自己的哪些行為是可被接受和認可的。在可被認可接受的範圍內，幼兒可以自由的進行探索，在那之外則可能會受到懲罰。

幼兒心理發展

限度還包含另外一層含義,即為幼兒設定符合其身心發展規律的挑戰難度。這個限度既不能對幼兒來說太容易,也不可太難。著名的教育學家維果斯基稱之為「最近發展區」,即在其成長的範圍內,設定一定難度的挑戰。讓幼兒自己戰勝這些挑戰,能夠極大的促進他的自我價值感。

3. 尊重

尊重是指尊重幼兒的存在,把他們當成真正的有思想有靈魂的個體對待。有些父母常常將幼兒看成自己的附屬品,覺得幼兒是自己的,要打要罵都可以。這種思想會極大地傷害幼兒的自尊。有些父母不注意對幼兒的言語和態度,使用粗俗、惡毒的語言進行辱罵,他們大多意識不到這些語言對幼兒的傷害,但幼兒在成長發育的關鍵期,成人對待他的態度和評價,將會深刻的影響到幼兒對自我的感受。

尊重幼兒獨立存在的家長和老師會尊重幼兒自己的喜好、個性、態度、情緒等,使用商量的口吻和幼兒進行溝通,較少使用強制命令式的語言。當幼兒做了一件值得讚揚的事情時,大人們懂得及時的肯定和鼓勵。與幼兒溝通時,常常使用「請」、「謝謝」,是一種很好的方法。當大人需要幼兒做一件事情的時候,說「請」,幼兒為大人做一些事情的時候,大人說「謝謝」,幼兒會從大人的態度中感受到,自己也可以為他人做事情,並得到應有的肯定和尊重。在日後,他也會用同樣的態度去尊重別人。

經典案例

起床了!幼兒園的孩子們做著各自的事情。這時靜靜走到王老師身邊,很不好意思的對王老師說:「老師,我出汗了。」看到靜靜那緊張的樣子,王老師馬上意識到,靜靜很可能是尿床了,但又不好意思對老師說。王老師隨後來到靜靜的床前,看到褥子果然濕了一大片。王老師安慰靜靜說:「出汗了沒關係,一會兒我幫你把褥子曬干就好了。」過了一會,王老師悄悄把靜靜帶到一間沒人的房間,幫靜靜換上乾淨的衣服,靜靜不好意思地笑了,並對王老師說了聲謝謝。

(二) 培養幼兒自尊的方法

1. 多讚美和鼓勵,少責罵和懲罰,欣賞和接受個體差異

中國的家庭教育歷來有著「棍棒底下出孝子」的傳統,認為嚴厲的管教是培養兒童的必要方式,如果不責罵和懲罰,仿佛孩子就會失去控制,走上一條歪路。

第八章　個性的形成

客觀地講，嚴厲的管教會樹立起孩子較強的責任感和道德感，但是也會帶來一定的弊端。父母吝嗇於肯定和鼓勵孩子，會讓幼兒感到自己怎麼做都還達不到父母的要求，從而對自己產生懷疑。父母嚴厲背後的教育邏輯是：你必須按照我說的做，言下之意，你最好成長為我希望的樣子。父母或多或少都將自己的期望強加在孩子身上，而忽略了每個孩子的天賦異稟和個性差異。

經典案例

虎媽戰歌[1]

美國《華爾街日報》一篇題為「為什麼中國媽媽更勝一籌？」（「Why Chinese Mothers Are Superior」）的文章引起轟動，文章作者蔡美兒（Amy Chua）講述了自己對兩個女兒奉行的「中國式嚴教」助其成才，迅速在英美媒體和網絡掀起了一場中西教育觀爭論。

蔡美兒是華裔第二代美國移民，美國耶魯大學法學院教授。下述內容是其新作《虎媽戰歌》（Battle Hymn of the Tiger Mother）的節選部分。

蔡美兒在文中總結出中國父母和西方父母的心理定勢中有三大不同點：

第一，西方父母非常擔心會傷害孩子的自尊心。他們非常擔心孩子在沒有做成某事后的感受，所以他們不斷地告訴孩子：你曾經在某個測試或某個獨唱會上表現的是多麼的棒啊！換句話說，西方父母關注的是孩子的心靈，中國父母不是。

第二，中國媽媽認為孩子應該感激父母為他們做的所有事情。有這種想法的原因不是很清楚，不過很可能是由於子女要孝順父母的儒家觀念，再加上父母也為了孩子做了許多犧牲，中國孩子要花很多時間來服從父母，讓父母感到自豪。

第三，中國父母相信他們知道什麼對孩子最好，所以就無視孩子們的要求與愛好。這就是中國女孩不能在中學交男朋友，孩子不能外出宿營的原因。

文章引發熱議后，《華爾街日報》讀者在博客板塊向蔡美兒提了很多問題，其中當讀者問到蔡美兒是否認為嚴格的「東方式」家庭教育最終能幫助孩子成人后獲得幸福，蔡美兒表示運用得當是可以的，但是她同時表示「其實我不認為中國式家庭教育更好，那個節選的標題太過招搖，不是我選的。我覺得最理想的教育模式，應該是在中國和美國式教育方式上取得平衡。」

此外，蔡美兒還表示，「我的書是一個母親的成長故事，開頭的那個人，也就

---

[1] 資料來源：南方週末網站（infzm.com）。

是《華爾街日報》節選部分中的那個母親和結尾的那個母親不完全一樣。簡言之，我得到了應有的報應，書裡有相當一部分講的是我決定放棄（但並不是完全放棄）那種嚴格的移民教育模式。」

據《京華時報》報導，有不少華裔母親指出，在家庭教育方面沒有絕對成功或失敗的方法，只有是否適合自己孩子的教養方法。蔡教授的教育方式根本不能代表中國媽媽，許多教育方式過於嚴苛不近人情。

有網友評論指出，蔡美兒對中國文化的理解還停留在傳統的文化差異層面，其實如今的中西方教育觀已經在無形之中融合，中國媽媽也會採用積極鼓勵的方式幫助孩子建立自信心。並且，蔡美兒的教育目前雖然看起來是成功的，但是她對女兒的設計性太強，顯得過於急功近利，忽視了孩子作為個體的獨立性，將來不一定能持續下去。

也有讀者認為儘管中國式的教育方式能讓孩子獲得全 A，但這些實例都說明這種教育會導致創造力不足。讀者還列舉了許多實例來證明「中國媽媽」的失敗，比如過去 100 年來，華裔科學家只有 10 人獲得了諾貝爾科學獎，而美國卻獲得了 300 項諾貝爾科學獎；而人口更少的猶太人則僅以占世界 1% 的人口，卻奪得諾貝爾獎 25% 的份額。

讚美和鼓勵，無論對於權威型的父母，還是相信兒童天性的父母，都是培養幼兒自尊的不二良藥。讚美和鼓勵猶如一道甘泉，會注入兒童的內心，激發他生命的活力。父母或者是老師，應該在兒童成長的過程中給予他們足夠的讚美和鼓勵。在成人眼中非常簡單容易的事情，對每一個幼兒來說就未必是簡單容易了。對有些幼兒來說是簡單容易的事情，對另一些卻未必。如果父母和教師可以從每個孩子的獨特性出發，就會發現每一個孩子值得讚美和鼓勵的地方。

2. 適當製造挑戰難度，讓幼兒感受「成功」的自豪

年僅 3 歲的小麗每次到幼兒園午休時總是站在一邊，一直要等到有人走到她身旁幫她解開外套的扣子，再幫她脫下外套。一旦要去戶外，小麗又犯愁自己該如何穿上外套。小麗從來不會自己嘗試去脫衣服或穿衣服，因為這一切都有家裡人為她做好了。這樣的案例在當下中國的獨生子女時代絕不陌生。父母總認為，替孩子打理各種事物是對孩子的一種愛護，孩子還小，幫他脫衣服穿衣服理所應當。其實不然。一件小小的事情，如果交給孩子自己完成，反而會培養他極大的自豪感：我可以做好這件事情。這就是成功的感覺。總是等待他人為自己「服務」

第八章 個性的形成

的孩子，其實被培養了這樣一種態度：我什麼都不會做。恰恰是溺愛毀掉了孩子的自信和自尊。長此以往，慢慢他會形成「我是一個失敗者」的信念，並且缺少面對失敗挫折的勇氣，自尊更無從談起。

因此，在幼兒成長的過程中，父母和教師應該不斷地為他們製造挑戰。讓孩子去獨立完成事情。父母和教師應該鼓勵孩子自己動手做事情，哪怕會製造麻煩或者產生失敗。即使失敗了或者弄得一團糟，也要讓他們知道，這沒什麼大不了，只要再試一下就可以成功。

3. 教會幼兒樂觀的生活態度，積極面對失敗

幼兒擁有樂觀的生活態度對未來的生活至關重要。樂觀的生活態度與高度的自尊相聯繫：把自己看成是積極的、好的，即使自己做了不好的事情或者有缺點，也可以通過努力發生改變。擁有樂觀生活態度的兒童，面對失敗的受挫力更強，也擁有更積極的生活態度，對各項事務的參與程度更高。

4. 改進批評幼兒的方式方法

父母要注意批評幼兒的方式和方法。在批評幼兒時，應該盡量做到「準確」和「針對行為而非整個人」。

經典案例

小強5歲半了，有一天父母帶著他和另外一個3歲大的小紅去動物園。從上車開始，小強就不停地搗蛋。他恐嚇小紅說，小紅的爸爸是猩猩變的，動物園的獅子會咬掉她的頭，動物園旁邊是監獄，如果她不聽話的話，就會被關在裡面一輩子。媽媽聽到小強說這些心裡很不高興。

在上述案例中，設想一下，怎樣做到準確和不針對整個人地進行批評？對比下面兩個批評方式：

方式一：小強你給我閉嘴。你怎麼總是這麼頑皮？本來今天好好的，你總是搗蛋。我每次帶你出來玩，你總要搞一些把戲，把事情弄的烏煙瘴氣的。

方式二：小強，不要再捉弄妹妹了。你今天怎麼了，你一向都是好哥哥。平時你對小紅多好，和她一起玩遊戲，今天你對她一點都不友好。你這樣嚇唬她一點好處都沒有。你知道我不喜歡你這種行為的。小強，你要向妹妹道歉，如果你再捉弄嚇唬她，晚飯以後不許出去玩，聽到了嗎？

在方式一中，小強整個人都被媽媽否定了，他「總是」如此頑皮，「每次」

幼兒心理發展

都要搞把戲，小強在媽媽的批評中，整個人都變得很壞，這種批評的聲音讓小強感到自己是不可愛的，總是頑皮的讓別人很反感。並且小強無從改正，因為在媽媽的批評中他從來如此。媽媽的批評並不明確地針對小強的行為，而是將小強整個人一棍子打死。

方式二中，小強「一向都是好哥哥」，今天的行為卻很反常。媽媽表示「不喜歡這種行為」而不是不喜歡小強這個人。媽媽明確地告訴小強，如果他不道歉，將會面臨不能出去玩的后果。這種批評的聲音讓小強感到，自己平時是惹人愛的，而今天的行為卻讓別人不舒服了，如果不改正的話，將承擔后果。小強則更有可能改進自己的行為。

在方式一的批評下長大的孩子，漸漸從父母那裡感到自己從來都讓父母不高興，自己從來都是不招人喜歡的，那麼可想而知，他們的自尊無從建立。在方式二下長大的孩子，能夠從父母那裡感受到自己是可愛的、好的，而自己某些時候的行為確實是壞的，不夠好的，他們會更容易改變行為，同時更加肯定自己和喜歡自己。

● 要點回顧

1. 個性具有獨特性、整體性、穩定性和社會性。個性的形成是社會、遺傳基因、環境、教育、文化多種因素共同作用的結果。

2. 幼兒個性發展的理論眾多，有童年決定論、階段發展論等。理論家從不同視角分析了個性形成的影響因素。

3. 幼兒天生具有氣質的差異。

4. 父母的養育方式會影響幼兒的個性。要求和感應成為兩個維度衡量不同的養育風格。

5. 自我意識是人對自己的意識，幼兒從認識生理的自我開始，逐步認識心理的自我和社會的自我。

6. 自我認識、自我體驗和自我調節是自我意識的幾個成分。

7. 幼兒自尊的發展至關重要。

8. 接受、限度和尊重是培養幼兒自尊的原則。

第八章　個性的形成

● 問題討論

1. 你認同「三歲看老」這種觀點嗎？
2. 回顧你的成長經歷，你的父母對你的要求程度如何？情感回應程度如何？他們的方式方法對你有影響嗎？
3. 你認為怎樣做才叫尊重幼兒？
4. 對於愛表現的幼兒，你會怎樣和他相處？對於很沉默安靜的幼兒，你會如何和他建立關係？

● 老師推薦

書籍推薦：

蒙臺梭利. 有吸收力的心靈［M］. 高潮，薛杰，譯. 北京：中國發展出版社，2010.

// # 第九章
社會化與社會交往

本章要點

第一節　同伴關係與交往
- ✓ 同伴關係的概念
- ✓ 幼兒同伴關係的內涵
- ✓ 幼兒同伴交往的特點

第二節　師幼互動
- ✓ 師幼互動的內涵
- ✓ 師幼互動的特點

第三節　幼兒的游戲
- ✓ 游戲的內涵
- ✓ 游戲的作用
- ✓ 游戲的類型
- ✓ 游戲的理論
- ✓ 玩具的選擇

第四節　幼兒游戲的設計
- ✓ 體能運動游戲
- ✓ 幼兒故事游戲

幼兒心理發展

小霞6歲半，開始了校園學習生活。但是小霞在學校表現得膽小、不合群，上課不敢發言，如果老師要求她發言，則表現得很勉強。上個月有一次在學校小霞感到身體不適，但不敢告訴老師，最后實在忍不住，嘔吐在教室地板上。老師幫助小霞清掃完臟污后，通知家長把小霞接回家。之后小霞就變得特別擔心和害怕，反覆要求家長向老師解釋，自己嘔吐不是故意的，擔心自己去學校會再發生類似的事情而不敢去學校。

由於小霞的父親本身是獨生子，小霞出生后就變成兩方老人家特別關注的寶貝。事實上，母親休完產假后，就特別辦理了停薪留職手續，以便在家裡繼續專門照顧小霞。小霞就如此在父母和雙方祖父母6個長輩的關愛環境下長大。

3歲時小霞被送到幼兒園，因不習慣幼兒園的環境而哭鬧，讓母親心疼不已，便接回家中。結果以后的2年時間，去去停停，去幼兒園的時間累積不足3個月。平時在家裡由父母親和祖父母聯合照顧，因為是很重要的孩子，外出游戲皆由父母或祖父母陪同，從不讓小霞單獨與小朋友一起游戲。他們總擔心小霞在游戲中受到意外傷害，或者被同伴欺負，總要看著、保護著，並經常叮囑小霞。[1]

幼兒的社會交往圈隨著身體和認知能力的發展不斷擴大：起初是與父母進行交往，接著是同齡人，然后是老師等其他人群。在與不同的人群交往過程中，幼兒學會了社會的道德規範、習俗、價值觀，認識到自己的角色，瞭解到自己的特點，對自己形成評價，學會與他人分享合作。幼兒期的幼兒所需要的，除了被養育著繼續養育保護以外，幼兒開始需要有機會學習自我的獨立，練習自己照顧自己，並能跟別的小孩有社會化的交往與經驗，以便準備進入兒童期，能適應家庭外的環境。如果被過度保護，到了兒童階段或少年階段，其適應問題就會暴露出來。可以說，幼兒的身體發展、認知發展以及社會性發展是支撐幼兒身心發展的三大基石。幼兒隨著年齡的增長，終將融入社會，成為社會的一分子，具備良好的社會性是人類生存發展的重要保證。正是在與不同的人群交往中，幼兒不斷地調整參照物，通過與社會參照物的對比，確定自己的身分，學習新的社會技能，更好地適應社會生活。

---

[1] 曾文星．兒童心理［M］．北京：北京醫科大學出版社，2001．

第九章　社會化與社會交往

第一節　同伴關係與交往

一、同伴關係的概念

同伴關係是指年齡相同或相近的兒童在共同活動中相互協作的關係。對於成年人來說，朋友很重要，尤其是年齡、經歷類似的夥伴，對一生都會產生影響，對幼兒也同樣如此。幼兒在和自己的同齡人進行交往中，開始瞭解他人，學著分享，面對競爭和衝突。幼兒與同伴的交往關係是平等的。幼兒與同伴交往的動機往往是以「志趣相投」排在第一位的。喜歡玩同樣的游戲、玩具，對同樣的事物感興趣，是他們選擇與同伴交往的主要原因。而與師長、家人的交往，由於年齡閱歷的差異，是一種垂直關係，幼兒在垂直關係中得到的更多是指導、保護；在同伴的平等交往中，幼兒有機會鍛煉自己的社交技能，其中包括換位思考能力、溝通能力、表達能力、協調合作能力、解決衝突的能力等，同時分享和交流自己的想法、感受，這對於他們進入真正的社會，將起到至關重要的作用。

心理櫥窗

同伴親密關係：能彌補母愛的缺乏嗎？[1]

哈洛及其他人用猴子做的研究表明，與同伴的親密關係可以在很大程度上彌補由於缺乏母親（或類似於母親的人物，無論性別如何）而可能造成的破壞性影響。這一點是否同樣適用於人類？

現成的研究還很少，但父母被納粹抓走並殺害的那些幼兒的經歷被記錄了下來。安娜弗洛伊德和索菲丹恩報告了六名有此種經歷的學齡前兒童的情況，他們的父母在他們出生不久后就死在納粹集中營的毒氣室裡。這些幼兒在集中營裡共同生活了幾年，在此期間他們失去了與成年人的直接聯繫。第二次世界大戰結束后，他們被帶到英國的一個村子裡，在這裡他們受到人們的照顧，直到他們能夠適應新環境。對他們的觀察表明，他們彼此間的內部關係非常親密，一旦被分離片刻就會表現出不安。他們彼此的接觸也很親密，自由共享，並且互相照顧。同

---

[1] 劉新學，唐雪梅. 學前心理學 [M]. 北京：北京師範大學出版社，2011
茱莉婭·貝里曼，等. 發展心理學與你 [M]. 陳萍，等，譯. 北京：北京大學出版社，2001.

時，他們也具有很多焦慮的症狀，包括經常性的吸吮指頭、煩躁、對照顧人員的間歇性攻擊。儘管他們遭到了極度剝奪，但由於同伴的存在使他們克服了母性關懷的缺乏。

二、幼兒同伴關係的內涵

（一）分享與獨占

分享是幼兒首要發展的正面社交技巧。分享包括玩具、工具、食物、故事書以及其他實物的處理。幼兒的獨占是十分普遍的現象，因為幼兒的認知發展處於「自我中心」的階段，他們對世界的思考都是圍繞著「我」進行的。尤其是當3歲左右，幼兒開始逐漸形成自我概念時，總要宣稱自己對物品的所有權。「這是我的」是幼兒對自我的一種認識，自我除了包括身體之外，還包括所擁有的物品，如爸爸、媽媽、玩具等。在和同伴的交往中，如果處處表現獨占，就很難和別人形成良好的關係。幼兒在和同伴的交往中開始學習擺脫「自我中心」，通過分享，與同伴建立良好的關係。

（二）合作與衝突

幼兒與社會關係發展時，會產生對人對己的控製感與權力感，進而選擇合作或衝突競爭來獲得。這也與幼兒「自我中心」的思維有關。幼兒還無法理解別人的想法與自己的差異性，因此容易對他人因控製產生衝突。例如，一個小朋友想玩洋娃娃，但其他小朋友想玩過家家，衝突就產生了。幼兒衝突的議題有：玩的本質、物體、進入同伴團體、主張、生活作息。幼兒交往中的衝突是極好的學習機會，因為通過對沖突的認識和對衝突的解決，幼兒學會了理解他人的想法，妥協、配合或對抗他人。合作與競爭的6種情況如下：

(1) 個人主義；

(2) 非競爭合作；

(3) 合作性幫助；

(4) 合作性競爭；

(5) 角逐性競爭；

(6) 競爭性對抗。

有學者研究義大利或美國的幼兒學校，發現出現頻率最高的衝突議題都是與玩有關，是在游戲中對別人的玩法或言行有不同的看法而產生的對立。爭辯是幼

第九章　社會化與社會交往

兒在同伴活動中進行相互理解的必要過程，也是一種較為激烈的溝通或協商的過程。父母或家中成員的教養與相處模式，也會影響孩子衝突行為的發展。如果父母常常以爭吵、暴力的方式處理問題，幼兒會複製父母的行為解決衝突。[1]

(三) 受歡迎與受拒絕

受歡迎的幼兒是被同伴題名為最喜歡或是最好的朋友的人，在同伴評價中有較高的得分和接受度。被拒絕的幼兒相反，常被題名為最不喜歡的人，在同伴評價中得分較低，接受度較低，比其他受歡迎的幼兒有較多負向行為表現，較少的正向行為表現。除了受歡迎和被拒絕的幼兒之外，還有一類被忽視的幼兒。

三、幼兒同伴交往的特點

幼兒同伴交往有以下兩個特點：

(一) 平等性

幼兒與同伴年齡類似，身心發展水平接近，因此他們之間的交往具有很強的平等性。幼兒可以在與同伴的交往中自由表現，很少受到其他因素的影響制約。

(二) 參照性

幼兒的同伴對幼兒的語言和行為有強烈的示範作用。幼兒還沒有形成自己的行為規範，因此對自己認可的同伴，常常會模仿他的動作、行為，經常與同伴進行信息的共享和行為的共享。

心理櫥窗

社會參照

社會參照能力為嬰兒在 9～14 個月所發展出來的溝通能力。社會參照是一種溝通的過程，借由人們主動尋找，並使用他人對模糊狀況的解釋，作為自己對這些狀況的認識。社會參照可分為參照物，即影響訊息的主題；參照者，即被影響的個體；被參照者，即影響個體的人。

---

[1] 許雅惠，等. 幼兒社會學 [M]. 臺北：五南圖書出版股份有限公司，2006.

第二節　師幼互動

一、師幼互動的內涵

幼兒成長過程中，除了家庭和同伴會產生巨大影響之外，幼兒園教師對幼兒的影響也非常顯著。隨著社會教育水平的逐步提高，幼兒普遍需要進入幼兒園或托兒所接受啓蒙教育，幼兒既要受到教師的教育，也受到教師的生活照顧，幼兒與教師的互動和交往變得越來越頻繁和重要。如果幼兒意識到教師真正密切關注他們、關心他們並滿足他們的需要，他們會對教師產生一種類似於對父母依戀的情感，這種情感對他們的發展顯然具有正向的積極作用。與教師能夠建立積極的關係是他們適應環境的重要標誌，這甚至可以影響到未來在學校與教師關係的建立。

幼兒與教師的互動是雙向的過程。幼兒與教師的互動，首先與幼兒的氣質有關。幼兒的氣質如果較為外向、熱情、開朗，幼兒教師與他的互動就會較為積極和頻繁。幼兒氣質較為內向、安靜，與幼兒教師互動較少，幼兒教師會容易忽略這類氣質的幼兒。如果幼兒氣質較為急躁、衝動，與教師間的互動就會較為消極且頻繁。幼兒教師的性格和教育觀念也影響到雙方的互動。奉行以兒童為中心教育觀念的教師，比奉行以教師為中心觀念的教師在與單個幼兒或小組幼兒進行互動的時間更長、頻次更多，對幼兒的行為更敏感，反饋也更及時，形成的關係也相對更親密。幼兒園或托兒所的環境對雙方的互動也會有所影響。有學者（Howes, Philips, Whitebook, 1991）的研究表明，教師與幼兒人數的比率越低，班級規模越小，教師與幼兒之間形成安全依賴性情感關係的可能性越大。[1]

心理櫥窗

羅森塔爾效應

古希臘神話中記載了這樣一個故事：皮格馬利翁是古希臘神話中塞浦路斯國王。這個國王性情孤僻，常年一人獨居。他善於雕刻，孤寂中用象牙雕刻了一座表現他理想中的女性的美女像。久而久之，他竟對自己的作品產生了愛慕之情。

---

[1] 吳品波. 師幼互動行為研究 [M]. 南京：南京師範大學出版社，1999.

第九章　社會化與社會交往

他祈求愛神阿佛羅狄忒賦予雕像以生命。阿佛羅狄忒為他的真誠所感動，就使這座美女雕像活了過來。皮格馬利翁遂稱她為伽拉忒亞，並娶她為妻。於是，后人就把由期望而產生實際效果的現象稱為皮格馬利翁效應。

1968年，羅森塔爾和雅各布森來到一所小學，從一至六年級中各選3個班，在學生中煞有介事地進行了一次「發展測驗」。然后，他們列出了一張學生名單，聲稱名單上的學生都極具潛質，有很大的發展空間。8個月後，他們又來到這所學校進行復試，驚喜地發現，名單上的學生成績進步很快，性格更為開朗，與老師和同學的關係也比以前融洽了很多。

事實上，這是心理學家進行的一次心理實驗，用以證明期望是否會對被期望者產生重大的影響。他們所提供的名單完全是隨機抽取的，通過「權威性的謊言」暗示教師，並隨之將這種暗示傳遞給學生。儘管教師們悄悄地將這份名單暗藏心中，卻在不知不覺中通過眼神、微笑、言語等途徑，將掩飾不住的期望傳遞給那些名單上的學生。他們受到教師的暗示作用后，變得更加開朗自信、充滿激情，在不知不覺中更加努力地學習，變得越來越優秀。

二、師幼互動的特點

（一）師幼互動的主題

在幼兒和教師互動的過程中，幼兒發起的活動主題與教師發起的主題是不同的。教師發起的主要互動主題有9種類型：約束紀律、指導活動、照顧生活、撫慰情緒、提問、讓幼兒做事、共同游戲、表達情感以及詢問。根據劉晶波的研究結果發現，在這9大主題中，無論對大班還是小班的幼兒，教師指導活動和約束紀律的主題占據了師幼互動的大半。幼兒發起的主要互動主題有：尋求指導和幫助、請求、告狀、尋求關注與安慰、詢問、發表見解、幫助教師做事、共同游戲、表述情況。

（二）師幼互動的主要內容

師幼互動的主導內容是以傳遞固有知識與技能、維護既存規範與規則為主的。教師較為注重幼兒對知識和技能的掌握與教師預先設定的標準是否一致。

（三）師幼互動的情感因素

師幼互動中極為重要的是情感。師幼互動過程中，情感的傳遞往往是極其自然的。教師所傳遞的情感取向，比傳遞的內容對幼兒有更重要的影響力。埃里克

森（1989）指出，幼兒尤其是低齡幼兒指向教師的行為模式、對教師的信任程度與情感親疏程度幾乎就是既定的幼兒與父母互動的翻版。幼兒如果與教師建立了深厚的情感關係，這種情感關係幾乎可以比擬與父母的依戀關係。例如，教師在批評幼兒時，採取柔和、寬容的責備的語氣，比採取粗暴嚴厲的語氣更能夠促進幼兒的改變。在粗暴嚴厲的語氣下，幼兒容易產生畏懼、害怕、羞愧的心理，對自己產生負向的想法；而柔和、寬容的責備的語氣，則會讓幼兒感受到自己在這一事情上做錯了，如果改正就會更好，不太會影響到幼兒的自我意象。

經典案例

教師正在給一名幼兒數他能拍幾個球，女孩小雪從幼兒園門外進來，她朝教師走過去，一邊走一邊不時的回頭望望站在門口的爸爸。爸爸示意她向前走，當小雪走到教師身邊，爸爸對她喊：「問老師早！」爸爸的喊聲使得教師發現了小雪的到來，眼神中流露出驚喜，馬上停止了數數。

「哦，是小雪來了！」小雪有點拘謹地笑著，沒有說話。教師蹲下身來，拉住小雪的手輕柔的說：「小雪好幾天沒來了，去了外婆家了，是吧？老師可想你了！你想老師嗎？」

小雪的臉上顯出快慰的神情，接連著點頭。

教師伸出手在小雪紅撲撲的臉上反覆撫摸著。

「小雪在外婆家一定吃了好多好東西，小臉兒長胖了嗎？」小雪一邊聽憑教師的撫摸，一邊細聲細氣地回答：「長胖了。」

教師聽後笑出了聲，隨即把小雪抱了起來，對站在一邊的其他教師說：「多好玩，她還會跟你說長胖了！」

小雪有點羞澀，把頭往教師懷裡鑽了鑽。教師親了親小雪，然後放她下來，對她說：「去教室裡拿球，我們來拍球吧！」

小雪歡快地跑向教室。[1]

---

[1] 劉晶波. 師幼互動行為研究 [M]. 南京：南京師範大學出版社，1999.

第九章　社會化與社會交往

第三節　幼兒的游戲

一、游戲的內涵

童年是一個人一生中最快樂的時光。每個回顧童年的成人，都難以忘懷童年游戲的歡樂。過家家、拔河、老鷹捉小雞、丟手絹，這些經典的幼兒游戲，在人的一生中看來彌足珍貴。對幼兒而言，什麼是游戲呢？幼兒眼中的游戲要比成人理解的寬泛。對大多數幼兒來說，任何物品其實都可以成為他們游戲的對象。只要這件事情具有以下幾個特點，都可以稱之為游戲。

（一）自發主動

游戲是幼兒主動進行的活動。他可以選擇玩或者不玩，高興就繼續，不高興就離開。如果是教師或家長要求幼兒進行的，在違反幼兒的意志下進行的活動，就不能稱之為游戲。

（二）快樂好玩

游戲一定是好玩的、快樂的，讓幼兒享受這個過程的。游戲激起幼兒的好奇心，驅動幼兒去嘗試，又在嘗試中感受到好玩和樂趣。游戲的過程中也會激發幼兒其他的情緒，但幼兒看待游戲活動時仍然覺得相當有趣。

（三）重視過程而非結果

游戲的目的就是它本身。游戲就是為了游戲，而不是為了獲得結果。如果幼兒游戲是為了獲得知識、技能，那麼就不能稱之為游戲。幼兒在游戲的過程中是自然的、放松的，他不以結果為目的，而重在享受游戲這一行為的過程。

二、游戲的作用

游戲、學習、工作是人類的三大活動。杜威認為，游戲系日常生活中，除工作或直接與個體的生存有關的活動之外的活動，即較能自由、自在、自立、自動展開的活動，活動本身就是目的，就是喜悅的活動。這三大活動對人類的意義舉足輕重。處於童年期的幼兒，游戲是他們生活中的重要組成部分。幼兒需要游戲，在游戲中幼兒感受、體驗、創造著屬於他們的世界。如果剝奪了幼兒游戲的機會，則是對他們身心的一種巨大摧殘。幼兒通過游戲認識自己、認識他人、認識社會。

213

游戲也給予幼兒與同伴接觸、交往、合作、創造、分享的機會，使幼兒在游戲中形成自我概念，學會與他人分享、合作，發展社交能力，為長大后融入社會生活進行有益的鋪墊。

具體而言，游戲對幼兒有以下幾個方面的作用：

1. 游戲是幼兒的自我表達

游戲是幼兒表達自我的媒介和工具。弗洛伊德說，每一個游戲時的兒童就像一位想像力豐富的作家，在那裡他創造了一個屬於自己的世界。或者更準確地說，他安排了那個世界裡的事物，並按照他更加喜歡的方式指揮它。

游戲突破幼兒的阻抗，能夠讓他們完全自由的表達自我。幼兒在游戲中的表現，常常是他們在生活中經歷過的，是其感受和經歷的再現。

2. 游戲滿足幼兒社會交往的需要

幼兒期幼兒產生與同伴交往的強烈需求。隨著幼兒活動能力、認知能力的增強，幼兒的交往範圍從家庭逐漸擴大。3歲進入幼兒園是幼兒面臨新的社會環境的關鍵時期。在幼兒園裡，同伴交往的頻率不斷增強，據調查研究指出，幼兒與同伴交往的首要動機是擁有共同的興趣和愛好，可以理解為喜歡同樣的事物、玩具或游戲。通過與同伴做游戲或者一起分享玩具，幼兒與同伴進行著互動。游戲能夠有效緩解幼兒的緊張情緒，促進幼兒與他人的交往。更大一些的幼兒則通過扮演游戲中的角色，體驗他人的情感與態度，學會了換位思考的能力。

3. 游戲促進幼兒意志力、想像力的發展

游戲能夠促進幼兒意志力的發展。幼兒游戲往往需要多個幼兒的協同合作，在協同合作中，幼兒要摒棄個人獨占的觀念，遵守游戲的規則，進一步學會堅持或者妥協。例如，小輝在家一直很嬌氣，但和同伴玩耍時，他變得勇敢和堅強起來。大家伙說要一起趟過小河到對面抓鳥，雖然小輝很害怕過河，但和其他同伴在一起，他被眾人鼓勵簇擁著前行。雖然沒能趟過河去，但小輝覺得很高興，仿佛自己勝利了一般。

游戲總依靠著幼兒們的想像力進行著。在游戲中，幼兒天馬行空，恣意馳騁，體會著創造游戲的樂趣。例如，幼兒將各種雜草鋪在地面，把他們想像成美麗的地毯，根據每樣道具的特點、每個人的特點起不同的名字，在扮演游戲中峰回路轉的想像出一個巫婆的存在等，都是兒童豐富的想像力在發揮作用。

第九章 社會化與社會交往

三、游戲的類型

（一）根據認知水平發展劃分

皮亞傑依認知的發展，將游戲形態分為三類，分別是功能（實踐）游戲、象徵游戲和規則游戲。這三類游戲符合不同年齡階段嬰幼兒的認知發展水平，因此具有按順序發展的特點。

1. 功能游戲（實踐游戲）

出生後的頭兩年嬰幼兒會發展出這種游戲形式。它的特點在於，從事簡單或重複性的肌肉動作或以固定方式玩某一物品。例如，1～2 歲的兒童喜歡吃飯的時候敲勺子，喜歡推在他面前的任何東西。這類游戲使得幼兒的身體能力得以增強，認識自己的身體部位和作用力量。

2. 象徵游戲

這種類型的游戲出現在兒童 2 歲之後，在 5～6 歲時達到高峰。這類游戲的特點在於，幼兒先在生活中有了一定的經驗，並將這些經驗轉化為心像，然後才能進行象徵游戲。例如，幼兒將一塊地毯當成飛機，將掃帚當馬騎，把玩偶當成敵人或朋友，將樹葉當成食物，過家家游戲就是典型的象徵游戲。孩子們給具體的事物賦予象徵的特性，同時扮演著某種角色。

3. 規則游戲

這類游戲出現在兒童 6 歲左右，7 歲較為普遍，並一直延續到成人。這類游戲的特點在於，游戲擁有明確的規則，需要參與者遵守規則、共同合作完成。這類游戲要求兒童的認知能力有了一定的發展，能夠理解規則，並學習與他人合作。例如，捉迷藏、跳皮筋、丟手絹等都屬於規則游戲。

（二）根據社會參與程度劃分

1932 年，派頓（M. B. Parton）在《變態與社會心理學》雜誌中，發表了名為《學齡前兒童社會發展》的研究報告。在這篇報告中，他分析了兒童的社會交往行為有 5 類，即單獨游戲、旁觀者行為、平行游戲、連合游戲及合作游戲。學齡前兒童的游戲行為可按照其社會參與程度分為以下 7 種：

（1）無所事事行為。發生在 1 歲左右，嬰兒無任何目的，左顧右盼。

（2）旁觀者行為。發生在 1 歲左右，嬰兒作為旁觀者看別人游戲，並不參與其中。

(3) 單獨遊戲。發生在 1~2 歲，兒童一個人進行重複性的功能遊戲，不與其他人共同遊戲，一個人也玩得很開心。

(4) 平行遊戲。發生在 2~3 歲，幼兒進入群體時期，雖然處於群體之中，但各自玩各自的，很少溝通，互不參與，既不形成競爭也不形成合作。這個階段的遊戲是幼兒社會性發展的萌芽階段。

(5) 連合遊戲。發生在 4~5 歲，隨著幼兒社會化程度的進一步提高，幼兒開始和其他孩子有了溝通和交流，和少數幾個人在一起共同做遊戲。

(6) 團體遊戲。發生在 5~6 歲，幼兒的游戲日趨複雜，開始產生不同的團體，例如，分成兩個群體進行對抗打仗。團體遊戲使幼兒之間的交流頻繁，並學著合作和對抗競爭。

(7) 合作遊戲。發生在 7~8 歲，兒童的遊戲中有了明顯的分工合作，每個人負責一定的內容，共同完成一個目標。

經典案例

一個騎著小車的 5 歲男孩，在公園裡碰到了同班的兩個小女孩，他很高興！可是，當兩個小姑娘要騎他的車時，他為難了，給她們騎吧，他也想騎，不給她們騎吧，她們一走，就不好玩了。怎麼辦呢？

在媽媽的啓發下，他提議，我們一起玩吧，我來當司機，你來當售票員，你來當乘客，好不好？待會再換一換。憑藉孩子的想像力，可以將這一幕演繹的相當精彩！[1]

四、遊戲的理論

杜威說，幼兒的生活就是遊戲的生活。童年的絕大多數樂趣，來自於遊戲之中。沒有遊戲的童年是缺失的童年，這句話絕不為過。遊戲對於幼兒的身心發展有重要意義。那麼遊戲的意義在哪裡呢？為什麼遊戲對幼兒那麼重要？關於這點，不同的理論家提出了不同的解釋。

(一) 精力過剩論

1878 年史賓賽（H. Spencer）提出，兒童的精力旺盛，需要用更多的形式對能量進行消耗。兒童的遊戲是無目的的，是用來發泄過剩精力的方式而已。但是

---

[1] 徐浙寧. 責任心：孩子成功的關鍵 [M]. 上海：少年兒童出版社，2004.

第九章　社會化與社會交往

此理論的解釋力有限，如成人每天工作即使很累，精力已經消耗大半，仍然希望游戲、娛樂。

(二) 充電論

1916年帕特里克 (G. Patrick) 提出，游戲在為兒童完成新任務或不熟悉任務而消耗能量下為兒童補充新的能量。

(三) 行為復演論

該理論認為，人類從幼兒成長為成人的過程，是重複著人類發展的軌跡路線，表現出人類從原始發展到現代的特點。例如，女孩子喜歡洋娃娃，與原始女性哺育后代很類似；男孩子喜歡打仗，與原始男性需要狩獵的行為近似。

(四) 生活準備論

游戲是為未來生活無意識地做準備。例如，女童玩洋娃娃是為日后生兒育女做準備；男孩玩冒險游戲是為日后謀生做準備。游戲對兒童未來的發展有極為重要的作用。

(五) 補償論

弗洛伊德提出補償論，認為游戲是兒童緊張情緒的發泄。一切生物生存下去的原動力在於各種慾望。兒童也擁有各種各樣的慾望。但是兒童在社會化的過程中，規則、習俗、文化會抑制兒童慾望的表達，讓他們無法得到充分的滿足。而游戲則可以讓兒童在安全的環境下用另一種方式表達慾望，宣洩緊張情緒。心理治療中有一個重要的方式游戲治療，就是基於這樣的理論進行的。

(六) 自我表現論

人本主義者認為，游戲提供給兒童自我表現的機會。人類有各種複雜的動機和需要，主動參與游戲的人可以使得人在游戲中發揮自己的體能和智能，滿足自我表現的慾望。

(七) 認知動力論

皮亞杰認為，游戲是兒童學習新事物的方法之一。兒童的認知發展水平決定了游戲的方式和內容，游戲的發展和兒童的認知發展密切相關，兒童在游戲中逐步學習認識事物和世界。

五、玩具的選擇

幼兒喜歡什麼樣的玩具呢？家長非常喜歡為孩子購買各種新奇的玩具，但著

名的兒童教育專家伯頓懷特說，嬰幼兒對許多最流行的嬰幼兒玩具並不感興趣。孩子除了表現出對任何一種新物品的最初新奇感之外，很少花更多的時間去玩與其年齡不符的玩具。孩子也不會對成人認為的外表好看的玩具感興趣。實際上，越接近實際物品的東西，幼兒越感興趣。例如，一把真正的斧頭比塑料製作的斧頭更令兒童感興趣。

經典案例

洪福的小寶貝[1]

話說每個小孩幾乎在成長過程中，都有一樣他特有的小寶貝，可以陪伴他安然入睡，像是玩具熊、洋娃娃或是一床破被單。

洪福的小寶貝是我花了29元在地攤給他買的一只填充玩具——小河馬。

打從他10個月大起，他便每天抱著它入睡，那時他的身長和小河馬差不多，現在則是用兩只小手指便可以把它拋在空中團團轉。只要一離開家到外住宿，洪福的背包裡一定放著小河馬。

前些日子，趁著春假假期，舉家到墾丁度假。4天假期天公作美，全家頗為盡興，唯一的缺憾是洪福的粗線條，他把自己的帽子、水杯、隨身小物品給丟了，為此母子的情緒爆發已經達到了臨界點。

最後一天，打點行李準備返回時，洪福把自己的玩具、必需品應付似的胡塞在一個包包裡，便一溜菸跑出去玩了，連他心愛的小河馬也被遺忘在床單下。

我偷偷把小河馬藏在自己的行李箱裡，回到臺北準備睡覺時，洪福開始找他的小河馬，我淡淡提醒他，小河馬是他該負責的，請他回想一下，小河馬是否被裝箱帶了回來。

他沉默良久，淚水已經在眼眶裡打轉，但還是不敢放聲痛哭，因為他清楚知道，這是他自己的事，媽媽是不會幫忙的。嘴裡念著要如何找回的小河馬，他要求我打電話到墾丁，請賓館把小河馬保護好，然后讓我坐飛機去墾丁拿。

我提醒他，臺北到墾丁路途遙遠，我還有小妹妹要照顧，更不可能為了他的疏忽，再花錢南下。言至於此，他終於忍不住了，抱著我哭喊著要他的小河馬，因為他是他的第一個朋友，雖然他又臭又破，但他還是要它。

看著他哭紅的小臉，我竟然也難過起來，好像回到當我還是5歲的小女孩時，

---

[1] 柯志恩. 完全母親手冊［M］. 北京：中信出版社，2002.

第九章　社會化與社會交往

不小心把自己心愛的布娃娃遺留在火車候車室裡，那種懊惱想念的情景，我完全融入兒子的絕望之中，母子倆竟然抱在一起哭。

我傾聽著兒子的思念，回應他對他感覺的理解，當然也不忘問他該如何防患此事再發生。經過一番折騰，我又找了一個小河馬被找到的理由，當他看到小河馬再次出現時，他眼神裡那種失而復得的光彩，我至今難忘。

望著洪福抱著小河馬在淚水中含笑進入夢鄉，我想他已經稍微學習不會隨意亂丟屬於自己的東西了。兒子學會了負責任，我則體驗了一場情緒交流，慶幸自己沒有淡化兒子的負面情緒，洪福該規範的是他對事物不珍惜的行為，但他的感覺、情緒和慾望都是可以被接受的。過去我們沒有被教導如何去宣洩情緒，長大以後把自己的小孩流眼淚看成是件浪費的事情。

我們繼承了不重視孩子感受的傳統慣例，只因為他們年紀較小，經驗較少，比較無權勢。

我的兒子讓我學習到，認真地對待孩子的情緒需要同情心、熱心傾聽及設身處地去理解他的立場。孩子的情緒不會因為父母的一句不要這樣想或者你的感覺是不應當的而消失。

當然我也學會了在孩子面前勇於表現自己的情緒，讓她知道我也有懊惱生氣的理由，情緒的交流，讓我和兒子更親近了一大步！

不同年齡發展階段的幼兒喜歡不同類型特點的玩具。例如，嬰兒喜歡可以握著、抱住的玩具，如洋娃娃、小球、小勺等，學步兒童喜歡可以運用他們身體肌肉能力的玩具，如皮球、小球；低年級幼兒則喜歡可以和他人合作的玩具，如拼圖、橡皮泥、積木等。

在選擇或者製作玩具教具時，應該注意到以下幾個方面：

1. 玩具教具性質最好單一

在生活中我們也會發現，幼兒有時鐘情的玩具，恰恰是那些看起來很廉價、簡單的物品，如一個破舊的皮球、一個帶孔的紐扣等。幼兒對這類玩具的興趣在於，這是他所認識和理解的一種新的物品，並且這一物品的某一特點很突出。

玩具具有很多的性質，如顏色、大小、體積、重量、粗細、高矮等。對幼兒而言，玩具教具的主要作用在於幫助幼兒識別和理解物體的性質，瞭解其中的差異性。玩具教具的性質較為單一，則幼兒對它的認識和理解就更為容易。例如，一個木色的立方體教具和一個不同側面有不同顏色、花紋、圖案的立方體教具，

顯然前者對幼兒理解立方體的概念更有利，后者的顏色、圖案，會轉移幼兒對立方體這一概念的注意力。

2. 安全性

安全性是製作和選擇玩具教具的重要考慮內容。安全性包括重量、大小、有無鋒利的邊角、材料的安全性等。社會上發生過多起兒童誤食誤吞玩具零件的事情，造成了許多傷害。玩具教具的零件越少越好，以防止零件分離造成幼兒的誤食或誤傷事件。玩具教具的尺寸也要根據幼兒的身高體重定制，如大塊的積木，以幼兒能夠搬動的輕盈材料制成為宜。

3. 對幼兒的適合性

玩具的採用和製作要遵循由簡入繁的原則。例如，先使用粗細一致、長短不一的木棒教會幼兒理解長短的概念，然后使用粗細不同、長短一致的木棒加入粗細的概念。接著，使用粗細不同、長短也不同的木棒讓幼兒去感受差異。

心理櫥窗

福祿貝爾的「恩物」

「恩物」是由現代學前教育的鼻祖福祿貝爾（Friedrich Froebel）所設計的一套教育材料。福祿貝爾深受斐斯泰洛齊影響，認為幼兒應採取直觀教育，學習的基礎不是書本的學習，而是在實際生活中，且重視母親對幼兒的教育，並倡導幼兒遊戲。一生致力於幼兒教育的福祿貝爾，亦被稱之為幼兒教育之父，他用其一生的經歷去創造出當時（19世紀）最新的幼兒遊具，並命名為「恩物」。福祿貝爾深信遊戲與恩物可以使幼兒內在的本性與潛能，透過外顯的行動表現出來，所以遊戲和恩物是發展幼兒本質最有效的方法。

恩物又可分為操作恩物（第一到十恩物）及手工恩物（第十一到二十恩物）。

1. 操作恩物

從第一恩物球體的概念出發到第二恩物加入立方體、圓柱體等客觀的宇宙原物；第三、四恩物及第五、六恩物則以立方體為主體，而透過全體與部分的切割讓幼兒去體驗更多不同的形體；第七恩物則由體的概念轉換為面，透過五種不同的面（正方形、正三角形、直角等腰三角形、直角不等邊三角形、鈍角等腰三角形）使幼兒經驗恩物由形體轉為平面的概念，並瞭解平面的分割與分解；第八恩物線、第九恩物環，則更進一步的將面轉化為線的概念；第十恩物則為形態的極

第九章　社會化與社會交往

限——點。由第一恩物到第十恩物的操作過程中,透過體、面、線、點的形態變化,讓幼兒經驗到具體到抽象創作歷程的過程。

2. 手工恩物

第十一到二十恩物,則是抽象到具體的發展,由點、線、面、體的發展,讓幼兒透過手工創造過程,再次經驗到創作之美的不同經驗。而第十一到二十恩物分別為:打洞工、縫工、繪畫、剪紙、撕貼、編織工、組紙、折紙、豆細工、黏土工。

福禄貝爾恩物真的很迷人,每當看著孩子認真操作的神情,或是彼此討論著所創作出來的花樣或是對象,他們有自信又充滿著喜樂的模樣,真的會讓人忘了工作中的辛勞。

在我還未踏入職場時,對於福禄貝爾的第一印象就是恩物好多,永遠都搞不懂什麼立方體切割后變成長方體,然后它們分別有幾塊,以及福禄貝爾於公元幾年創立了世界第一所幼兒園且命名為 Kindergarten 等。這些知識層面為了考試而記憶的東西對我而言實在沒有產生多大的效益,當然,除了考試可以得高分之外。然而,當我第一次真實接觸恩物,在與恩物間的互動過程中,讓我真實的經驗到一種奇妙又有趣的創作歷程。

當時我是在學校由已退休的資深老師利用課後的時間來進行一對一的教學。其實剛開始一竅不通,又是課後的時間,內心真實的學習慾望其實是很低的。不過,新人嘛,加上我工作的環境就是要教恩物,因此,就硬著頭皮學習。只是在學習前、中、后,內心的轉變過程極為巧妙,我沒有想到最后我會漸漸地愛上恩物的操作,並想要更多的認識與瞭解它。另外也實際地感受到直觀教學的真實收穫遠比在書上看了老半天背了老半天要來的有效。

從第一恩物開始,進入模仿游戲、想像游戲、顏色游戲;第二恩物球體與毛線球的比較、平面、曲面、三體的想像、回轉游戲(這最讓人著迷);第三到六恩物開始有了花樣的變化、對稱的概念、空間、建築游戲、橫花樣、中心花樣;恩物與恩物之間又可以產生互動與聯結;到了第七、八、九恩物面、線、環的認識,且不同的面、線、環又加入了色彩,又可以相互交織的任意創作;最后第十恩物點,就像書上說的點是形體的極限,可以任意創作,構成面、體。

內心對於福禄貝爾恩物的讚嘆與喜愛也就日益加增,不過雖然喜愛,但在工作的過程中,並沒有認真的拿出福禄貝爾的相關書籍進行閱讀與研究。對於恩物

中的游戲以及其背後的哲學理論的理解實在薄弱。在這次的報告中，我覺得福祿貝爾恩物的設計和其少兒時期的生活經驗、對大自然的喜好敏銳的觀察力、以及他青少年的工作經驗、后來的求學等，都是層層影響其日後恩物發明的種子。

第四節　幼兒游戲的設計

幼兒的生活即游戲，游戲即幼兒的生活。因此，教師在設計幼兒游戲的時候，盡量做到游戲學習化、學習游戲化，讓幼兒在不知不覺的游戲間進行學習，有所增長。家長都認為游戲對幼兒的身心發展有巨大作用，林風南曾經對就讀在臺南市立托兒所的家長調查過他們對游戲的態度。[1]

調查問題如下：

對於孩子的游戲，您的看法是：

（1）因為游戲是孩子的生活中心，所以只要孩子想玩的話就讓他去玩。

（2）為孩子的將來著想，從現在開始對游戲應稍加限制，使他有更多的時間用功讀書寫字。

結果在調查的107份問卷中，有35人選擇第1項，有70人選擇第2項。雖然家長都關心孩子的游戲問題，但只有少數家長重視游戲，多數則認為功課重要。事實上，我們傳統望子成龍、望女成鳳的觀念，阻礙了對幼兒游戲天性的關照，也忽略了游戲真正的功效。

經典案例

日本愛知太陽幼稚園[2]

幼兒人數：233人，8個班

園地面積：2,937平方米

建築面積：523平方米

建築結構：地下一層，地上兩層

完工時間：1982年

---

[1]　林風南. 幼兒體能與游戲 [M]. 臺北：五南圖書出版股份有限公司，2010.
[2]　湯志民. 幼兒學習環境設計 [M]. 臺北：五南圖書出版股份有限公司，2010.

第九章　社會化與社會交往

建築目的：希望能培養出：第一，會自己思考、自己行動的人。第二，重視體貼與溫柔的人。第三，不會失去健康的身體與開朗的人。試圖以自由保育為目標，與幼兒一起學習成長，並在自然中，實行以自然為教材，與自然共生而成長的自由保育。

園地位置：在離東名高速公路名古屋出入口往東2千米的地方。這個地區保持著很豐富的綠地，未因開發事業而剝奪大部分的綠地。幼兒園是以如何從開始計劃來保留山林為目標而開始的，並成功的留下用地一半的山林，這決定幼兒園各方面目標與原則。

當初園地中央有超過6米的小山丘，南邊一半是山林，從西北角往東延伸部分有扇形的空平地，所以扇形計劃被採用。每一棟園舍獨立建造，中間設通路，作為通風與孩子們的嬉戲玩地。面臨南邊的曲形陽臺，保留很廣的空間，並鋪上地板，以聚集幼兒人氣。

在園地中央部分有小丘，所以父母必須要爬山、過天橋才可以進入教室辦公室。園地一般的山林很有生命力，而在這樣環境中長大的孩子，更有生命力。

每一個建築物各自獨立，基礎很堅固。設備方面，冬天配置暖氣是很必要的，夏天則不需要冷氣。每棟獨立建築物之間做通路，無論晴天或夏天，此結構帶來很大的舒適，下雨時也可兼做兒童的遊樂場。

一、體能運動遊戲

運動是人類身心發展的引發器，兒童初期的發展是以身體運動方面的機能為軸心進行的，幼兒從事體能運動的遊戲，對身體的發育有好處不說，更能夠培養幼兒樂觀、堅韌的品格，積極開朗的情緒，促進智力、人格的發展。尤其是在自然環境中快樂的玩耍，充分的運用體能，將對他們未來的人生產生巨大的影響。格賽爾把這種現象稱為發展的運動主導性原則。

在幼兒發育過程中，感覺統合（Sensory Integration）非常重要。這一觀點是由美國南加利福尼亞大學臨床心理學專家愛爾絲博士（Jean Ayres）於1969年提出的。感覺統合是指個體對進入大腦的各種感覺刺激信息（視覺、聽覺、嗅覺、觸覺等），在中樞神經系統中進行加工處理形成有效的組合過程。個體在特定的環境內有效地利用自己身體各部分的感覺器官，從環境中獲得不同感覺通路的信息並輸入大腦，大腦對輸入信息進行加工處理（包括解釋、比較、增強、抑制、聯繫、

統一），並表現出適應性反應的能力，簡稱感統。感覺統合失調是指外部的感覺刺激信號無法在兒童的大腦神經系統進行有效的組合，而使機體不能和諧的運作，久而久之形成各種障礙最終影響身心健康。現代化都市家庭中，感統失調的孩子越來越多，部分原因就在於，幼兒時期的觸覺刺激、身體刺激太少，孩子缺乏運動、游戲、缺少夥伴，沒有群體生活，家長限制孩子的運動範圍，電視、電腦和游戲成為孩子的主要游戲，造成孩子的身體機能和心理機能退化。

（一）適合小班的體能運動游戲

1. 開飛機

雙臂張開，呈飛機狀，模擬飛機飛行的樣子，進行起飛和降落。需要注意的是在過程中要避開別的小朋友，不要撞到他人。

2. 划船

原地坐下，雙腿伸直，兩手模擬抓住船槳的樣子，可以組織多個小朋友一起坐成一排，模仿龍舟賽。

3. 開火車

讓孩子模擬火車的運行，用繩子或者呼啦圈將孩子們連成一串，老師在前面帶領，可放不同節奏的音樂，根據音樂的節奏加快或者放緩速度，同時還可以模仿火車的到站、下車、檢票、換票等。

（二）適合中班的體能運動游戲

1. 老鷹捉小雞

幼兒5~7人站成一排，一個人抱著另一個人的腰連成串，扮演小雞。然后老師或成人扮演母雞，站在幼兒最前面保護幼兒，另一個老師或成人扮演老鷹，要去抓小雞，跑得慢的小雞被抓到就要受罰。

2. 雙手拉

兩人相對分站兩側，中間畫一條線。兩個人雙手握在一起，聽到開始後，分別將對方向自己的方向拉，誰能將對方拉過中間線誰就贏了。

（三）適合大班的體能運動游戲

1. 丟手絹

幼兒圍坐一圈，一起唱：「丟—丟—丟手絹，輕輕地放在小朋友的后面，大家不要告訴他，快點快點抓住他……」其中一個小朋友A在圈外繞著走，他要偷偷地把手絹放在一個小朋友B的背后，B小朋友要迅速爬起來追趕A，A必須在被B

第九章　社會化與社會交往

抓到之前坐到 B 的位置上去。如果 A 被 B 抓到了，A 就繼續丟手絹，如果 B 沒有抓到 A，B 繼續進行丟手絹的游戲。

2. 單腳大俠

兩只手背在身後，單腳跳，用身體互相推擠，看誰先失去平衡。在游戲中禁止用手臂推搡、抓拉，腳落地就算犯規。

二、幼兒故事游戲

講故事是人類特有的方式。在故事中設定場景、構建人物關係、扮演角色、體驗情感。幼兒成長的過程中所喜歡的角色扮演類的游戲就是在講故事，故事裡包含了幼兒對世界的觀察和認識，對事物的體驗和情感，開拓了幼兒的想像力和創造力。

邀請幼兒畫出想畫的人、事、物。紙被折成兩部分，一部分用於畫畫，另一部分用於寫字。寫字的部分請先折到背面。

當幼兒完成後，請先將書畫用具放回教具架。

邀請幼兒和教師一塊坐在小椅子上。確定幼兒所坐的位置可以註視教師寫字。

將折到背面的書寫部分的紙折回來。

讓幼兒說出畫中的故事。有些幼兒不知道該如何說，可以問他：「如果你畫的畫能說話，它會說些什麼呢？」

幼兒看見所說的故事被寫成文字。問幼兒希望老師在紙上寫下什麼？

老師邀請幼兒一起把故事再念一遍。

在作品的角落簽上幼兒的名字，經過幼兒同意后，貼在牆上，如果有機會可以讓幼兒和全班同學分享。[1]

要點回顧

1. 同伴關係是指年齡相同或相近的兒童在共同活動中相互協作的關係。同伴關係中存在分享與獨占、合作與衝突、受歡迎與受拒絕等狀態。

2. 幼兒同伴交往具有平等性和參照性。

---

[1] 周逸芬. 蒙特梭利幼兒單元活動設計課程［M］. 臺北：五南圖書出版股份有限公司，1994.

3. 在幼兒園或托兒所，幼兒頻繁的與教師進行互動。教師既是教育者，也是幼兒的生活照顧者。雙方的氣質特點、教師的教育理念以及周圍環境都會對互動產生影響。

4. 師幼互動中的情感因素極為重要。幼兒尤其是低齡幼兒指向教師的行為模式、對教師的信任程度與情感親疏程度幾乎就是既定的幼兒與父母互動的翻版。

5. 對幼兒而言，游戲即生活。

6. 不同認知水平發展狀態下的兒童，游戲類型不同。

7. 關於游戲有若干種理論，主流的看法有認知動力論、自我表現論、補償論等。

8. 幼兒的發展遵循發展的運動主導性原則。

問題討論

1. 如果幼兒的童年沒有游戲，將會產生怎樣的影響？
2. 你讚同游戲教育化還是教育游戲化？
3. 現在流行一句話，即「不要輸在起跑線上」，你怎麼看待這句話？
4. 中國目前多是獨生子女，父母捧在手心，幼兒常常不懂得分享和交流。作為幼兒園老師，你覺得該如何解決幼兒與同伴交往的問題？
5. 你認為，一個幼兒園老師對幼兒會產生什麼影響？沒有幼兒園老師，這些影響會發生嗎？老師的作用在哪裡？
6. 你怎麼看待幼兒喜歡玩電腦游戲？如果你是孩子的家長，你在陪孩子游戲方面有什麼創造性的想法？

老師推薦

電影推薦：

《閃電狗》（Bolt）

書籍推薦：

Peter H. Reynolds. The Dot [M]. London：Walker Books, 2004.

薩莉·戈德伯格. 嬰幼兒快樂教育 [M]. 張勤，譯. 北京：中信出版社，2002.

第十章
幼兒性別角色的發展

本章要點

第一節　性別角色
- ✓ 性徵（Sex）與性別（Gender）
- ✓ 性別角色認同
- ✓ 性別認同的理論

第二節　幼兒性教育
- ✓ 幼兒性教育的意義
- ✓ 幼兒常見的性困惑
- ✓ 幼兒性教育的內容
- ✓ 幼兒性教育的原則
- ✓ 外國如何進行幼兒性教育

　　東東5歲了。他活潑好動，調皮可愛。有一天，媽媽給東東買了一雙粉紅色的襪子。東東怎麼也不肯穿，他嚷著：「我不喜歡這個顏色，我討厭這個顏色，這是女生穿的！」媽媽有點震驚。東東以前從來不會這樣。有一天東東和隔壁長得很乖的小女孩玩的時候，告訴對方說：「以后你當我老婆吧！」雖然周圍的大人聽完哄堂大笑，但媽媽有些擔心。東東還經常在幼兒園看其他小朋友上廁所，還會跑過去掀開女孩子的裙子。媽媽怕東東學壞了，可是又不知道該怎麼辦。一天，東東很認真地問媽媽，自己是從哪裡來的？媽媽感到有些擔心，該如何教育東東呢？

第一節　性別角色

一、性徵（Sex）與性別（Gender）

英文中有 Sex 和 Gender 兩個詞，在中文中統稱性別。兩個詞所指的內涵有所不同。要清晰地理解幼兒性別的發展，就得先從這兩個詞的差異說起。

Sex 是生物學意義上的性別，男女有別，即在生理構造上存在差異。這決定於父母的染色體配對。每個正常人都有 23 對染色體，其中 22 對為體染色體，1 對為性染色體，性染色體決定了人類的性別；男性的染色體為（X，Y），女性的性染色體為（X，X）。

染色體的差異決定了男女生理上的巨大差異。男性的生殖器官和女性生殖器官不同，此外隨著幼兒成長為少年，青春期時男性和女性的第二性徵進一步發展，男性聲音變粗、出現喉結、長出胡須、肌肉變得強壯有力；女性則胸部開始發育。

Gender 這個詞則指的是一個人對自己性別的認識，即他認為自己是男人還是女人，按照心目中怎樣的男人或女人的樣子去生活和行動、思考。一個人對自己性別的認識、看法和期待，受到所處的社會環境、文化環境、父母教養等多種方面的影響，它並不具有生理上的差異，而更多體現出一種社會意義。具有男性的生理特徵，幼兒就一定會成長為真正的男人嗎？非也。性別認同是一個人對自己性別的個體認同。所有的文化都對於什麼樣的特徵、行為模式、服裝和職業適合於一定的性別有著特殊的看法，社會對偏離這種看法的行為會給予特別的關注，那些偏離社會大多數人看法的行為會引起人們的驚奇乃至厭惡。例如，男人染指甲在中國社會是很難令人接受的，我們的文化會認為，男性不應該有這樣的行為，這種行為只屬於女性。

Gender 其實就是我們所說的「男人味兒」和「女人味兒」。例如，大多數文化中都認為男人應該表現出果斷、勇敢、有擔當，女人則表現出順從、溫柔、善良、美麗。這種對性別角色的認識是社會建構的結果，也會隨著時代的不同發生改變。例如，過去的社會無法接受一個男人有「娘娘氣」，但現代社會則對此更包容，「偽娘」的流行是社會重新建構性別角色的一個鮮明例證。

第十章 幼兒性別角色的發展

二、性別角色認同

性別角色可以通俗地理解為「心理性別」，性別角色是在某一社會文化中所公認的男性或女性應該具有的行為模式。它屬於個體相對穩定的一部分人格，而與性取向（異性戀／同性戀／雙性戀等）無關。傳統的性別角色中，男性具備的工具性特質具體表現為：目標導向的、有邏輯的、富攻擊性的；女性具備的情緒性特質具體表現為：溫柔的、富同情心的、會照顧人的（Hort, Fagot & Leinbach, 1990）。也因為人格的差異，男人被認為較適合成為一個位居要職的領導者或工作者（醫生、律師、工程師），女人則比較適合成為一個幫助者、追隨者或母親、妻子。無論中國、美國還是日本社會，對男性的肯定特質為攻擊性與獨立性強、情緒穩定而不外露、客觀、不易受外界影響、支配感強、喜愛數學與科學、臨危不懼、具有積極性與競爭性、邏輯性強、諳於處世、工作熟練、直率、知識廣博、情感不易受傷害、愛冒險、果斷、從不哭鬧、自信、有領導慾望、大度、抱負宏大、理智、自立、對外表不自負、大男子主義、同男性能自由地談論性。女性的肯定特質為喜歡閒聊天、做事得體、分寸感強、溫柔、對別人的感情十分敏感、愛打扮、愛整潔、文靜、虔誠篤信、強烈的安全需要、喜愛藝術與文學、善於表達溫情。

父母從得知幼兒性別的那一刻開始，就按照文化的要求對不同性別的幼兒區別對待，父母會分別給男孩和女孩符合他們所認為的性別特點的名字、顏色、衣服、髮型、玩具等。一項調查發現，父親們認為新生兒子比較機靈、非常調皮，而新生女兒注意力不集中、溫柔而軟弱。這些印象只是從觀察而來，父親甚至還沒有抱一抱他們的孩子。似乎父母的思維中就對不同的性別存在著刻板印象，影響著他們對待兒童的方式。

在幼兒后續的成長中，父母讓男孩玩打仗的游戲，而不會給他洋娃娃；女孩要聽話順從，而不會讓她滿世界亂跑。男孩跌倒哭泣，父母會說男子漢不許哭；女孩如果哭了父母會說好乖好乖。除了父母和親人的區別對待之外，電視裡、雜誌上、幼兒園裡、公園裡，幾乎社會的每個角落都充滿著這種影響。約翰和瓊恩·漢普遜認為，其實新生兒在心理性別上是中性的，性別認同是由孩子所受到的教養方式（被當成男孩還是女孩教養）的影響而習得的。周圍環境對不同性別角色的要求，影響到幼兒對自己性別角色的認識，他們曾經研究過100多個假性

兩性人，這些人身上存在著他們的外部生殖器和內部結構、染色體和激素之間的矛盾，他們都遭受錯誤的性別進行撫養。結果報告指出，幾乎所有的受試者都完全被調整到指定的性別認同上。

(一) 性別認同的發展

1. 性別認同期

1歲的嬰兒，能夠區分男人和女人的照片，並初步把男人和女人的聲音和照片匹配起來。但他們並不是很清楚自己的性別。

2歲左右，幼兒能夠識別自己是男還是女。同時，他們在家庭和周圍的環境裡開始意識到自己的性角色，即自己應該扮演男性，還是女性角色。例如，小女孩開始喜歡長頭髮，喜歡鮮豔顏色的衣服，小男孩喜歡玩槍、車等玩具。但這時候他們還無法認識到性別是不會變化的。

2. 性別穩定期

4歲左右，幼兒因身體的發展，開始意識到自己的身體與他人的差異，並對這種與異性的差異非常好奇。幼兒在上廁所的時候注意到和異性的區別，對與自己不同的如廁方式感到好奇。

到了4歲左右，大部分的孩子就具備有性別穩定的理解，知道性別是穩定的，小男孩以後會變成男人，成為爸爸，小女孩以後會變成女人，成為媽媽。但是這個時候，他們還是以為，只要願意，一個人可經由改變髮型或穿著而改變性別。

3. 性別恒定期（Gender Constancy）：

到了6~7歲，孩子的性別認同才算完全。他們知道性別在不同時候不同情形下都是一樣的，不會因外形、穿著或活動改變，而變成另一個性別。女孩穿男孩的衣服還是女孩，男孩留長髮仍然是男孩。理查森和辛普森（Richardson & Simpson, 1982）研究發現，5~9歲的孩子，他們所要求的玩具，幾乎是符合自己的性別的。

(二) 身體和智力的性別差異

在幼兒階段，男孩和女孩的性別差異出現一個很有趣的現象，即女孩的身體發育總是領先於男孩。在站立、走路和行走、說話方面，男孩的身體發育普遍慢於女孩。女孩開口說話早，詞彙多於男孩，言語缺陷較少。但是，男孩在視覺方面卻佔有明顯的優勢。他們的視覺和辨別方位的能力強於女孩。由於身體發育的關係，在幼兒園裡男孩的學習要比女孩慢一些，女孩在智力上更占優勢。

第十章　幼兒性別角色的發展

(三) 性別刻板印象

隨著性別認同的發展，孩子除了開始偏好不同玩具、玩伴或遊戲外，對不同性別的人應該會做什麼行為，以及會有什麼特質，開始形成一個固定、刻板的看法，即所謂的性別刻板印象。庫恩和納什（Kuhn & Nash, 1978）的研究發現，幾乎所有2.5歲的孩子都已經有了性別刻板印象，他們認為女孩子常需要幫助、喜歡幫媽媽做家事或煮飯、洗衣。而男孩子喜歡玩車子、喜歡幫父親的忙、建造修理東西、而且比較喜歡打人。越大的孩子性別刻板印象越強，尤其是那些已稍微瞭解性別是一個穩定特質的孩子。貝斯特（Best）等人（1977）的泛文化研究發現，英國、伊朗、美國四、五、六年級學生一般都同意：女性是軟弱的、情緒化的、心軟的、有感情的；男性是有野心的、果斷的、富攻擊性的、強勢的、殘酷的。

　　刻板印象雖然為人類的行為提供了基本模式，但它也局限了個體的發展。例如，男性角色刻板印象使得男性排斥柔軟、理解、同情這類女性特質，遇到問題困難時不能哭泣、求助。男性在這種刻板印象的影響下，會忽略自己和他人的情感，從長遠來講，是對身心健康不利的。而女性角色刻意強調的柔軟、順從，使得女孩不能夠充分發揮她們的天賦優勢，形成比男性更低的自我評價。

　　伯姆（Bem, 1974, 1981）是最早提出兩性化（Androgynous）概念的人。他用兩性化來指兼具有男性化和女性化特質的人，並且發展出一個性別角色量表來測量。他認為人類天生具備男、女兩種特質，因此應該根據情境，有彈性地表現出來工作特質及情緒特質。兩性化人格強調彈性（Flexibility）與整合性（Integration），強調剛柔並濟，該表現男性特質的時候即表現之，該表現女性特質時則不避諱。

　　有許多的研究證據，顯示具有兩性化性格的人，心理較健康，對壓力有較大的承受力；比較有能力形成及維持親密關係，在婚姻中有較大的滿足；而且較易感覺到別人對他們的關心與愛意。

　　對兩性化概念研究最重要的意義，是讓人們發現「男性優越」只是一種傳說，兩性化的人在很多情況下是適應的最好的。伯姆（Bem, 1981）認為兩性化的人的高適應性是因為他們沒有性別基模（Gender Aschematic），因此可以從性別限制中解放出來，發揮個人最大的潛力。此種論點顯示，去除了性別刻板印象的束縛，每個人都可以不再畫地自限，而能有最大的自由來表現。

三、性別認同的理論

（一）心理分析理論

弗洛伊德認為，4~6歲的幼兒處於生殖器期，開始表現出對自身生殖器官的好奇，對異性的好奇，這個階段的幼兒面臨的主要任務是解決俄狄浦斯情結。男孩會對自己的母親產生愛戀，有獨占母親的慾望，女孩會對父親產生愛戀，有獨占父親的慾望。要解決這種情結，幼兒需要對自己同性的父母進行認同。通過認同，男孩和女孩才能夠化解心理上的危機，順利的成長為男性和女性。但是這一觀點在現代弗洛伊德的心理分析理論並沒有找到過多的證據支持。

（二）社會學習理論

班杜拉認為性別角色的分化是人類進行模仿學習的結果。幼兒觀察社會生活中男性和女性的形象差異和行為特徵，進而進行模仿。在學習的過程中，父母和周圍環境的反饋起到了塑造行為的作用。例如，男孩因為自己喜歡的狗狗死掉而哭泣，父母非但沒有同情，反而斥責他沒有男子氣，男孩子從不流淚，男孩從父母的反饋結果中學會了不流淚、不外露情緒的男子氣。

（三）認知發展理論

科爾伯格（Kohlberg）認為，性別角色是兒童對社會的認知組織，兒童能夠對其發展水平和個人目標信息進行積極選擇和運用。只有在獲得性別恒常性之後，兒童才喜歡模仿同性榜樣。個體一旦瞭解自己所屬的性別，就會開始重視與該性別有關的特質，並且以自己所屬的性別來看自己和這個世界，並發展出與該性別有關的概念，選擇與自己性別相符的角色、職業、行為方式。在這個過程中，個體的認知起到了重要作用。但是該理論在解釋幼兒性別發展上，缺少相應的實證研究支持。

第二節　幼兒性教育

一、幼兒性教育的意義

幼兒對性的認識和探索在他們出生那一刻便開始展開。對幼兒來說，從出生的那一剎那就開始發展性的觀念。在生命最初的3年間，孩子們會瞭解男孩和女

第十章　幼兒性別角色的發展

孩之間的區別，並且開始確認他們自己作為「男性」和「女性」的身分。到3歲的時候，他們知道了他們會長成男人或女人。他們吸收著大量很明顯的性別成見。

對父母來說，考慮以下這些問題是非常重要的：

在「女人是什麼」的問題上你想教你的孩子什麼？

在「男人是什麼」的問題上你想教你的孩子什麼？

當你的孩子長大時你想限制他們的選擇嗎？

你相信男孩子和女孩子應該有同樣的機會嗎？

你想讓你的兒子玩有養育行為的角色遊戲嗎？你給他們洋娃娃玩的時候自在嗎？

你的女兒長大時會開小汽車嗎？她需要知道怎樣修理東西嗎？你把修理玩具和玩具卡車給她玩時覺得自在嗎？

你怎樣處理其他成人對孩子進行非傳統的議論？

性教育的意義與內涵不僅只包括解剖和生殖方面的知識，也不只限於青春期的教育，還應該強調有關兩性間親密人際關係的發展和指引，一個人生命發展成健全並附有創造力的個體，是與性有著密切關係的，所以性教育應該有出生開始，終其一生。性教育是一個很大很廣泛的計劃，至少包括了性生理、心理、倫理和法理等層面，它是學習如何成為一個男人或女人的教育，也可稱之為人格教育或人性教育。幼兒較天真且較無防範之心，故性教育可保護幼兒免受不正確的性知識之影響，也讓他們不易受虐待或侵害。

完整的性教育教學的實施應自幼兒期開始，家長、教保人員在幼兒性教育上扮演著重要的角色（王瑞琪，1992；毛萬儀，1990）。研究顯示若幼兒在小時候能接受充足的性知識（Sex Knowledge），同時其父母能以開放的態度與其討論性議題，則日後在個人性行為的自主上會較有主見。

二、幼兒常見的性困惑

當幼兒提出或做一些與性有關的問題和舉動時，成人常常因此感到震驚和羞愧。有時會粗暴地打斷、阻止甚至辱罵幼兒，或者對幼兒的性好奇敷衍了事，避而不談。這些都不是應有的性教育態度。羅特鮑姆（Rothbaum）等指出，幼兒性別生理的議題與成人有很大區別，往往受好奇遊戲、自發坦然與感官感覺刺激的因素的影響而表現出於性別生理有關的態度和行為。並不如社會化的成人一般對

233

性有所認識並明瞭其必然結果、能自我覺察這是非常隱私的私人行為。

任秀媚（1999）調查中發現，幼兒最常問的性問題，分為四大類：

第一，生命起源的好奇：我在哪裡生出來、為什麼媽媽肚子裡會有小寶寶、寶寶在媽媽的肚子裡住在哪裡、寶寶在媽媽肚子裡吃什麼。

第二，對生理的好奇：為什麼爸爸有鬍子、為什麼有爺爺奶奶（姥爺姥姥）、為什麼肚子有洞（肚臍）、為什麼男生要站著尿尿。

第三，對成人行為或用品好奇：為什麼上廁所要關門、爸爸媽媽為什麼要生小孩、電視上的叔叔阿姨靠那麼近做什麼。

第四，兩性的關係：為什麼大人才結婚、為什麼結婚以後才能生小孩等。

三、幼兒性教育的內容

對幼兒的性教育應該包括以下內容：

第一，幫助孩子認同自己的性別。瞭解男女的區別，學會尊重男女的區別，同時建立自我保護意識。

第二，幫助孩子認識自己和他人的身體器官。3歲之前父母可以和孩子一起洗澡，讓孩子撫摸父母的身體，並告訴他們要呵護自己的性器官，同時教導孩子隱私部位不許他人輕易撫摸。

第三，幫助孩子學會清潔身體，如使用手紙的方法、內衣的清潔等。

第四，告訴孩子有關「性」的基本科學常識，如生命從懷孕到生產的過程等。

第五，保護孩子的隱私，尊重孩子的正常需求，幫助孩子形成良好習慣。

第六，培養孩子與同性和異性孩子自然健康相處的態度以及完善的人格。父母的言談舉止要自然，同時要起到榜樣作用。

第七，避免性別刻板印象對孩子身心成長造成過多的影響。

四、幼兒性教育的原則

能夠健康的面對性，是身為教師首要的特質，教師從事性教育的態度，本身就是一種教育，這會影響幼兒對性的看法。教師談論性課題時感到自在，比其他教學硬件設施等都重要。幼兒教師除了通過日常生活教育、課程規劃進行幼兒性教育之外，更可通過圖畫對幼兒提供正確的性教育知識，以避免尷尬。同樣，身為父母也應坦然面對孩子的性困惑和性現象。中國的傳統文化讓父母們對性的話

第十章 幼兒性別角色的發展

題諱莫如深，孩子問起也常常搪塞敷衍，讓孩子只能自己去摸索和瞭解性。而孩子的天真年幼，往往容易在性方面因一時的好奇犯錯誤或遭受到不必要的傷害。其實家長和老師完全可以在孩子年幼時，以自然的方式和孩子談性話題。讓孩子對自己的身體有一定的瞭解，並提醒孩子如何適時地保護自己。瞭解到這是生理、心理發展的必然產物，只要健康引導，會對培養幼兒的品格品質產生積極影響。

出謀劃策

美國兒童性教育的規則[1]

美國著名的性治療專家皮爾薩博士遇到過不少在性教育上倍感困惑的父母。他說，有效的愛和性教育的規則其實很簡單，他列出了以下幾條規則：

一、性教育不一定是同一性別的事情

孩子有了性的疑惑，如果是男孩，當媽媽的會說：「去跟你爸爸談談。」這種老套的觀念完全沒有必要。只要父母對性有正確的認識，母親可以跟兒子談，父親也可以跟女兒談。事實上，父母雙方在一起對子女進行性教育是最好的安排，因為在討論性和愛的時候，父母雙親是愛和被愛的最親近的典範。

二、永遠不要正式「談性」

鄭重其事地談性註定是要失敗的。應該找機會多談談跟性有關的問題。電視節目、電影、報紙上的新聞、雜誌上的文章，每天找上幾十件跟性有關的問題並不困難。

皮爾薩提醒說，實施「機會教育」，重要的是一針見血，而不是長篇大論的演講。

三、性和愛的教育首先應該強調的是「能做什麼」

不要老是在孩子面前強調「不能做什麼」。父母開出一張在性行為方面不能做什麼的清單，孩子反倒產生「聽上去很有趣味，我為什麼不去試一試」的感覺。在父母說出能做的事情（如握手或擁抱與親吻）時，必須同時說出下列兩種不能做的事情：「結婚以前不能過性生活」和「永遠不能傷害另一個人」。

四、父母雙親同時施教

性和愛的教育最大的危險是父母雙親在性道德和性思想方面產生分歧。要知道，孩子往往是最善於利用父母不同意見的「專家」。他們總是有辦法為想做或不

---

[1] 美國兒童性教育的規則[EB/OL]. http://baobao.sohu.com/20121210/n353838056.shtml.

能做的事情取得父親或母親的支持。如果夫妻兩人的意見不一致，就很難使孩子受到良好的教育。

五、性和愛的教育不是一生只有一次的教育

不要指望進行一次性教育就能使孩子終身免疫，正如一再地要孩子自己整理房間並不能使孩子的房間保持整潔，其中的道理是一樣的。但是在父母不斷的「嘮叨」中，孩子們至少會懂得：父母雙親重視整潔。同樣，他們也能從重複的性教育中瞭解父母所重視的事情。

五、外國如何進行幼兒性教育[1]

（一）英國：5歲必須開始強制性性教育

英國法律規定，必須對5歲的兒童開始進行強制性性教育。根據英國《國家必修課程》的具體規定，英國所有公立中小學都將學生按不同年齡層次劃分為4個階段來進行不同內容的性教育。目前，在英國還流行「同伴教育」，即利用朋輩間的影響力，通過發展青少年的自我教育和自助群體，抵禦來自社會的消極影響。

（二）芬蘭：幼兒園就有性教育圖書

20世紀70年代初，性教育進入了芬蘭中小學的教學大綱，連幼兒園也有正式的性教育圖書，一面加強性道德教育，一面從性保健出發進行性知識教育。芬蘭有本性教育書——《我們的身體》，家長可以像講《一千零一夜》那樣每天講一節，性教育就自然而然地開始了。40多年過去了，芬蘭的性教育取得了舉世矚目的成效，被世界人口與發展會議樹為典範。

（三）荷蘭：孩子和父母餐桌上討論性話題

荷蘭人開放的性態度給全世界留下過深刻印象，然而，荷蘭擁有歐洲國家最低的青少年懷孕比例。在荷蘭，與學其他課程一樣，孩子6歲進小學時就開始接受性教育，孩子們甚至會在餐桌上和父母討論這方面的話題。荷蘭的教育專家認為，對青少年甚至兒童開展早期性教育，可以讓青少年知道如何保護自己，幫助青少年不至於因為一時的性衝動或對性的某種無知而導致令自己後悔終生的憾事。

---

[1] 世界各國兒童性教育［EB/OL］. http://blog.sina.com.cn/s/blog_415bd3a30100e3mg.html.

第十章　幼兒性別角色的發展

● 要點回顧

1. 性徵（Sex）與性別（Gender）不同，Sex是指生物學上的差異，Gender則含有心理學上的差別。Sex是無法改變的，但Gender是受文化影響的。

2. 幼兒對性別角色的認識隨著年齡的增長而變化。

3. 性別角色的認知也帶來了性別刻板印象。幼兒的行為容易受到性別刻板印象的影響。

4. 性別角色的發展有諸多理論解釋。

5. 對幼兒開展性教育很有必要。性教育的意義不僅在於讓孩子認識自己的性別，還在於讓孩子發展與異性良好的交往能力，培育健全人格，為今後的社會生活做準備。

6. 家長和教師對幼兒的性問題不要刻意迴避或搪塞，而應該告訴幼兒一些基本的常識。

● 問題討論

1. 你如何回答幼兒對懷孕的困惑？
2. 你們班有一位小朋友總是偷掀開女孩子的裙子，你該如何處理？
3. 讓你為大班的幼兒上一節性教育課程，你會講解哪些適合的內容？

● 老師推薦

動畫片推薦：
《蠟筆小新》
紀錄片推薦：
《國家地理之子宮日記》

幼兒心理發展

● 網絡資源

　　思魔特思摩特網（http://sctnet.edu.tw）是一個專業教師知識管理、經驗分享的網絡社群。

　　香港家庭計劃指導會網站（http://www.famplan.org.hk/sexedu/B5/resource/resource.asp）

國家圖書館出版品預行編目(CIP)資料

幼兒心理發展 / 譚家德 主編. -- 第一版.
-- 臺北市：崧博出版：財經錢線文化發行，2018.10
　　面 ；　　公分
ISBN 978-957-735-583-6(平裝)

1.兒童心理學 2.發展心理學

173.1　　　　　107017096

書　名：幼兒心理發展
作　者：譚家德 主編
發行人：黃振庭
出版者：崧博出版事業有限公司
發行者：財經錢線文化事業有限公司
E-mail：sonbookservice@gmail.com
粉絲頁　　　　　　網　址：
地　址：台北市中正區延平南路六十一號五樓一室
8F.-815, No.61, Sec. 1, Chongqing S. Rd., Zhongzheng Dist., Taipei City 100, Taiwan (R.O.C.)
電　話：(02)2370-3310　傳　真：(02) 2370-3210
總經銷：紅螞蟻圖書有限公司
地　址：台北市內湖區舊宗路二段 121 巷 19 號
電　話:02-2795-3656　傳真:02-2795-4100　網址：
印　刷：京峯彩色印刷有限公司 (京峰數位)

　　本書版權為西南財經大學出版社所有授權崧博出版事業有限公司獨家發行電子書及繁體書繁體版。若有其他相關權利及授權需求請與本公司聯繫。

定價：400元
發行日期：2018 年 10 月第一版
◎ 本書以POD印製發行